現代日本の金融経済

改訂増補版

衣川　恵 著

中央大学出版部

改訂増補版はしがき

　1990年の初めにバブルが崩壊し始めてから10年が経過した。日本経済は回復の兆しを見せてはいるが，いまだ不況から脱していない。

　戦後日本の金融経済を振り返ってみると，いくつかの困難な問題に直面した。戦後インフレーション，高度成長期のインフレーション，それに続くスタグフレーションなどの問題があった。

　しかし，特筆すべき金融経済問題はバブル経済と平成不況と言っても過言ではない。バブル期には，日本経済は永遠に繁栄を続け，二度と不況は来ないと言う人さえいた。就職事情もよく，多くの人々が高級品を次々に買いあさり，消費ブームにもなった。

　だが，90年の年初には，大方の予想に反して，株価が急落し始め，91年の第2四半期から実質GDPの成長率が0％台に落ち込み，92年には地価も下落し始めた。バブルが崩壊し，平成不況が始まった。

　この平成不況は，バブル期にはとても想像できないような悲惨なものとなった。企業の大型倒産が多発して，企業収益が軒並み悪化し，リストラが一般化した。戦後見られなかった金融機関の破綻が多発した。1行たりともつぶさないという護送船団方式が瓦解し，護送船団的金融システムの問題点が噴出した。

しかし，90年代前半には，バブルのユーフォーリア(陶酔)が完全にはさめやらず，平成不況に対する認識はきわめて甘く，バブル復活論さえ主張されていた。しかし，なによりも問題だったのは，政府や金融当局に，平成不況は早期に終わり，資産価格も早晩回復するだろうという甘い認識が支配的だったことである。そのため，金融機関の不良債権処理が先延ばしにされ，金融機関の不良債権を途方もない額まで膨張させてしまった。早期，抜本的な処理をしなかったために，公的資金も湯水のごとく使われたにもかかわらず，処理が非常に長びいている。経済対策も後手に回った。

　その結果，景気の低迷が長期化し，消費や生産が萎縮し，完全失業率も5％に近づくなど，深刻な状況が続いている。

　金利や株価が極端に低い水準まで低下し，戦後の福利厚生システムも，少子・高齢化時代と相まって，破綻しつつある。戦後の社会・経済体制の歪みがあらゆる所で顕在化し，治安が悪化し，社会不安が増大してきた。

　しかしながら，今日の日本で90年代半ばまでの状況と大きく異なることがある。それは，多くの人々が，バブル経済に対する認識を改め，バブル経済の問題点を認識したことであろう。バブル処理に対する人々の認識も深まり，抜本的な対策が行われるようになってきた。

　バブル経済の教訓は，それが大きな反動をもたらすため，今後は，バブルなき，インフレなき，持続可能な経済成長を実現するように，政府，金融当局は努力すべきだということである。また，金融機関は公的性格を持っており，一般企業とは異なるわけだから，近代的な経営とチェック体制によって，経営に失敗しないように心がけることが大切である。経営に失敗した場合には，国民に重い負担がかからないように迅速に処理することである。

　また，深刻な時期だからこそできたことがある。平成不況が長期化，深刻化したために，平常では合意が困難な大胆な改革が実現されるようになった。日本版金融ビッグバン等に見られるように，多くの分野で「ビッグバン」が遂行され，戦後体制の限界ないしは欠陥が改善されつつある。

　本改訂増補版では，初版時点(1995年)以降の状況をできるだけ取り入れ，補

正に努めた。「第5章　平成不況」を全体として書き直し，「第8章　日本版金融ビッグバン」（『鹿児島経大論集』第38巻第3号所収拙稿を再考したもの）を新たに追加した。他に，第1章のタイトルを変更したり，各章の一部を書き改めるなど，補正に努めた。初版の終章は割愛した。

　なお，統計数字に関しては，統計の作成上，統計書の各年版で若干の差異がある。本書では，小数点以下の数値を示す場合もあるが，概数とみなして論じている。報道記事については，主として『日本経済新聞』を使用し，部分的に『日経金融新聞』，『朝日新聞』，『毎日新聞』を使用した。

　初版同様，中央大学の諸先生方並びに中央大学出版部の皆様方には，大変お世話になった。厚く御礼申し上げたい。

　　1999年11月

　　　　　　　　　　　　　　　　　　　　　　　　　　　　著　　者

目　　次

改訂増補版はしがき

第1章　バブル経済以前の金融経済 …………………………………1

　Ⅰ　戦後インフレーション　　1
　Ⅱ　高度経済成長期とインフレーション　　5
　Ⅲ　高度経済成長期の終焉とスタグフレーション　　15
　Ⅳ　スタグフレーションの検討　　22
　　1　資本主義経済の発展　　22
　　2　スタグフレーションの経済学的意味　　23

第2章　バブル経済の生成 ……………………………………………29

　Ⅰ　前　史──80年代前半の金融経済　　29
　Ⅱ　プラザ会議　　35
　Ⅲ　ルーブル会議　　42
　Ⅳ　円高不況　　47
　Ⅴ　資産インフレーション　　51
　　1　株価の暴騰　　51
　　2　地価の暴騰　　55

第3章　バブル経済の絶頂 ……………………………………………59

　Ⅰ　ドルのソフト・ランディング　　59
　Ⅱ　株価のさらなる暴騰　　64

　　　　1　金融政策の大失敗　　64
　　　　2　株価の暴騰を増幅した金融自由化　　70
　　Ⅲ　地価のさらなる暴騰　　72
　　　　1　勤労者年収の10倍を超えるマンション価格　　72
　　　　2　総量規制とノンバンク・農協系金融機関　　74
　　Ⅳ　バブル景気と過剰投資　　77

第4章　バブル経済の終末 ……………………………………85

　　Ⅰ　株価の暴落　　85
　　Ⅱ　土地神話の動揺　　96
　　Ⅲ　景気の転換　　99
　　Ⅳ　対外摩擦の激化　　102
　　Ⅴ　金融不祥事　　107

第5章　平成不況 …………………………………………113

　　Ⅰ　株価のさらなる暴落　　114
　　Ⅱ　地価の暴落　　120
　　Ⅲ　需要の低迷　　123
　　Ⅳ　複合的大不況と経済対策　　128
　　Ⅴ　大型倒産と金融機関破綻の多発　　136
　　　　1　大型倒産の多発　　136
　　　　2　金融機関破綻の多発　　141
　　Ⅵ　急激な外為相場の乱高下　　145
　　Ⅶ　政，官，財の腐敗　　149

第6章　バブル経済の再検討 …………………………………153

　　Ⅰ　バブルの概念　　153
　　Ⅱ　バブル経済の原因　　156

Ⅲ　バブル経済の生成と崩壊　　160
　　　Ⅳ　1920年代のアメリカのバブル経済とその崩壊　　165
　　　　1　20年代のアメリカのバブル経済　　165
　　　　2　29年大恐慌と30年代不況　　167
　　　Ⅴ　バブル経済の教訓　　170

第7章　日本の金融制度と金融行政　175

　　　Ⅰ　戦前の金融制度　　175
　　　Ⅱ　戦後の金融制度　　177
　　　Ⅲ　アメリカの金融制度改革　　179
　　　Ⅳ　日本の金融制度改革　　183
　　　　1　日本の金融制度改革の背景　　183
　　　　2　日本の金融制度改革　　184
　　　　3　業態別子会社方式　　185
　　　Ⅴ　日本の金融行政とその改革　　191
　　　　1　戦前の金融行政　　191
　　　　2　戦後の金融行政　　194
　　　　3　金融行政の改革　　197

第8章　日本版金融ビッグバン　201

　　　Ⅰ　日本版金融ビッグバンの概要　　202
　　　　1　日本版金融ビッグバンの目的　　202
　　　　2　持株会社活用による金融機関の相互乗り入れ　　203
　　　　3　銀行業改革　　205
　　　　4　証券業改革　　206
　　　　5　保険業改革　　210
　　　　6　国際金融取引の改革　　211
　　　　7　金融行政改革　　212

Ⅱ 日本版金融ビッグバンの諸問題　217
　　1　経済審議会行動計画委員会報告と日本版金融ビッグバン　217
　　2　漸進的な日本版金融ビッグバン　218
　　3　フロントランナーとしての外為法改正　219
Ⅲ 審議会答申(報告)の問題点　220
　　1　金融制度調査会答申　220
　　2　証券取引審議会答申，保険審議会報告　221
　　3　現行審議会体制の問題点　222
Ⅳ 今後の課題　223

索　　引 ……………………………………………………229

第 1 章

バブル経済以前の金融経済

　本章では，バブル以前の戦後金融経済について，戦後インフレーション，高度成長期のインフレーション，スタグフレーションに焦点を当てて研究する。
　戦後直後のインフレーションと高度成長期のインフレーションは，インフレーションと言っても，かなり性格が異なる。前者は戦時経済と密接な関連があり，後者は現代経済の特質から生じたインフレーションである。また，スタグフレーションは，現代経済の発展過程で生じた新たな金融経済現象である。
　現代日本の金融経済を理解するうえで不可欠と思われるこれらの諸点について検討する。

I　戦後インフレーション

　日本の戦後金融経済は，急激なインフレーションから始まった。表1-1に見られるように，卸売物価の対前年比上昇率が1945年には50％を超え，46年には350％を超えるハイパー・インフレーションとなった。その最大の原因は，アメリカ軍の本土爆撃によって生産設備が破壊されて生産が大幅に減少したにもかかわらず，流通通貨量が劇的に増加したことに求められる。45年には鉱工業生産が対前年比でマイナス55％と激減したにもかかわらず，日本銀行券の増加率は200％を超え，激烈なインフレーションを惹起したのである。とくに，

表 1-1　終戦前後の経済指標

(単位：％，億円)

年	卸売物価 指数	卸売物価 前年比	日銀券（年末）発行高	日銀券（年末）前年比	鉱工業生産 指数	鉱工業生産 前年比
1940	1.6	6.6	48	29.7	8.5	4.9
41	1.8	12.5	60	25.0	8.8	3.5
42	1.9	5.6	71	18.3	8.6	−2.3
43	2.0	5.3	103	45.1	8.7	1.2
44	2.3	15.0	177	71.8	8.8	1.1
45	3.5	52.2	554	213.0	3.9	−55.7
46	16.3	365.7	933	68.4	1.7	−56.4
47	48.2	195.7	2,191	134.8	2.1	23.5
48	127.9	165.4	3,552	62.1	2.8	33.3
49	208.8	63.3	3,553	0.0	3.6	28.6
50	246.8	18.2	4,220	18.8	4.4	22.2
51	342.5	38.8	5,063	20.0	5.9	34.1
52	349.2	2.0	5,764	13.8	6.4	8.5
53	351.6	0.7	6,298	9.3	7.7	20.3
54	349.2	−0.7	6,220	−1.2	8.3	7.8
55	343.0	−1.8	6,738	8.3	9.0	8.4

(注)　1　卸売物価指数は1934～36年＝1。
　　　2　鉱工業生産指数は1980年＝100。
(出所)　総務庁統計局監修『日本長期統計総覧』第2巻，第3巻，第4巻より作成。

　終戦とともに現金通貨発行高が激増し，45年8月末には発行高が前年同月比で約3倍となった。終戦直後のこの現金通貨の膨張の第一の原因は臨時軍事費の大量支出であり，それは総数720万人(そのうち外地は350万人)に及ぶ復員軍人に対する退職金支払い，軍事産業への補償金支払い等として終戦後も支出され，財源は，戦争中と同じ日本銀行による国債引受と対政府貸付であった[1]。

　流通通貨量の増大がつねにインフレーションを引き起こすわけではないが，国民経済が長期の戦争で軍需産業に傾斜していたばかりでなく，各地の工場が爆撃によって破壊されたために，極端なモノ不足のなかで，企業の復興，復員，生活防衛等のために民需が急増し，不換通貨が商品市場で急速に回転していって激烈なインフレーションを生み出したのである。今日ではラテン・アメリカやロシアの出来事と思われている3ケタのハイパー・インフレーションを，日本も終戦直後に経験したわけである。

政府は，46年2月に「経済危機緊急対策」を発表し，これに基づいて「金融緊急措置令」「食料緊急措置令」「物価統制令」等を公布施行し，インフレーションの防止と国民経済の再建を目指した。金融緊急措置令は，旧円を新円に切り換え，1人100円ずつ旧円と交換し，それ以外の旧円は金融機関に強制的に預金させて旧円預金とともに封鎖し，給与所得者の賃金等は月額500円までを新円で支払うことを認め，給与所得者以外は，封鎖預金から世帯主が新円で300円（後に100円に引き下げ），その他の世帯員1人につき100円の引き出しを認めるというものであった。しかし，この金融緊急措置令によっても，急激なインフレーションは収束できなかった。金融緊急措置令が失敗に終わった原因は，政府が財政赤字をやめなかったことや，封鎖小切手による商取引や納税を認めたために，封鎖預金が尻抜けとなったこと等に求められる[2]。だが，『日本銀行百年史』が指摘するように，そもそも「経済危機緊急対策」それ自体が，徹底したインフレーション対策というよりも，インフレーションの激化を抑制しながら，経済再建の手掛かりをつかもうとするものであったと言えよう[3]。

　第一次吉田内閣の石橋蔵相は，46年度改訂予算案提出にさいして，経済の復興のためには財政赤字もインフレーションもやむをえないという立場をとり，石橋財政時に価格差補給金制度や，傾斜生産方式などが採用され，インフレーションがいっそう激化する基盤が形成された。価格差補給金は，鉄鋼・石炭等の基礎的原材料や米，みそ等の食料の公定価格を原価以下に定め，その差額を国庫補給金で補塡するものであった。また，傾斜生産方式は，輸入重油や石炭を鉄鋼部門に重点的に充当して鉄鋼を増産し，これを石炭部門に投入して石炭を増産し，再度それを鉄鋼部門に投入して増産するという，鉄鋼と石炭の循環的な拡大再生産方式であった。また，47年1月には復興金融公庫が設立され，その財源として大量の復興金融債が発行されたが，この復金債は大部分が日銀引き受けであり，価格差補給金とともに，この時期のインフレーションを激化させる二大要因となった。46～48年には3ケタのインフレーションが猛威を振るい，モノ不足のなかで国民生活は極度に悪化し，栄養失調が広範化した。46年5月19日には東京で食糧メーデーが開催され，二十数万人が参加した。

47年3月のトルーマン大統領声明を機に，米ソ冷戦構造が鮮明になると，アメリカの対日戦略が非軍事化から日本経済の復興・自立化へと転換された。この時期は，戦後インフレーションが再燃してくる時期であり，連合軍総司令部（GHQ）は48年12月に「経済安定9原則」の指令を発表し，インフレ抑制を重視した。しかし，インフレーションは沈静化せず，アメリカは日本政府の自主的な安定策に見切りをつけ，アメリカ大統領の特命で当時デトロイト銀行頭取であったジョセフ・ドッジが派遣され，インフレーションの解決は外国に頼ることになった。

　ドッジは，日本経済は竹馬に乗った不安定な経済であると批判し，49年度予算を超均衡予算（一般会計で3億円の黒字，特別会計を含む財政全体で1,567億円の黒字）にするとともに，復興金融公庫の復金債の新規発行を停止し，復金債残高を49年度中に償還することとした。さらに，価格統制の廃止，価格差補給金の廃止，基礎的物資の割当・配給の廃止等，統制経済を廃止した。ドッジ・ラインによって，復金融資と価格差補給金という2本の竹馬の足が切って落とされ，インフレーションを激化させた通貨の増発がその源から断ち切られた。また，ドッジ・ラインによって，外国為替のセントラル・レートが1ドル＝360円に設定された。41年のアメリカ，イギリスの対日資産凍結令による経済の断絶前には1ドルが4円26銭であったが，49年に360円という新レートで復帰することになった。単一為替レートの設定は日本経済を国際経済に復帰させる基礎となり，統制経済の廃止は日本経済にプライス・メカニズムを機能させることとなり，日本経済の正常化を促すものとなった。しかし，円はわずか10年足らずの間で，およそ90分の1に減価してしまったのである。ドッジ・ラインによって戦後インフレーションは終息に向かい，経済の自立的発展の基礎が築かれたが，財政支出の大幅削減や，流通通貨量の減少のために，日本経済は恐慌の様相が強くなった。しかし，50年6月に朝鮮戦争が勃発し，この特需によって日本経済は大不況に突入することなく，回復に向かい，55年からの高度経済成長期に入っていくことになった。

　以上においてみたように，日本の戦後インフレーションは，基本的には，戦

時体制とその崩壊に起因するインフレーションであり，平時の経済活動から生じるインフレーションとは区別されうるものである。戦争による民間設備の軍事化と老朽化，空襲による大量の生産設備の破壊によって民生品の供給力が極度に縮小した一方で，国債による戦費調達，戦後復興のための復金融資等によって流通通貨量が極度に増大し，異常な速度でインフレーションが高進した。モノ不足，物価の暴騰，大量失業が蔓延するなかで，国民生活は極度に貧窮し，悲惨な事件が多発した。諸外国人を犠牲にしただけでなく，国民は戦争で多数のかけがえのない人命を失い，敗戦後も深刻な犠牲を強いられた。

II 高度経済成長期とインフレーション

　55年には日本の鉱工業生産指数が戦前のピークを回復し，『経済白書』は「もはや戦後ではない」と宣言した[4]。この55年から73年までは，実質国民総生産(実質GNP)の年間平均成長率が約10％という高率の経済成長期となった(表1-2参照)。この期間は通例，「高度経済成長期」と呼ばれている。
　この高度経済成長期の前半(55～64年)は，石炭から石油へのエネルギー革命が生じるとともに，旧設備の更新や新産業の開発に伴う設備投資主導の時期である。「三種の神器」と呼ばれた電気洗濯機，電気冷蔵庫，白黒テレビという新たな家電製品が急速に普及した。工業化が進行し，農村から都市への人口移動が進行し，労働人口が急増し，1955年に4,090万人であった就業者数が64年には4,655万人となり，500万人を上回る増加となった(表1-3参照)。その結果，55年に約9兆円であった名目GNPは，64年には約30兆円と3倍以上に増加した。他方，総需要の5～6割を占める個人消費も55年に約5兆円にすぎなかったものが，64年には約16兆円と3倍に増大した。こうしたなかで，年平均成長率が10％前後という高い実質GNPの成長を実現した。このような高率の経済成長を支えたのが，低廉な労働力と低利融資であった。しかし，表1-4にみられるように，賃金も次第に上昇した。この期間には，57年半ばをピークとする「神武景気」(有史以来の景気の意)に象徴される景気拡大があったが，

表 1-2 実質経済成長率の推移

年度	実質 GNP 増加率
1955	10.8
56	6.2
57	7.8
58	6.0
59	11.2
60	12.5
61	13.5
62	6.4
63	12.5
64	10.6
65	5.7
66	11.1
67	13.1
68	12.7
69	11.0
70	10.4
71	7.3
72	9.8
73	6.4
74	−0.2
75	3.4

(注) 1970年価格による実質値。統計の作成上、各年版で数値に若干の違いがある。(以下同じ)
(出所) 日本銀行『経済統計年報』(1974, 77年) より作成。

　好況期には原材料の輸入が増加し、国際収支が赤字に転落し、国際収支が景気動向を限界づけるものとなった。国際収支の赤字といっても10億ドル以下であったが、当時の日本経済にとっては、きびしいものであった。

　物価については、50年代後半には1％以下の低い上昇率であり、また景気変動とともに変動し、58年の「ナベ底不況」のときには卸売物価は6.5％下落し、消費者物価も0.4％ではあったが下落した。しかし、60年代になると、卸売物価が横這いを保ってほとんど上昇を示さなかったにもかかわらず、消費者物価は徐々に上昇してゆき、卸売物価の動向と消費者物価の動向との間に乖離が生じた（図1-1参照）。この物価の二重構造を高須賀義博氏は「生産性（上昇率）格差インフレーション」によって説明した[5]。すなわち、大企業が生産性の上

表 1-3　就業者数の推移

(単位:万人, %)

年	就業者数	前年比	年	就業者数	前年比
1955	4,090	3.2	1971	5,121	0.5
56	4,171	2.0	72	5,126	0.1
57	4,281	2.6	73	5,259	2.6
58	4,298	0.4	74	5,237	−0.4
59	4,335	0.9	75	5,223	−0.3
60	4,436	2.3	76	5,271	0.9
61	4,498	1.4	77	5,342	1.3
62	4,556	1.3	78	5,408	1.2
63	4,595	0.9	79	5,479	1.3
64	4,655	1.3	80	5,536	1.0
65	4,730	1.6	81	5,581	0.8
66	4,827	2.1	82	5,638	1.0
67	4,920	1.9	83	5,733	1.7
68	5,002	1.7	84	5,766	0.6
69	5,040	0.8	85	5,807	0.7
70	5,094	1.1			

(出所) 総務庁統計局『日本長期統計総覧』第1巻より作成。

表 1-4　賃金水準の推移

(単位:%)

年	製造業全体 指数	前年比	食料品・たばこ 指数	前年比	輸送機器 指数	前年比
1955	6.8	4.6	7.6	2.7	7.7	4.1
56	7.4	8.8	7.8	2.6	8.8	14.3
57	7.7	4.1	8.3	6.4	9.4	6.8
58	7.9	2.6	8.2	−1.2	9.5	1.1
59	8.5	7.6	8.9	8.5	10.2	7.4
60	9.2	8.2	9.3	4.5	10.9	6.9
61	10.2	10.9	10.6	14.0	11.6	6.4
62	11.2	9.8	12.1	14.2	12.4	6.9
63	12.3	9.8	13.4	10.7	13.6	9.7
64	13.6	10.6	14.6	9.0	14.9	9.6
65	14.8	8.8	16.4	12.3	15.7	5.4
66	16.5	11.5	17.7	7.9	17.3	10.2
67	18.7	13.3	19.3	9.0	19.6	13.3
68	21.4	14.4	22.6	17.1	22.0	12.2
69	24.9	16.4	26.2	15.9	25.4	15.5

(注) 30人以上の事業所, 1980年=100。
(出所) 総務庁統計局監修『日本長期統計総覧』第4巻より作成。

図 1-1　物価の二重構造

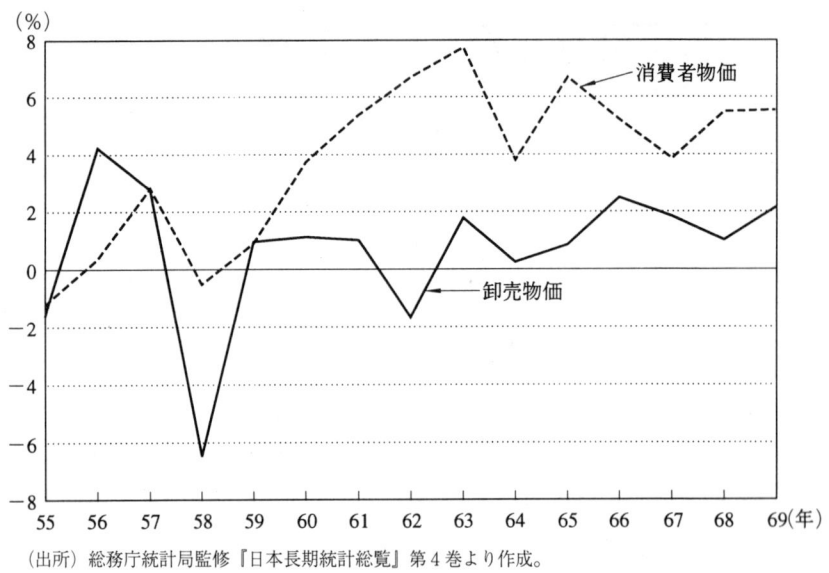

（出所）総務庁統計局監修『日本長期統計総覧』第 4 巻より作成。

昇にもかかわらず，価格を硬直的に維持する一方で，生産性の低い中小零細企業で賃金が高位平準化していくと，利潤率の格差が広がるのをくい止めるために低生産性分野での価格の上昇が生じる，というのがその論理であった。資本主義経済のもとでは，より高い利潤を求める資本間の競争によって利潤率の平準化作用が働き，こうした価格上昇が生じることは否定できない。実際に，表 1-5 のように，工業製品全体の消費者物価は55年から69年までに41.2％上昇したが，中小零細企業製品や農産物を多く含む食料の同期上昇率は84.9％と消費者物価の 2 倍以上に上昇した。しかし，こうした物価上昇は，賃金の上昇や需要の増大が重要な要因であったのは事実であるが，管理通貨制度のものでの不換通貨の増大という要因によるところも大きい。高須賀氏は，中小零細企業での賃金の高位平準化に注目して，それが消費者物価の上昇の原因だとしたために，一部の人たちによる批判があった。

　64年には東京オリンピックが開催され，戦後はじめて日本を世界にアピール

表 1-5　消費者物価の推移

(単位：％)

年	総合 指数	総合 前年比	食料 指数	食料 前年比	工業製品全体 指数	工業製品全体 前年比
1955	22.4	−1.2	21.2		30.6	
56	22.5	0.4	20.9	−1.4	30.5	−0.3
57	23.2	3.1	21.7	3.8	31.3	2.6
58	23.1	−0.4	21.5	−0.9	30.8	−1.6
59	23.3	0.9	21.6	0.5	30.5	−1.0
60	24.2	3.9	22.4	3.7	31.3	2.6
61	25.5	5.4	23.8	6.3	32.5	3.8
62	27.2	6.7	25.7	8.0	34.0	4.6
63	29.3	7.7	28.1	9.3	35.7	5.0
64	30.4	3.8	29.2	3.9	36.8	3.1
65	32.4	6.6	31.9	9.2	37.8	2.7
66	34.1	5.2	33.1	3.8	38.8	2.6
67	35.4	3.8	34.7	4.8	39.8	2.6
68	37.3	5.4	36.9	6.3	41.5	4.3
69	39.3	5.4	39.2	6.2	43.2	4.1
70	42.3	7.6	42.7	8.9	45.9	6.3

(注)　1980年＝100。
(出所)　総務庁統計局監修『日本長期統計総覧』第4巻より作成。

することになった。東京オリンピックは道路整備や諸施設の建設を促進するとともに，テレビの普及をもたらすなど，景気を刺激したが，これはオリンピック景気と名付けられた。また，同年には東京・大阪間に新幹線が開通した。日本は，63年にガット11条国に移行し，64年にはIMF8条(国際収支を理由にした為替制限の禁止)国に移行するとともに，OECDに加盟し，西側陣営の主要メンバーとなった。

　しかし，東京オリンピックとともに，高度成長の前期が終わり，64年末には深刻な不況になった[6]。63年に国際収支が悪化して64年3月に公定歩合が引き上げられ，株価が下落した。株価の下落は，当時ブームとなっていた投資信託や運用預かりの解約を激増させ，65年には山一証券が倒産の危機に瀕した。大井証券やその他の証券会社の経営も悪化しており，金融恐慌が懸念された。日銀は証券会社や企業との取引は行わないが，例外措置として山一証券と大井証

券に緊急特別融資(前者に282億円,後者に53億円)を実施し,救済した[7]。証券会社は,64年には銀行との共同出資で過剰株式の買い上げ機関として日本共同証券株式会社を設立し,また65年には株式の棚上げ機関として共同証券保有組合を設立して株式の凍結を図ったが,株価の下落は防げず,証券不況となった。証券不況を契機に,政府は証券取引法を改正して証券会社の設立を登録制から免許制に変え,規制の強化を図った。

だが,この不況は,資本主義的再生産構造が再建され,生産能力が増大したために生じた構造的景気後退であり,過剰生産恐慌でもあった。64年末に台所用品メーカーのサンウェーブが会社更正法を申請して事実上倒産し,65年には特殊鋼メーカー最大手の山陽特殊鋼(480億円の負債)が会社更正法を申請し,過去最大の倒産となった。大企業の合併が推進され,70年には八幡製鉄と富士製鉄とが合併し,世界最大の製鉄会社として新日本製鉄が誕生した。

政府は,65年の深刻な不況に直面して,戦後は財政法第5条で禁止されていた長期国債の発行に踏み切り,公共投資の拡大による景気刺激策(ケインズの有効需要政策)を実施した。その結果,66年初頭から景気が回復し,70年半ばまでの息の長い「いざなぎ景気」を実現することになった。68年には,日本のGNPが西ドイツを追い越して,第2位になった。70年には名目GNPが70兆円台になり,64年の2倍を上回った。個人消費支出も同期間に2倍を上回り,70年には36兆円を超えた。カー,クーラー,カラーテレビの「3C」時代となり,インスタント食品が普及した。70年には,大阪で万国博覧会が開催され,日本の発展を世界にアピールした。

物価は,60年代後半にも,60年代前半の傾向が続き,卸売物価がほぼ横這いであったのに対して,消費者物価は数パーセント台の水準で上昇していった。

しかし,71年になると景気が下り坂に向かった。このころになると,日本経済はますます国際経済と密接な関連をもつようになるが,71年8月のニクソン・ショックはその後の日本経済に大きな影響を及ぼすことになった。ニクソン大統領がドルと金との交換停止の声明を発表すると,外国為替市場で急激なドル売りが生じ,日銀は大規模なドル買い・円売りの市場介入を実施した。し

かし，ドル売り圧力は鎮まらず，先進国は12月にはスミソニアン会議を開催してドルの切り下げを実施し，円は1ドル＝360円から1ドル＝308円に16.88％切り上げられた。その結果，日本では円高不況が懸念されるようになった。

　政府・日銀はドルを買い支えたが，その結果として円が大量に市場に出回り，インフレーションが激化した。また，ドル価値の低下や好景気を背景にOPECの原油値上げ圧力が強まり，73年秋から石油価格が引き上げられ，約4倍の上昇となった。石油や石油製品の価格が急騰し，73，74年には総合卸売物価が2ケタの上昇を示し，消費者物価も73～75年は2ケタの上昇となり，インフレーションが激化した。73年には卸売物価が15％台，消費者物価が11％台に上昇し，74年には卸売物価が31％台，消費者物価が24％台という上昇率となり，ハイパー・インフレーションの様相となり，「狂乱物価」と命名された（表1-6参照）。トイレットペーパーや砂糖など一部の商品が店頭で品不足になり，主婦が店頭に長蛇の列をつくるパニック状態が生じた。消費者は買い急ぎ，総合商社は売り惜しみ，商社に対する批判が高まった。世相が騒然とし，女子高校生の冗談を真に受けた大人たちが，豊川信用金庫にかけつけ，取付け騒ぎが発生し，日銀が緊急貸出を公表するといった事態まで起きた。

　この時期のインフレーションは終戦直後のインフレーションとは異なり，国債を原資としたケインズの有効需要政策による経済成長の追求が流通通貨量を膨張させ，景気の過熱と相まってインフレーションを激化させた。また，戦後続いてきた国際通貨体制としてのブレトンウッズ体制が71年8月のニクソン・ショックと73年春の変動相場制への移行によって実質的に崩壊し，ドルの信認が低下し，石油などの国際商品が高騰したり，日本の金融当局によるドル買い介入が円の流通量を増大させてインフレ圧力を強めた。なお，72年に発表されたローマ・クラブの『成長の限界』と題する報告書が資源の枯渇と成長の限界を指摘し，モノ不足感がいっそう強まり，物価の騰貴を刺激した[8]。かくして，世界的にもインフレーションが進行するなかで，日本のインフレーションはいっそう激しくなった。

表 1-6　物価上昇率と通貨供給量の推移

(単位：%)

年	消費者物価	卸売物価	輸入物価	マネーサプライ
1970	7.7	3.6	3.3	18.3
71	6.1	−0.8	0.0	20.5
72	4.5	0.8	−4.2	26.5
73	11.7	15.7	21.2	22.7
74	24.5	31.6	67.8	11.9
75	11.8	3.0	7.3	13.1
76	9.3	5.0	5.2	15.1
77	8.1	1.9	−4.5	11.4
78	3.8	−2.6	−17.5	11.7
79	3.6	7.3	28.7	11.9
80	8.0	17.8	44.7	9.2
81	4.9	1.4	1.6	8.9
82	2.7	1.8	7.9	9.2
83	1.9	−2.2	−7.8	7.4
84	2.2	−0.3	−3.4	7.8
85	2.1	−1.1	−2.5	8.4

(注)　マネーサプライは、M_2+CDで平均残高前年比。
(出所)　日本銀行『経済統計年報』(1985年) より作成。

　55～73年の高度経済成長の時期は，証券市場が未発達で，規模が小さかったため，産業資金は金融機関の貸出が8～9割を占め，間接金融が主流であった(表1-7参照)。また，資本の自由化，貿易の自由化が行われたとはいえ，原料輸入と製品輸出が中心で，完成品の輸入は少なかった。それゆえ，10％を上回る経済成長のなかで，勤労者数や勤労所得が増大し，生活関連商品に対する需要を押し上げ，消費者物価を上昇させていった。それでも，60年代は消費者物価は7％台以下で推移するにとどまった。しかし，先にみたように，73年になると，マネーサプライ(以下，M_2+CDを指標とする)が急増してインフレーションが激化し，国民の生活水準が実質的に低下し，国民生活が不安定になり，インフレーションが社会問題化した。

　戦後，日本の金融機関は護送船団方式と呼ばれるように，大蔵省はすべての金融機関を保護する政策を実施してきた。表1-8からもわかるように，公定歩合が引き上げられても70年代頃まで預金金利が引き上げられず，変更があま

表 1-7　産業設備資金新規供給状況

(単位：億円，%)

年	合　計	株式 金額	株式 構成比	事業債 金額	事業債 構成比	貸付 金額	貸付 構成比
1955	4,488	325	7.2	36	0.8	4,126	91.9
56	7,323	837	11.4	378	5.2	6,108	83.4
57	10,407	1,891	18.2	361	3.5	8,155	78.4
58	10,338	1,419	13.7	170	1.6	8,749	84.6
59	13,068	1,490	11.4	523	4.0	11,054	84.6
60	18,379	3,251	17.7	925	5.0	14,201	77.3
61	26,733	6,357	23.8	2,978	11.1	17,396	65.1
62	26,072	5,338	20.5	861	3.3	19,872	76.2
63	31,233	3,510	11.2	1,376	4.4	26,347	84.4
64	35,249	4,774	13.5	1,496	4.2	28,979	82.2
65	38,042	1,684	4.4	2,282	6.0	34,074	89.6
66	42,025	1,846	4.4	2,627	6.3	37,551	89.4
67	52,975	2,027	3.8	3,136	5.9	47,811	90.3
68	63,672	3,477	5.5	3,072	4.8	57,122	89.7
69	80,093	5,208	6.5	3,806	4.8	71,078	88.7
70	94,533	7,539	8.0	4,953	5.2	82,040	86.8
71	125,659	6,095	4.9	8,365	6.7	111,197	88.5
72	149,117	7,009	4.7	6,801	4.6	135,305	90.7
73	162,986	7,136	4.4	11,972	7.3	143,878	88.3
74	141,604	6,364	4.5	10,384	7.3	124,854	88.2
75	178,898	9,526	5.3	19,122	10.7	150,249	84.0
76	171,590	4,771	2.8	13,334	7.8	153,485	89.4
77	170,199	6,256	3.7	13,714	8.1	150,228	88.3
78	184,431	6,942	3.8	17,022	9.2	160,466	87.0
79	216,586	8,730	4.0	17,649	8.1	190,206	87.8
80	207,151	8,067	3.9	12,031	5.8	187,052	90.3
81	248,480	14,007	5.6	17,578	7.1	216,894	87.3
82	247,235	11,741	4.7	17,327	7.0	218,166	88.2
83	246,973	6,301	2.6	15,556	6.3	225,115	91.1
84	280,960	9,266	3.3	21,388	7.6	250,304	89.1

(出所)　総務庁統計局監修『日本長期統計総覧』第3巻より作成。

表1-8　金利水準の推移

(単位：％)

年末	公定歩合	普通預金	6カ月定期預金	貸付平均
1954	5.84	2.19	5.00	9.08
55	7.30	2.19	5.00	8.98
56	7.30	2.19	5.00	8.44
57	8.40	2.56	5.50	8.41
58	7.30	2.56	5.50	8.51
59	7.30	2.56	5.50	8.12
60	6.94	2.56	5.50	8.17
61	7.30	2.19	5.00	8.00
62	6.57	2.19	5.00	8.21
63	5.84	2.19	5.00	7.79
64	6.57	2.19	5.00	7.90
65	5.48	2.19	5.00	7.61
66	5.48	2.19	5.00	7.37
67	5.84	2.19	5.00	7.35
68	5.84	2.19	5.00	7.38
69	6.25	2.19	5.00	7.61
70	6.00	2.25	5.00	7.69
71	4.75	2.25	5.00	7.46
72	4.25	2.00	4.75	6.72
73	9.00	2.50	7.25	7.93
74	9.00	3.00	6.75	9.37
75	6.50	2.50	5.75	8.51
76	6.50	2.50	5.75	8.18
77	4.25	1.50	4.50	6.81
78	3.50	1.00	3.75	5.95
79	6.25	2.00	5.25	7.06
80	7.25	2.75	6.25	8.27
81	5.50	2.25	5.50	7.56
82	5.50	1.75	5.00	7.15
83	5.00	1.75	5.00	6.81

(出所)　総務庁統計局監修『日本長期統計総覧』第3巻より作成。

り行われなかった。しかし，貸出金利は公定歩合が変更される度に変更された。その結果，一般の少額預金者の利益は軽視されることとなった。70年代になると，預金金利も公定歩合の変更に従って変更されるようになったが，激しいインフレーションの前には，とうてい預金の目減りを防ぐことはできなかった。国民生活は悪化し，政府に対する批判がきびしくなり，政府は総需要抑制政策を実施せざるをえなくなった。

かくして，74年度の実質経済成長率はマイナスになり，高度経済成長期は終焉した。その直接の原因は激しいインフレーションであった。この意味で，70年代初頭の日本の金融経済の主要問題はインフレーションであったと言ってよい。

III 高度経済成長期の終焉とスタグフレーション

総需要抑制政策と高金利政策によって，74年には高度経済成長が終焉したが，同時に，日本経済は初めて経験するスタグフレーションという現象に直面した。これまで，好況期には需要が増大して物価が上昇し，不況期には需要が減少して物価が下落するか，低い上昇率にとどまった。換言すれば，好況で失業率が減少するときには，物価上昇率が増大し，不況で失業率が増大するときには，物価が下落傾向を示すという関係が成立した。すなわち，失業率と物価上昇率はトレード・オフの関係にあるというフィリップス曲線が成立した。しかし，この時期には，深刻な不況に陥ったにもかかわらず，物価が急激に上昇するという新たな現象が世界的に進行した。この現象は，不況(stagnation)とインフレーション(inflation)とが同時進行するために，この双方の語を合成してスタグフレーション(stagflation)と呼ばれるようになった。

73年秋に始まる第一次石油危機を契機に，74年には実質経済成長率がマイナスに転じて深刻な不況になったが，卸売物価上昇率が30％を超え，消費者物価上昇率も20％を超えてインフレーションが急激に悪化し，典型的なスタグフレーションとなった（図1-2参照）。インフレーションがもっとも激しかったの

図 1-2 日本のスタグフレーション

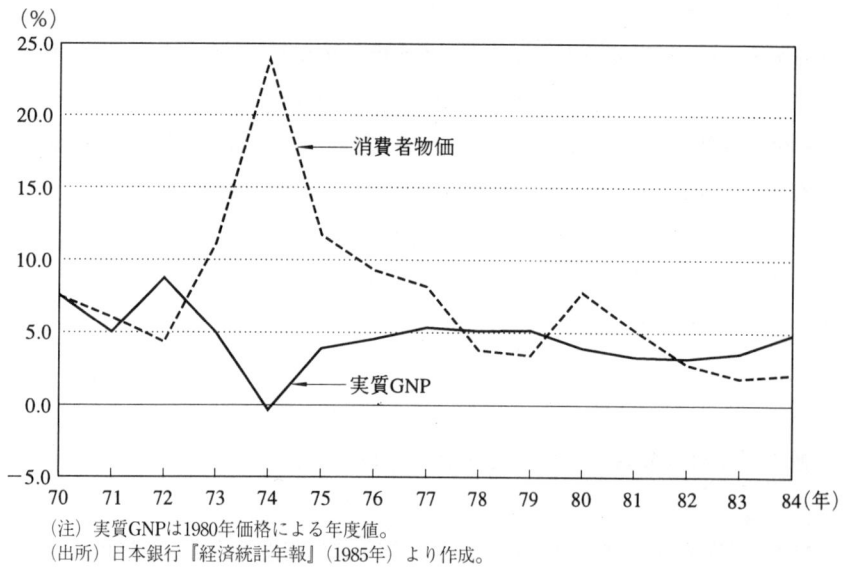

(注) 実質GNPは1980年価格による年度値。
(出所) 日本銀行『経済統計年報』(1985年) より作成。

は74年2月であり,対前年同月比が消費者物価で26.3％,卸売物価で37.0％の上昇率であった。この狂乱物価のなかで,賃金の上昇率が物価の上昇率に追いつかず,一般国民の実質所得が低下し,不況下で国民の生活は急激に悪化した。

政府・金融当局は,財政政策とともに金融政策の機動的な運用を重視し,インフレーションを沈静化させるために,73年5月には公共事業の抑制をはじめとする総需要抑制策を決定し,同年12月には公定歩合をわが国では過去最高の9％まで引き上げた。しかし,すぐにはインフレーションは沈静化せず,74年の参議院選挙では自民党が大敗し,野党の大躍進となった。その後,インフレーションの勢いが弱まり始めると,75年4月から小刻みに公定歩合が引き下げられた。このようにして,政府・日銀は金融政策,とくに公定歩合操作を中心とする金利政策と国債を原資とした財政政策を組み合わせた金融財政政策を重視するスタンスをとった。また,国際金融との関連では,71年のニクソン・シ

ョック以降強まったドル売り圧力に耐えられず，日本も73年2月には変動為替相場制度に移行した。かくして，国際通貨体制としてのブレトンウッズ体制は実質的に崩壊し，戦後国際通貨体制は新局面に移っていった。

　上記のように，74年の深刻なスタグフレーションに対して，政府・金融当局は公定歩合を9％に引き上げるとともに総需要抑制政策をとって物価騰貴の沈静化を図ったが，それでも75年は消費者物価上昇率は11.8％という高さであり，実質GNPの成長率も2.4％という低い水準にとどまり，依然としてきびしいスタグフレーション現象が進行した。75年版『経済白書』は，全国勤労者世帯の可処分所得の伸び率が名目値で69～73年度平均で13.8％であったのに対して74年度は26.8％と倍増したが，実質値では，前者が5.3％であるのに対し，後者は4.1％と低く，激しいスタグフレーションが進行するなかで，74年度には実質所得が減少したことを認めた[9]。

　75年には，100億円という大量の国債発行が行われ，公定歩合も4月から引き下げられ，景気刺激政策が実施された。その結果，76年には実質GNP成長率が4％台に回復したが，消費者物価上昇率は9％台であり，スタグフレーションの状態であった。77年も実質GNP成長率が約5％，消費者物価上昇率は8％台であり，スタグフレーションの状態はやや弱まったが，依然としてスタグフレーションの状態から脱却できなかった。78年3月には公定歩合が3.5％まで引き下げられ，景気刺激策がとられ，78年と79年は実質GNP成長率がともに5％台，消費者物価上昇率は3％台となった。すなわち，この時期には，スタグフレーションの状態は弱まったと言いうる。このころにはドル安・円高が進行し，78年10月31日には1ドル＝175円台まで上昇した。

　79年には再び原油価格が引き上げられ，第二次石油危機が発生し，再びスタグフレーションが激化してきた。79年2月上旬に，エクソンなど石油メジャー各社は，日本の石油精製各社に1～2％の値上げを通告し，産油国も値上げを通告してきた。3月下旬には，OPECが総会で9.05％の値上げを決定した。インフレーションの激化を恐れた政府は，3月に5％の石油消費削減策を決定した。また，4月には，日銀がインフレを抑制するために，公定歩合を5年半ぶ

りに引き上げた。しかし，物価が上昇し，6大都市の住宅地は73年土地ブーム以来の7.4％の大幅上昇となった。政府は，11月に公共事業抑制・石油消費節減などを決定したが，12月にサウジアラビアなどが，さらに原油価格の6ドル値上げを通告し，石油危機がいっそう深刻化した。

80年になると，政府は，1月の総合エネルギー対策推進閣僚会議で，暖房を18度以下にすること，テレビ放送の午前零時打ち切り，ネオンサインの午後10時消灯等を決定した。

1月に，大平首相が，施政方針演説で，石油危機を乗り越えるために，長期的には脱石油への産業構造の転換を目指し，当面は物価安定を最重点とする経済運営を行うことを表明した。2月には日銀がさらに公定歩合を1％引き上げて7.25％とし，インフレを抑え込むために早めの金融引き締め策を講じた。3月にも，日銀は公定歩合を1.75％引き上げて9％にした。前川日銀総裁は，3月18日に輸入インフレからホームメイド・インフレになりつつあると指摘し，「国内需給にくさびを打ち込むために今回の措置をとった」と説明した。また，「スローダウンは避けられないが，物価を抑制することが息の長い成長につながる」と述べ，長期的な観点からみれば，物価の安定が最優先課題で，一時的成長の鈍化はやむをえないという意向を明らかにした[10]。

しかし，8月には，卸売物価が4～6月を境に落ち着きを見せる一方で，景気に陰りが広がってきたため公定歩合を8.25％に引き下げ，金融緩和に転じた。公定歩合は，このとき以降，80年代を通じて引き下げられてゆき，89年5月に引き上げられるまで，ほぼ10年の長期にわたる金融緩和が続けられ，バブルを膨張させる主要要因の1つとなった。すなわち，先進諸国がスタグフレーションから離脱しようとする試みが80年代の低金利時代を形づくる大きな要因となったのである。

9月には，イランとイラクが空爆の応酬を開始し，「全面戦争」を表明した。連邦準備制度理事会(FRB)はインフレに先手を打って，9月に公定歩合を1％引き上げ，11％にした。さらに，11月に公定歩合を1％上げて12％にし，連銀借入依存率が高い大手商業銀行に対する上乗せ金利を2％とする高率適用を決

定し，二重金利を復活させた。消費者物価，卸売物価がともに前年比12％台というきびしいインフレになったためであった。しかし，インフレ懸念がおさまらず，12月には，公定歩合をさらに1％引き上げ，再び最高の13％にした。他方，日銀は11月には公定歩合を7.25％に引き下げた。

　80年には，石油価格の高騰の影響を受けて，消費者物価が7％を上回り，実質GDPは3％台に低下し，再びスタグフレーションが激化した。また，80年の全国平均地価が8.3％の上昇となった。また，80年の外為市場の動向をみると，外国為替相場は乱高下が激しかった。年初に237円だった東京外国為替相場は4月7日には260円まで下がり，12月31日には203円まで急騰した。

　81年には2月にアラブ首長国連邦が値上げを通告し，非OPECを含めて原油が1バレル当たり平均で約3ドル値上がりし，40ドル時代に近づいた。しかし，翌3月に政府は，第二次総合経済対策として，①81年度上期の公共事業の契約率目標を70％以上とすること，②金融政策の機動的運営，③政府系中小金融3機関の基準金利の引き下げ，④公定歩合の6.25％への引き下げ，といった景気対策に比重をおいた政策を決定した。

　為替相場は，1月6日に円が高騰し，一時198円台になって，円が200円の大台を突破した。日本では，消費者物価が高騰し，景況も良くなかったが，アメリカのインフレーションが衰える兆しがなく，ニューヨークやロンドンで円買いが強まり，年間の経常収支が1,000億ドルを超える産油国のオイルマネーの一部が東京市場に流入し，円高圧力となった。

　オタワ・サミットは国際協調を謳ったが，その裏側では各国の思惑が対立した。欧州では国内景気の回復のために金利を下げたいが，アメリカの金利が下がらないと，自国通貨が弱くなり，インフレ圧力が増すことになる。ところが，レーガン大統領はアメリカの高インフレを理由に，高金利政策を持続する意思を表明し，欧米の思惑が対立した。

　81年の実質GDPも3％台で，景気は低迷した。他方で，消費者物価上昇率は81年は4.9％程度で，政府見通しを下回った。景気が下降するなかで，物価上昇率が鈍化し，スタグフレーション現象そのものは弱まった。物価上昇圧力

表1-9 第1次および第2次石油危機時の実質国民総支出の推移

(単位:%)

	第1次石油危機		第2次石油危機	
	1974年	75年	79年	80年
実質国民総支出	−1.2	2.4	5.2	4.8
輸出等	22.3	3.7	6.6	18.8
国内最終需要				
民間最終消費支出	−0.7	4.1	5.9	1.3
民間住宅投資	−12.7	2.5	−1.0	−9.4
民間設備投資	−5.1	−5.5	11.8	8.0
公的支出	−4.7	6.7	2.8	−1.2
民間在庫投資	31.3	−92.7	209.0	10.1
(控除)輸入等	7.1	−9.4	14.7	−3.9

(出所) 日本銀行『日本銀行百年史』第6巻, 520ページより。

が低下し, 景気も低迷して, 従来型の景気循環パターンに回帰してきた。公定歩合は81年12月には5.5%まで引き下げられた。

第二次石油危機を契機に世界的にスタグフレーションが再燃し, 高金利政策によってインフレーションの沈静化が図られた。その結果, 世界的に景気の停滞が深刻化し, 景気対策のために, 80年代前半には世界的規模で金利引き下げ傾向が強まった。

物価は82年には一段と落ち着き, 消費者物価上昇率は2.8%まで下がった。他方, 実質GDPは82年も3%台であった。かくして, 82年には, スタグフレーション現象は緩和されたが, スタグネーション(景気の停滞, 不況)が持続した。83年も, 消費者物価上昇率が1.9%という低い水準になったが, 実質GDPは2.7%と, スタグネーションから脱却できなかった。

ところで, スタグフレーションは, 石油危機という国際的要因によって増幅されたが, 国内経済要因によって規定されており, その意味で70年代半ばのスタグフレーションと80年前後のスタグフレーションとでは状況が異なり, 前者の方がよりきびしいものであった。それは, 表1-9からわかるように, 第一次石油危機のときには, 74年には実質国民総支出がマイナス1.2%の減少になり, 民間設備投資が74, 75年とマイナス5%台の減少になったほか, 国内総需

要が74年にはすべての指標でマイナスになっており，きびしい過剰生産恐慌となったからである。しかし，80年前後の第二次石油危機のときには，実質国民総支出は5％前後の伸びを維持しており，マイナスに落ち込んだのは民間住宅投資と公的支出だけであり，民間設備投資は8～11％というかなり高い率で増大した。さらに，第一次石油危機のときは，落ち込みの落差が大きく，実質国民総支出は73年に8.8％だったのが，74年にはマイナス1.2％と10％もの落差があり，民間設備投資も同時期に16％からマイナス5.1％と20％を超える落差があった。これに対し，第二次石油危機のときには，その落差は1％以下であり，その他の要因でも，1ケタにとどまった。

　すなわち，原油価格の値上がりぐあいに差があったことも大きいが，70年代後半の低迷期に過剰生産能力が整理され，需給バランスが改善され，第二次石油危機の時期には，再生産機構はリストラクチャリングが進められていたと言えよう。それが，レーガン政策のドル高政策に助けられて，80年前後のスタグフレーションを比較的軽微なものにし，80年代後半の生産能力の基盤を整備することになったと言えよう。とくに，日本企業が力を入れたのは，省エネ技術の開発とマイクロ・エレクトロニクスの技術開発であり，半導体，自動車産業の隆盛を実現することになった。

　また，75年以降は100億円を上回る国債の大量発行を行って景気を刺激するようになり，このことが，金融・証券市場の自由化を促進することになった。またそれは，財政赤字を拡大させることにもなり，高齢化時代の到来と相まって，大型間接税導入の理由の1つとなった。他方で，低率成長と低金利政策が続くなかで，カネ余り現象が生じ，証券市場が注目されるようになり，財テクが広範に普及するようになった。かくして，日本の金融経済構造は，70年代半ばから80年代初頭のスタグフレーションの時代を境に大きな変化を遂げていくことになった。

Ⅳ　スタグフレーションの検討

1　資本主義経済の発展

　スタグフレーションという経済現象が現れたのは，世界的にも1970年代前後であり，それ以前には顕在化しなかった。資本主義的市場経済は，イギリスで，市民革命と産業革命を経て，18世紀中葉に，封建制度のもとでの独占的で不公正な市場を廃止し，自由で公正な競争を原理とした市場経済として成立し，各国へ普及し発展していった。それは，アダム・スミスの『国富論』に代表される自由放任主義(1aissez-faire)を基本原理とした古典派経済学として体系化された。しかし，20世紀初頭には，自由競争によって発展してきた資本主義経済が資本の集積と集中によって少数の巨大資本を生み出し，この巨大資本(独占または寡占資本)が価格を管理し，自由で公正な競争を阻害する状況を生み出した。そのために，資本主義の原理を維持する必要上，独占禁止法が制定された。これは，自由放任主義の原理には反することであるが，市民革命によって獲得した政治経済制度である資本主義を保持するためには，不可避のことであった。

　かくして，自由競争が，自らを否定する結果をもたらすようになった20世紀の資本主義では，自由放任に対する一定の制限が必要となった。また，自由競争を通じて生産力が巨大化し，経済規模が格段に拡大してくると，供給と需要を調整していた景気循環が変動の大きなものになり，とくに資本破壊によって需給バランスを調整する恐慌が世界を震撼させる1929年大恐慌のような大規模で激烈なものになってきた。この過酷な恐慌を緩和するために，国家が有効需要(購買力を伴った需要)を創出するように経済に積極的に関与することが説かれるようになった。それとともに，貨幣制度も人間が人為的にコントロールする制度(管理通貨制度)の必要性が説かれ始めた。このように，経済の発展と新たな経済問題の出現によって，国家の経済政策や貨幣制度に対する考え方も修正されてくることになった。その経済学的基礎を与えたのが，ジョン・ケイン

ズであった。

ケインズの主張は，当初は必ずしも容易に受け入れられたわけではないが，第二次大戦後には管理通貨制度のもとで各国がケインズ政策を実践するようになった。その結果，戦後経済では29年大恐慌のようなきびしい恐慌が起きにくくなり，それまでは10年前後の周期で生じていた恐慌が不規則となり，景気の落ち込みも軽微になり，価格そのものが急落しにくくなった。そこで，恐慌現象がなくなったという主張が生まれたり，資本主義は永遠の繁栄を謳歌するだろうという主張すら出現した。

そういった状況のなかで，インフレーションが次第に激しくなり，それが激烈になった時期に，新たな経済現象としてスタグフレーション現象が生じてきたのである。スタグフレーションが生じてきたのは，管理通貨制度のもとで，多年にわたって国家の有効需要政策が追求されてきた後であり，ケインズが提唱した有効需要政策と密接な関連があるものであった。スタグフレーションが長期にわたって持続すると，ケインズ経済学の有効性が疑問視され，ケインズ経済学は死滅したという主張が展開されるようになり，ミルトン・フリードマンを代表とするマネタリストやサプライサイド経済学など新たな経済学が注目されるようになった。

2 スタグフレーションの経済学的意味

では，スタグフレーションはどのような経済現象と考えればよいであろうか。ハワード・シャーマンは，アメリカのスタグフレーションの実証的な研究を行い，アメリカのスタグフレーションについて次の3つの主要な要因を摘出している[11]。

第一の要因は，独占企業の行動である。独占企業は，不況期にも操業度の調整によって独占価格の下落をくい止め，安定的な利潤を確保しようとし，物価高と高い失業を生み出している。第二は，政府の金融・財政政策である。政府が反景気循環的政策を実施し，賃金や価格統制を実施したり，財政支出を拡大して，物価を硬直的にしたり，財政支出を拡大させてインフレ圧力を増大させ

ている。第三は，アメリカの衰退によって国際環境が変化し，アメリカ経済に不利になっている。こういった諸要因がアメリカのスタグフレーションの原因であったことを実証的に分析している。このシャーマンの分析は，スタグフレーションの原因分析としては，かなり説得的であると言えよう。ただし，彼の分析は，独占価格を重視するところに特徴があり，管理通貨制度という通貨的側面の分析を軽視している難点がある。

　現代資本主義においては，独占企業の成立と国家の有効需要政策という2大要因が，管理通貨制度を不可欠な制度的前提としており，独占企業の成立と国家の有効需要政策が現代インフレーションを現実化させうる基本構造をつくりあげている。現実のインフレーションは，各国の具体的な諸要因によって発現し，その程度が異なる。しかし，独占企業が支配的な現代資本主義経済において，管理通貨制度が採用され，景気調整としての有効需要政策が実施される限り，インフレーションの潜在的可能性がある。この点で，現代インフレーションは，単なる不換紙幣の乱発による古典的インフレーションと異なるのである。

　資本主義経済では，価格機構を通じて，生産と消費が繰り返される。すなわち，生産された商品は，貨幣名表示の価格（原材料費＋賃金＋利潤，または費用＋利潤に分解される）をつけられて市場で売り出され，消費者に購入される限りで，生産が続けられ，消費が行われる。消費者が購入できない高い価格が設定されたり，消費者の需要に合わない場合には，購買は行われない。この場合には生産者は費用を回収できなくなり，早晩，生産が続行不可能になる。ある同一の商品を生産する企業が多数あってさまざまな価格で販売しているときには，消費者は一般に価格の安いものを選択し，購入する。その結果として，生産者の間で生産技術の革新や新商品の開発などの競争が生まれ，経済が発展し，国民生活が向上する。これが，資本主義的市場経済のメリットである。

　ところが，企業が巨大化し，その商品市場を少ない企業で独占するようになると，幾つかの企業で類似価格が設定され，価格管理が行われるようになり，消費者がその価格は高すぎると思っても，その商品を購入しようとする限り，

設定された高い価格で購入せざるをえなくなる。勤労者の所得は一般には賃金などに限られているので，価格が高ければ，購入量は減少する。つまり，一般国民の消費需要は，20世紀以前の資本主義においても，それ以降の資本主義においても，制限されていることに変わりはない。しかし，商品に対する需要は，消費需要に限られず，企業の設備投資など生産的消費の割合も大きい。また，現代資本主義のもとでは財政支出が増大し，政府部門の需要も大きくなる。さらに，海外市場にも販売される。

　しかし，経済成長が続く限り，国民経済全体の供給量は増大し，上記のような需要を合わせても，生産された商品が完売されず，過剰生産が累積していくことになる。この過剰に生産された商品を吸収するために，管理通貨制度のもとで長期国債が発行され，景気対策として公共投資等の財政支出の拡大政策が実施されるようになった。不換銀行券の発行は，管理通貨制度のもとでは，技術的には無制限に発行可能であるが，不換銀行券の発行を激増させると，激しいインフレーションを惹起させることになる。インフレーションが軽微な段階では，景気浮揚の効果の方が評価されて，一般にはあまり問題とされない。しかし，インフレーションがハイパー化して，物価上昇率が賃金よりもはるかに上昇したり，預金金利よりもはるかに高くなると，各方面から批判が高まり，70年代前半にもそうであったように社会が混乱を来し，既成の政権が危うくなる。

　そこで，国債を原資とした財政支出の拡大による有効需要政策を無限に続けることはできなくなる。公定歩合の引き上げ，売りオペレーション，支払準備率の引き上げ等の金融引き締めのほかに，財政支出の削減など，反ケインズ的政策を実施せざるをえなくなる。すなわち，恐慌を軽減ないし回避するためにケインズ政策を実施してきたが，その結果としてケインズ政策が実施できなくなるようなケインズ政策の限界点に突き当たったとき，スタグフレーションが発生したのである。この意味で，スタグフレーションはケインズ政策の限界を示した経済現象であると言いうるであろう。

　70年前後に先進資本主義国でスタグフレーションが同時的に進行したのは偶

然ではない。戦後の荒廃状態から先進各国が経済復興を遂げ，またアメリカの対外軍事支出の増大と多国籍企業のドルの持ち出しによって，アメリカの国際収支が悪化し，基軸国際通貨としてのドルの価値が低下した。その結果，ドル表示の国際商品価格が先進国の景気過熱と相まって急騰して，各国のインフレーションが激化し，インフレ抑制策としての金融引き締めが過剰生産を顕在化させ，景気が後退したが，インフレーションは沈静化せず，スタグフレーションが各国で発生したのである。スタグフレーションの程度は，当然ながら，各国の具体的な状況によって異なっている。

しかし，70年前後から80年代初頭にかけて，先進各国でスタグフレーションが同時的に進行した結果，国際的な投資資金が発展途上国に向かい，累積債務問題を深刻化させ，発展途上国はいわゆる「失われた80年代」を経験することになった。また、スタグフレーションの後には、先進資本主義諸国の間で世界的な金融緩和が進行し，ドイツを除く先進国でバブル的現象を生み出した。とりわけ，日本では，スタグフレーション後の金融緩和が典型的なバブル経済をもたらす土壌の一部となった。

1) 日本銀行『日本銀行百年史』第5巻，日本銀行，1985年，17-18ページ。
2) 鈴木武雄『金融緊急措置とドッジ・ライン』清明会出版部，1970年，参照。
3) 日本銀行，前掲書，第5巻，36ページ。
4) 経済企画庁『経済白書』1956年版，42ページ。
5) 高須賀義博『現代日本の物価問題』新評論，1972年。
6) 高度経済成長期の時期区分には，幾つかのタイプがあるが，本書では便宜上，65年不況を画期として，前期と後期に大別した。
7) 65年は証券不況であり，山一証券以外にも経営が悪化した証券会社が多かった。そのため，山一証券の倒産が金融恐慌を惹起しかねないという懸念はあったものの，中央銀行たる日銀が例外的に証券会社に融資を行った背景に関していろいろな推測がなされた。
8) Donella H. Meadows et al., *The Limits to Growth*. 1972. （大来佐武郎監訳『成長の限界』ダイヤモンド社，1972年。）
9) 経済企画庁『経済白書』1975年版，36ページ。
10) 『日本経済新聞』1980年3月19日付。
11) スタグフレーションに関する研究は少なくないが，Howard J. Sherman, *Stagflation*, Second ed., 1983 がアメリカのスタグフレーションについて優れた

分析を行っている(同書の第1版の邦訳には,長島誠一訳『スタグフレーション』新評論,1979年がある)。

第 2 章

バブル経済の生成

　日本のバブル経済は80年代後半に典型的な形で生じたが，世界的なスタグフレーション傾向とレーガノミクスが，日本のバブル経済の前史を形成する大きな要因となった。前者は世界的な低金利傾向をもたらし，後者は対外不均衡を激化させて85年のプラザ会議の原因となった。

　プラザ会議では，対外不均衡の解決のためにドル高是正が合意され，その結果として，ドル安・円高が進行した。しかし，対外不均衡の激化は解消せず，とくに日本の金利の極端な低下をもたらす結果となった。こうした状況下で，日本ではバブル経済が生成され，膨張していった。

　本章では，80年代前半のバブル経済前史と，85年9月のプラザ会議から87年10月のブラック・マンデーにかけてのバブル経済生成の時期について考察することにする。

I　前　史——80年代前半の金融経済

　日本のバブル経済は80年代後半に生じたが，それは80年代前半の金融経済と密接な関連があった。それゆえ，80年代前半はバブル経済の前史と位置づけられよう。

　すでにみたように，80年代初頭も，第二次石油危機の影響もあって，世界的

にスタグフレーションの傾向が強かった。しかし，この時期には世界的に経済が低迷していて需給ひっ迫感が弱かったし，また原油も需要の低迷から第一次石油危機のときほど値上げされず，82年2月にはイランが値下げをし，OPECも83年3月には初めて値下げを行い，インフレ圧力は第一次石油危機ほど強くはなく，むしろ景気浮揚のために各国は金利の低め誘導に傾斜していった。

アメリカでは，変動相場制移行後の70年代後半には経済力の衰退がますます顕著になり，81年に誕生したレーガン政権は，「強いアメリカ」の復活を目指して，高金利，減税，軍拡を三本柱としたいわゆるレーガノミクスを実施した。このレーガノミクスは，結果として，スタグフレーションに苦しんでいた日本経済に活力をもたらし，皮肉にもアメリカ経済の衰退をさらに促進する結果となった。

アメリカは，82年に経常収支が赤字に転じ，翌83年には400億ドルの赤字，さらに84年には一気に約1,000億ドルの赤字と国際収支を急激に悪化させた。それとは逆に，日本は83年には200億ドル，84年には350億ドルの黒字になった。経常収支がこのように激変した主要な原因は，アメリカの貿易収支が77年から300億ドル前後の赤字になり，83年には600億ドル，84年からは1,000億ドルを上回る赤字を出すようになり，逆に日本の貿易収支は81年，82年が200億ドル弱，83年が300億ドル強，84年が400億ドルを上回る大幅黒字になったことによる（表2-1参照）。

図2-1に見られるように，日本の輸出はアメリカ向けが多いが，83年頃から急速に増大した。日本の対米輸出が激増したのは，ドル高で日本企業の輸出価格が低下し，日本企業の競争力が増大したことが大きな要因であった。このドル高をもたらした主な原因はレーガン政権の高金利政策であった。81年末のアメリカの公定歩合は12%であり，日本の公定歩合は5.5%であり，日米の金利差は6.5%もあった。また，82〜84年末にはアメリカの金利は8%台であり，同時期の日本の公定歩合は5%台であった（図2-2参照）。この金利差がアメリカへの資金流入を促進し，ドル高をもたらした。その結果，外国為替相場は，80年末に1ドル＝203円だったものが，84年末には251円の円安・ドル高になり，

表 2-1　国際収支の日米比較

(単位：億ドル)

年	日本 経常収支	日本 貿易収支	アメリカ 経常収支	アメリカ 貿易収支
1980	−107	21	11	−255
81	48	200	69	−280
82	69	181	−59	−364
83	208	315	−401	−671
84	350	443	−990	−1,125
85	492	560	−1,223	−1,221
86	858	928	−1,454	−1,451
87	870	964	−1,602	−1,595
88	796	950	−1,262	−1,270
89	572	769	−1,063	−1,159
90	358	635	−921	−1,081

(出所)　日本銀行『経済統計年報』, Council of Economic Advisors, *Economic Report of the President*, 1992より作成。

　日本の交易条件が相対的に有利になった。また，83年にはアメリカの景気が回復し，需要が拡大してアメリカの輸入が増え，貿易収支と経常収支の赤字が増大する結果となった。

　83年には，日本の景気が1〜3月期を底に上昇に転じ，日本経済は3年間にわたる長期の景気後退から脱した。また，世界経済も83年から景気回復に向かったが，発展途上国では累積債務が重要問題となった。

　10月に，政府は，内需拡大による景気振興，市場開放，輸入促進，資本流入の促進，円による国際取引の促進および金融・資本市場の環境整備，国際協力の推進という6項目を柱とした黒字減らしと内需拡大をねらいとした総合経済対策を決定した。

　83年末に，日本の対外純資産残高が約373億ドルとなり，史上最高を記録し，初めて西ドイツの水準を上回った(表2-2参照)。また，83年度の経常利益は，輸出が好調なトヨタ自動車が2年連続でトップとなり，2位，3位，4位も同じく，東京電力，アラビア石油，松下電器産業であった。

　84年は，東京株式市場で日経ダウ平均が9,900円台の新高値で始まり，1万

図 2-1　主要国の対米輸出額

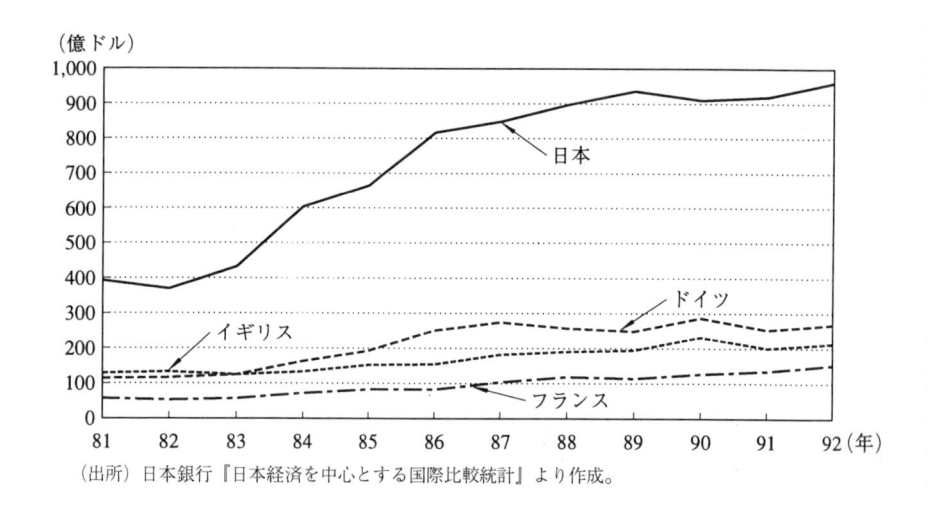

(出所) 日本銀行『日本経済を中心とする国際比較統計』より作成。

図 2-2　主要国の公定歩合の推移

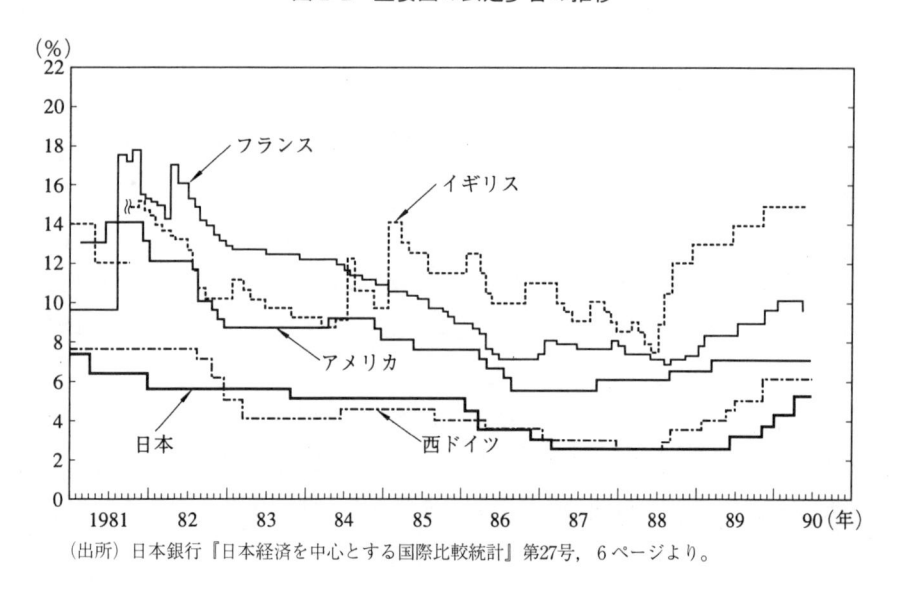

(出所) 日本銀行『日本経済を中心とする国際比較統計』第27号, 6ページより。

表 2-2 主要国の対外純資産の推移

(単位：億ドル)

年	日　本	アメリカ	イギリス	ドイツ	フランス
1982	247	1,367	679	314	
83	373	890	813	324	389
84	743	−22	957	385	165
85	1,298	−1,172	1,190	510	−17
86	1,804	−2,737	1,569	929	−206
87	2,407	−3,781	1,419	1,653	293
88	2,917	−5,311	1,480	2,062	−336
89	2,932	−6,637	1,806	2,698	−653
90	3,281	−2,697	−14	3,574	−703
91	3,831	−3,964	117	3,354	−795
92	5,136	−6,115	408	2,903	−745

(注) 外国の統計数値は各号で異なっている。
(出所) 日本銀行『日本経済を中心とする国際比較統計』より作成。

円の大台を1月に突破した。株価上昇の主役は外国人投資家の買いであった。保有ドルの目減りを回避するためにオイルマネーが80年春から分散投資の一環として日本株を買い始め，外国人投資家の買い越しとなった。他方，外国為替相場は円安に振れたが，日本の対米国際収支が大幅黒字であったのに，円安が進行したのはアメリカの高金利政策の影響が大きかったためであった。

　84年には景気回復がより顕著になり，84年度の設備投資が80年度以来4年ぶりに10％台の伸びとなり，実質GDPの成長率が4％台となった。また，海外生産に拍車がかかり，日本の自動車メーカーの海外現地生産台数が84年に100万台を超えた。貿易摩擦が激化し，オレンジ，牛肉の輸入が緩和された。83年秋のレーガン大統領の訪日を契機に日米円ドル委員会が開催され，84年5月に報告書が発表されると同時に大蔵省の報告書も提出され，金融の自由化および円の国際化が推進されることになった。

　85年の景気は実質GDPの伸びが5％となり，好景気となった。経常利益のトップは3年連続でトヨタ自動車であり，ハイテクブームにわく電機各社も躍進が目立った。85年度の設備投資の特徴は，ハイテク関連投資の拡大傾向であり，ハイテクの代表である半導体の投資額は1兆円の大台に乗った。半導体を

組み込んだ製品はOA機器や工作機器を高度化させ,新規需要を作り出しただけでなく,原材料部門への波及効果も大きかった。

物価は沈静化し,82年から85年の間に消費者物価の上昇率が2％前後に下がった。卸売物価の上昇率は81年,82年が1％台に低下し,83年から88年まではマイナスとなり,卸売物価は下落した。他方で,地価が上昇した。

日米貿易摩擦はいっそう広範囲に及び,激化した。85年の年明け早々の日米首脳会談で,日米の大幅な貿易不均衡を是正するために,両国が共同で個別問題を改善する必要性を再確認した。日米間の個別案件は農産物問題からハイテク,金融,エネルギーなど多くの分野へ及んでいった。

このころには,レーガン政権のドル高政策がアメリカの双子の赤字を急激に増大させ,アメリカ経済に深刻な打撃を与え始めた。アメリカ産業界はハイテク分野を中心に競争力が低下し,輸出の減少に苦しみだした。ドル高はアメリカの輸出価格を高め,自動車,鉄鋼,通信,エレクトロニクス等の主要産業が輸入圧力に苦しんだ。FRBはアメリカの債務国化とその後のドルの急落を懸念した。しかし,レーガン大統領は依然として「ドル高のメリットは大きい」と述べて,ドル高是正に意欲を見せず,「通貨は市場がきめること」として,協調介入も限定的なものにとどめた。貿易不均衡の解決のためには,日本などの市場開放が先決とし,対外交渉圧力を強め,4月には上院財政委員会が「対日報復法案」を可決した。摩擦が激化するなかで,7月にトヨタがアメリカに自動車工場の設立を単独で行うことを決定した。

9月には,アメリカが84年に第一次世界大戦後初めて純債務国に転落したことが明らかになった。1914年以来71年ぶりの債務国転落は,パックス・アメリカーナの衰退を象徴する出来事であり,戦後の国際経済史上に特筆されるべき出来事であった。

こうした状況のなかで,9月22日にニューヨークのプラザ・ホテルで,日本,アメリカ,西ドイツ,イギリス,フランスの先進5カ国の蔵相と中央銀行総裁が集まって,秘密裏に会議を開催した。この会議の最大の目的は,対外不均衡を改善するためのドル高是正の合意であったが,後にこの合意はプラザ合意と

して有名になった。それは，戦後西側主要国が初めて行う本格的な国際協調であったが，また，その後の世界経済を大きく揺さぶる結果をももたらすことになった。

Ⅱ　プラザ会議

　1985年9月22日に，ニューヨークのプラザ・ホテルにおいて日本，アメリカ，西ドイツ，イギリス，フランスの先進5カ国の蔵相と中央銀行総裁がドル高是正を協議し，合意した（プラザ合意）。秘密裏に開催されたこのプラザ会議（先進5カ国蔵相・中央銀行総裁会議）には，アメリカからはベーカー財務長官，ボルカーFRB議長，日本からは竹下蔵相，澄田日銀総裁らが参加した。プラザ会議は，国際収支の対外インバランスを為替レートで調整するために，ドル安に導くことにその中心的課題があった。アメリカは，このプラザ会議で10～12％のドルの切り下げ幅を提示し，市場への介入期間は6週間，介入総額は180億ドル，介入資金の分担はアメリカと日本が各30％，西ドイツが25％，イギリスが5％，フランスが10％ということで議論したと言われている[1]。G5諸国は，為替レートが対外インバランスを調整するうえで役割を果たすべきであり，主要非ドル通貨の秩序ある上昇が望ましく，必要なときは密接に協力する，ということを文書で合意した。アメリカはこのプラザ会議以降，従来のビナイン・ネグレクト（放置）政策を転換し，他のG5諸国も協調して外国為替相場への介入を実施した。声明が発表された翌日の23日（月曜日）は，日本は秋分の日で休日であったが，海外でドルが急落した。プラザ会議前の20日のニューヨーク市場の外国為替相場は終値が1ドル＝238円だったが，プラザ会議後の23日には，226円にドルが急落した。東京市場でも20日に242円だったが，休日明けの24日には230円に急落した。協調介入が連日続けられ，市場ではドル売りが殺到した。月末の30日の東京市場では216円となり，81年12月以来3年10カ月ぶりの円高となった。しかし，同日の記者会見で，澄田智日銀総裁は，円高は不十分であり，「さらに円高になることを望んでいる」と述べた[2]。10月10日

には，ニューヨーク連銀が東京市場で初の円買い介入を実施するとともに，シンガポールでも，西ドイツ・マルク買いを実施した。先進各国の通貨当局が提携してドル高是正の姿勢を強めた。ドル高是正をめざす協調介入が始まった9月23日以降，円と西ドイツ・マルクが対ドル相場で急上昇していった。

10月21日（月曜日）には東京市場で214円となり，9月20日以来約1カ月間で円は対ドルで30円近くも上昇した。しかし，日米当局はなお一段の円高・ドル安が必要だとの姿勢を崩さなかった。この日から日銀は短期金利の高め誘導をも実施した。29日にはボルカーFRB議長が金融緩和を示唆する発言をし，日銀の短期金利高め誘導策と合わせて，ドル高是正戦略は金利の調整にも及んでいった。国際協調によるドル高修正，欧州景気の回復，東西緊張緩和などを背景に主要国で株価が高騰し，ニューヨーク，ロンドン，フランクフルトなどで相次いで史上最高値を更新した。金，石油といった国際商品市況が低迷し，インフレは沈静化し，日本を含めた世界の投資資金が「モノ」から「金融商品」に向かっていった。11月6日に澄田日銀総裁が記者会見で「引続き円高推進策を進めていく」と述べ，12日には，ベーカー財務長官が，アメリカ議会主催の国際通貨会議で，ドル高是正についての先進国間の協調は一時的なものでなく，世界経済の持続的成長と保護主義の防止のためにドル高是正の定着が必要だと演説した。25日には，一時1ドル＝199円台（85年の最高値）となり，4年10カ月ぶりに200円を突破した。同日の記者会見で，澄田日銀総裁は「円高基調が定着してきたとはまだ言えない」と述べ，また竹下蔵相も「秩序ある形でドル高是正が続くことを期待している」，「経済政策を転換する情勢にはない」と述べ，これまでの政策を維持していくとの考えを表明した[3]。

プラザ合意から10月末までの1カ月余りのドル高是正戦略（10〜12％のドル安）は成功し，この間に先進諸国がドル高是正のために実施したドル売り介入は，予定していた180億ドルの半分程度ですんだ。日本，西ドイツ，イギリス，フランスの4カ国が合計50億ドル，その他のG10諸国（アメリカを除く）が合計20億ドル超であり，8月から10月までにアメリカが約32億ドルであった[4]。

しかし，ドル相場は10月末以降も下落を続けた。日本では11月末ころから円

高によって輸出が減少し、景気が不透明になり、円高優先から内需重視へ金融政策を転換することを求める声が高まってきた。12月16日から日銀は短期金利の高め誘導を解除した。12月18日の経済審議会総会で中曽根首相は、「金利低下を日米の協調で実現する時期にきている」と発言し、内需拡大のために利下げが必要なこと、またアメリカが公定歩合を下げれば、連動して公定歩合を引き下げることを検討する意向を示した。しかし、澄田日銀総裁は同日の記者会見で、公定歩合の引き下げについては否定的な考えを示した。85年の東京外為市場は、1月4日に252円(終値)で始まったが、12月31日には200円となり、1年間で50円を超える急激な円高となった。

　86年1月4日の大発会で日経平均株価が1万3,136円と、半月ぶりに最高値を更新し、東京外為市場は6日に202円で始まった(ともに終値)。8日の記者会見で、澄田日銀総裁は、「金融政策は各国が……自主的に判断するもので協調には向かない」としながらも、「各国の金利が同時に下がってくるのは結構なことだ」と述べ、それまでの見解を翻した。24日には円が199円台になり、再び200円台を突破すると、日銀は30日に公定歩合を0.5％引き下げ、年4.5％に変更した。

　2月3日には東京市場で円が続騰して190円になり、17日には180円になった。この頃には、財界首脳が利下げを強く求めるようになった。竹下蔵相が、18日の記者会見で新たな景気対策の検討が必要なことを表明した。同日に渡辺通産相は、「日銀は機動的に対応していない」と批判した。急激な円高のなかで、ベーカー財務長官が、上院予算委員会でドル安容認の発言をしたのを受けてドルは全面安の展開となり、19日には178円まで下がり、乱高下した。

　3月6日に西ドイツが公定歩合を0.5％引き下げ、年3.5％にすることを決定し、7日に実施した。フランスも6日に公定歩合に相当する市場介入金利を0.25％引き下げた。アメリカが7日に公定歩合を0.5％引き下げ、7％にした。日本も10日から0.5％引き下げ、年4％にした。ポンド相場が不安定なイギリスも、19日に11.5％に引き下げることを決定した。かくして、3月にはG5諸国が協調介入に加えて、協調利下げを実施した。なお、アメリカ、日本、西ドイ

ツの間での金利差は維持された。しかし，3月17日には175円台になり，78年10月31日につけた戦後最高値(一時175円50銭)を約7年半ぶりに更新した。

翌18日に，政府，自民党は円高緊急対策を打ち出すことを決定し，日銀もついに同日にニューヨーク連銀に委託してドル買い・円売りの逆の市場介入を実施して，プラザ合意以降のドル売り・円買い介入からドル買い・円売り介入へと転換した。1～3月期の実質GDP成長率が，急激な円高によって前期比マイナス1％となり，景気後退が強まった。

4月1日には，1月1日時点の土地公示価格が発表され，85年1年間で東京都心部の商業地が53.6％と急騰し，全国全用途平均でも2.6％の上昇となり，翌日に澄田日銀総裁が，株高，債券相場高，都心の地価上昇に警戒感を表明した。

7日には，中曽根首相の私的諮問機関である「国際協調のための経済構造調整研究会」(座長は前川春雄前日銀総裁)が，日米首脳会議に先立って，内需主導型の経済への転換によって対外不均衡の是正を目指すべきだとする報告書(前川リポート)を発表した。また，8日には政府が総合経済対策を決定し，急速な円高で産業界に不況感が広がっているため，内需拡大をねらって，86年度公共事業上期契約率を過去最高にしたり，円高差益の還元，規制緩和による市街地再開発，住宅建設・民間設備投資の促進など，7項目を盛り込んだ。さらに，竹下蔵相とベーカー財務長官との会談を受けて，10日には，澄田日銀総裁とボルカーFRB議長が日本とアメリカが協調利下げに踏み切ることで合意した。

その結果，18日に，まずアメリカが公定歩合を0.5％下げて6.5％にし，日本も翌19日に0.5％下げて3.5％にし，イギリスも18日に大手市中銀行が基準貸出金利を年10.5％に引き下げることを決定し，ともに21日から実施した。フランスは15日に市場介入金利を引き下げた。主要先進諸国は金利引き下げを一段と強めることによって，景気の浮揚と累積債務問題の打開を目指した。かくして，4月にはG5諸国は3月上旬に続いて，2度目の協調利下げを実施した。

しかし，ドル安・円高がさらに進行し，東京市場で4月22日には169円になった。21日にレーガン大統領が記者会見で「日本との大幅な貿易不均衡を考え

れば、円高は(アメリカにとって)大きな利益だ」と円高・ドル安容認の発言をしたことが影響した。しかし、円高を望んだのはレーガン大統領だけではなかった。EC代表として東京サミットに参加するオランダのルベルス首相も25日に、円の一段高を望むECの意向を表明した。28日には円が167円まで上昇した。この頃には、G5諸国の間で、為替相場をめぐる対立が次第に鮮明になってきた。

　5月5日に東京サミット(先進国首脳会議)が開催され、アメリカは為替相場安定のために各国の経済政策を相互監視するシステムをつくるよう提案し、合意した。しかし、為替相場安定のための市場への協調介入は合意できなかったため、ニューヨーク市場で円が165円台に上昇し、東京市場の終値も週明けの6日に165円となり、12日には160円台に上昇した。

　13日に、ベーカー財務長官が、上院財政・銀行合同小委員会で「ドルは円に対し、以前のドル高分を相殺する以上の幅で下落してきた」と述べ、ドルに対する以前の強さは最近のドル安で十分すぎるほどに相殺されたと証言した。その後、円相場が下がり、30日には172円になった。6月3日には、ベーカー財務長官が、不均衡是正に為替相場が重要な役割を果たしていることを認めるとともに、為替相場だけでは限界があることを指摘し、日独に内需刺激を求め、円高要求一辺倒から内需拡大重視の姿勢を打ち出した。

　その後、6月の円相場は、乱高下を繰り返した。また、生命保険会社7社が85年度決算で、円高によって外貨建て資産に為替差損を発生させ、6,000億円の評価損・売却損を計上したことが明らかになった。

　7月1日には円相場が163円台に上昇したが、6日の衆参同日選挙で自民党が圧勝すると、円がさらに上昇し、日経平均株価も1万8,000円に迫った。7月中旬には、ボルカーFRB議長が議会で、アメリカの経済成長見通しを下方修正し、金融緩和政策の方針を報告し、ドル安と日独の内需拡大を求めた。また、シュルツ国務長官が、「アメリカ大統領輸出協議会」で演説し、一段のドル安容認の発言を行った。8月21日には、アメリカが公定歩合を0.5%引き下げ、年5.5%にし、77年8月以来の低い水準になった。その後、円相場はほぼ150円台前半

で推移した。

　9月19日に政府は円高による景気対策として3兆6,360億円の総合経済対策を決定した。9月中間決算で532社の営業赤字が8社に1社となり，造船・鉄鋼業，自動車，電機といった輸出産業が円高によって打撃を受けた。

　10月にはアメリカの景気指標が好転し，27日には円が161円まで下落した。また，10月31日には宮沢・ベーカー会談において日本とアメリカが一連の経済問題で協調することを合意したことが発表され，ドル相場が堅調に推移した。

　11月16日に，宮沢蔵相が円はまだ高すぎると述べたが，11月は1ドル＝160円台前半で推移した。86年の東京外為市場は160円で終わり，86年も40円余りの円高となった。86年度の日本の対外直接投資は223億ドルで約82％増となった（アメリカは約102億ドル）。また，86年は，日本の対外純資産残高が85年に続いて2年連続で世界一となった。86年末の対外純資産残高が1,804億ドルと過去最高(85年末1,298億ドル)を約500億ドル上回った。他方，アメリカは86年末の対外債務残高が2,500億ドルを上回って，世界最大の債務国に転落した（前掲，表2-2参照）。

　他方，発展途上国では累積債務問題が深刻化し，9月にはメキシコが，日欧米の民間銀行団に向こう25年間，総額525億ドルの民間債務の繰り延べを要請した。

　かくして，日本経済は，プラザ会議以降の急激な円高で，86年の実質GDPの成長率が2.6％と12年ぶりの低成長になり，円高不況となった。

　87年も円高(5日の東京市場の終値158円)で始まり，株価も高値で始まった。7日に欧州市場で，円・マルク高を抑えるため，日本，フランス，西ドイツが協調介入を実施した。ECはマルク切り上げによる欧州通貨制度(EMS)の再調整の回避をねらい，日本は円高不況からの脱出をねらった。日本では澄田日銀総裁が同日に「為替相場がぜひ安定の方向に行くことを望む。必要とあれば介入も辞さない」と述べ，円の安定に強い姿勢を示した。9日には宮沢蔵相が，「カネを惜しまずに介入する」と語った[5]。日本とECは，円・マルク高防止で，利害が一致した。しかし，EMSの動揺の原因となっているマルク買い，フラ

ンス・フラン売りなどの投機に歯止めをかけるため，EMSは12日未明にマルクとオランダ・ギルダーを3％切り上げるなど，多角的調整を余儀なくされた。

他方で，8日には，ベーカー財務長官が上院予算委員会の公聴会で，ドルの下落は妥当との発言を行い，日本とECとアメリカとの不一致がいっそう鮮明となった。

円の上昇は止まず，19日には150円になった。21日にワシントンで宮沢蔵相とベーカー財務長官が会談したが，86年10月の日米蔵相合意を再確認するにとどまり，具体的な円高歯止め策は示されなかった。23日に西ドイツのブンデスバンクが公定歩合を3.5％から3％に引き下げた。しかし，同時に支払準備率を引き上げて，マネーサプライの増加を抑制する措置をとった。

30日には，86年のアメリカの貿易赤字が1,697億7,700万ドル，対日赤字が585億7,500万ドルでともに過去最高であったことが発表されたが，同日の日経平均株価は2万48円35銭と2万円台に乗せ，兜町の東京証券取引所は大きな拍手と歓声に包まれた。2月9日には，NTT株が上場され，買い注文が殺到して，初値がつかず，翌日に160万円でやっと初値がついた。売買代金も，東京，大阪，名古屋の3証券取引所の合計で3,475億円となり，単独銘柄としては空前の大商いとなった。

発展途上国の累積債務問題が依然として深刻であり，2月には，ブラジルが対外債務の利払い停止を発表した。対外累積債務は約1,000億ドルで，このうち民間銀行分は680億ドルで，米銀が25％，邦銀が15％を占めた。国際金融は，ドルの暴落懸念と発展途上国の累積債務問題の両面から揺れた。

ドル安が急激に進行するなかで，2月21日にG5，22日にG7（ルーブル会議）が開催され，為替相場，対外不均衡の是正等についての協議が行われることになった。

ところで，外国為替相場の動向を劇的に変えたプラザ会議は，外為市場への協調介入だけでなく，金融，財政政策を含んだ総合的な政策を盛り込んでいたが，船橋洋一氏も指摘するように，「為替政策の調整に過度の重きを置く結果

となった」[6]。その主な原因は，アメリカが財政赤字削減を徹底せず，日本や西ドイツの経常収支黒字削減に力点をおいたことにあった。さらに，プラザ会議は「ドル高是正」で知られているが，プラザ会議後の経緯をみると，とくに日本の経常収支黒字の削減が焦点であったと言っても過言でないであろう。プラザ会議のさいに，日本政府と金融当局がアメリカのプラザ戦略をどこまで読みとっていたか疑問である。

　日本政府は，円が200円を突破した時点になってやっと事態の成り行きが予期したものと違っていたことに気が付いたと言えよう。事実，宮沢元蔵相は，87年7月16日の衆議院予算委員会で，先進国間の為替調整の舞台裏を明らかにし，プラザ合意の際には，各国とも約2週間後のIMFソウル総会のころまでにドル相場を1割ほど下げられれば成功と思っていたようだと述べ，当初は円相場については1ドル=243円から220円前後に修正することを目標に置いていたことを公式に明らかにした。また，「85年の年末の1ドル=200円くらいまでは，わが国を含め各国の利益は一致していた」が，86年に入って180円台になったころから，日本側は「円高は行き過ぎ」との認識に転じ，5月の東京サミットのころから「日米の利害が一致しなくなった」と語った[7]。

　すなわち，この時点では，アメリカは，プラザ会議以前のレーガン政権時代のドル高容認政策から，プラザ会議以降にはドル安=円高政策に転じたと言いうる。日本の大幅な経常収支の黒字はECの脅威ともなっており，国際協調の名において日本の黒字削減戦略が実施されたとも言えよう。その後，アメリカ主導の国際協調は，為替市場への介入だけでなくて，内需拡大，市場開放戦略へと続くことになった。

III　ルーブル会議

　87年2月21日にG5，22日にG7が開催された(ルーブル会議)。G7は，①これ以上のドル安は各国経済に有害である，②現在の為替相場は各国のファンダメンタルズにおおむね一致している，③日本は内需拡大，総合経済対策を実施す

る，④西ドイツは減税規模を拡大する，⑤アメリカは財政赤字を圧縮する，⑥各国は累積債務国を支援する，等の内容を盛り込んだ共同声明を発表した。

船橋氏の聞き取り調査によれば，ルーブル会議では，アメリカとフランスが参考とすべき中心レートを86年2月20日の終値である1ドル＝153円50銭，1ドル＝1.8250マルクとすることをフランスのバラデュール蔵相が提案し，アメリカのベーカー財務長官がこれを支持し，西ドイツのペール総裁，イギリスのローソン蔵相が具体的数字の決定に反対し，日本の宮沢蔵相は153円という数字自体に強く反対した。しかし，ベーカー財務長官は140円でもよいと反論した[8]。

ルーブル会議での攻防は激しいものであり，具体的な協調政策を合意することはそもそも無理であった。しかし，日本は内需拡大を公約する結果となった。ルーブル会議後の23日に，日銀はさっそく公定歩合を史上最低の2.5％に引き下げた。2月中は円相場は153円台で推移したが，米欧には円高容認が根強く，日銀は連日のドル買い介入を実施した。

3月27日に超低金利下のカネ余りで，株式市場に大量の資金の流入が続き，日経平均株価が2万2,000円台に乗せた。円高・ドル安や金利低下期待を背景に，ニューヨーク株式市場も史上最高値を更新し，世界同時的な株高の様相となった。他方，円高はさらに進み，31日には東京外為市場で145円となった。日銀の20億円の大量介入も効かなかった。86年度の外貨準備高は大規模なドル買い介入の結果として583億ドルに膨張し，過去最高額となった（表2－3）。

4月8日に閉幕したワシントンでのG7は，共同声明で，2月のルーブル合意を再確認するとともに，ルーブル合意以降に145円前後まで進んだドル安・円高をファンダメンタルズにほぼ一致したものとした。145円の円高容認と日本の内需拡大・市場開放が声明に盛り込まれ，国際公約となり，日本は欧米に押し切られる形となった。さらに，9日のIMF暫定委員会でベーカー長官が「これまでの為替レートの変動は異常とはいえない」と発言したために，ドル安がさらに進んだ。

ドル安で行き場が無くなったカネが世界的規模で円に集中するとともに，1～3月のアメリカのGDP速報でアメリカ経済が予想より改善しなかったこと

表 2-3 主要国の外貨準備高の推移

(単位：億ドル)

年末	日 本	アメリカ	イギリス	ドイツ	フランス
1982	233	340	170	484	197
83	245	337	178	462	229
84	263	349	157	434	237
85	265	432	155	480	297
86	433	487	192	558	350
87	822	477	427	835	371
88	979	491	450	630	292
89	850	756	356	651	284
90	797	853	368	726	409
91	733	798	428	678	354
92	728	729	375	955	310

(注) ドイツは，1989年以前は西ドイツの数値。
(出所) 日本銀行『日本経済を中心とする国際比較統計』第27号，第30号より作成。

も影響して，4月27日には138円と一段の円高が進行した。

円高が進むなかで，日本人の1人当たりGDPが1万8,100ドルとなり，アメリカの1万7,700ドルを超え，日本経済の強さがいっそう鮮明となった。5月7日のアメリカの30年物国債の入札で，日本勢が約45％(40億ドル強)の大量落札を行った。アメリカの貯蓄率は低く，とくに4月のアメリカの貯蓄率は0.1％で，半世紀ぶりの低い水準であった。日本やヨーロッパ諸国の政府はドル資産をニューヨーク連銀に預けて短期のTB(財務省証券)を購入しており，結果としてアメリカの財政赤字をファイナンスした。

また，5月末には，日本が85年に続いて2年連続で世界一の債権国になったことが明らかになった。86年末の対外純資産残高が1,804億ドルとなって過去最高(85年末1,298億ドル)を約500億ドル上回り，2年連続で世界最大の債権国になった。また，86年末の日本の対外資産残高は7,273億ドルで，前年末比66.2％増となった。しかし，証券投資が多く，債権国としてのイギリスやアメリカとは構造が異なった。

5月29日に政府は，円高不況対策として，公共投資5兆円を含む総額6兆円の緊急経済対策を決定した。

2～4月の間のニューヨーク連銀の市場介入額は39億6,000万ドルであり，その大部分が円売り・ドル買い介入に向けられた。カーター政権下の67億（78年11月～79年1月の期間）に次ぐものであり，8年ぶりに大規模となった。この時期には，FRBにはドル暴落を避けたいという意向が働いたと言えよう。

6月3日に株価が初の2万5,000円台に乗せ，2万5,049円で引けた。特定金銭信託とファンド・トラストが1～3月の間に月平均で約1兆円増加し，4月には2兆8,000億円も増え，4月末の残高が25兆円に膨らみ，株価を押し上げる大きな要因となった。株式投信も4月の残高が23兆8,000億円に増加した。

6月8日に韓国と台湾が，ベネチア・サミットで両国の貿易黒字減らしが討議されるとの観測から，事前に通貨を切り上げた。10日にベネチア・サミットが閉幕したが，経済宣言には新味ある為替安定策が盛り込まれず，ドル安＝円高が進行した。宮沢蔵相はサミットへ出発する前に，G5，G7で何時間も話しており，サミットで改めて話す問題はないと述べた。また，ベーカー財務長官も「新たな為替安定策は示されない」との見通しを示していた。サミットは，第一次石油危機のときに世界経済再建のために，フランスのジスカールデスタン大統領が提唱し，第一回サミットは75年にランブイエで開かれ，戦後初めて西側先進6カ国首脳が一堂に会することとなり，西側の国際的な話し合いの場となってきたが，ベネチア・サミットでは，まるで写真撮影会だという批判も出てきた。

6月には，アメリカの貿易赤字が3月に続いて4月も減少したことが発表され，機関投資家がアメリカ国債への投資を再開した。下旬には，円相場が下落し，30日には146円になった。

また，6月には，経済成長率が回復してきたため，経済企画庁は景気が1～3月に底入れしたと発表した。同月には，日本，EC，アメリカで物価がジリ高となり，アメリカの消費者物価が3.7％の上昇となった。このころには，世界的に緩やかな景気拡大となってきた。為替相場は7月にはやや下落し，150円前後で推移した。

8月の月例経済報告で，政府が公式に景気回復宣言を行った。27日には，日

経平均株価が一気に2万6,000円台になった。8月後半には、円高傾向となり、28日には141円台と円高となり、日米欧が協調介入を行った。

8月からFRB議長がアラン・グリーンスパンに替わったが、FRBは9月4日に公定歩合を5.5％から6％に引き上げた。日米欧の景気回復によって、日米欧で長期金利の上昇が鮮明になり、85年秋の水準に戻った。

10月1日にG5, G7, IMF, 世銀総会など、ワシントンでの一連の国際金融・通貨会議がほぼ1週間の日程を終えて閉幕し、インフレなき持続的成長のための政策協調を再確認したが、具体策に欠け、金利をめぐる各国の思惑の違いが目立った。G7は、共同声明で為替レートを最近の水準周辺で安定させるために協力するというルーブル合意を再確認するにとどまった。

このような状況のなかで、10月6日にニューヨーク市場でダウ工業株が急落して前日比91.55ドル安の史上最大の下げ幅となり、2,548.63ドルで引けた。西ドイツのオペ・レート引き上げが伝わったことをきっかけに朝方から下がり始め、世界的金融引き締め懸念から、市場に不安が広がった。14日にはニューヨーク市場で、ダウ工業株が95.46ドル安の2,412.70ドルと6日の下落幅を上回る過去最大の下げを記録した。

17日にベーカー財務長官がCNNテレビのインタビューで「西ドイツが一層の金融引き締め策をとるなら、アメリカは(先進7カ国による)為替安定のためのルーブル合意を見直さざるを得なくなろう」と西ドイツ当局に強く警告した。また、西ドイツが公定歩合を引き上げた場合には、アメリカは協調利上げを実施せずに、為替相場がマルク高・ドル安に振れることを容認する意向を示し、ドル安の容認を示唆する発言を行った。2日後の19日には、レーガン大統領の承認のもとに、アメリカ軍がイランの海上油田を報復攻撃した。イラン側の報復も予想され、ペルシャ湾岸情勢が一気に緊迫化した。その結果、19日には、ニューヨーク株式市場で史上最大の株価の大暴落(ブラック・マンデー)が発生した。

プラザ会議以降の国際協調は、以上に見たように、決して単純なものではなく、各国のきびしい利害対立のなかで行われたものであった。それは、世界的

図 2-3 外国為替相場の推移

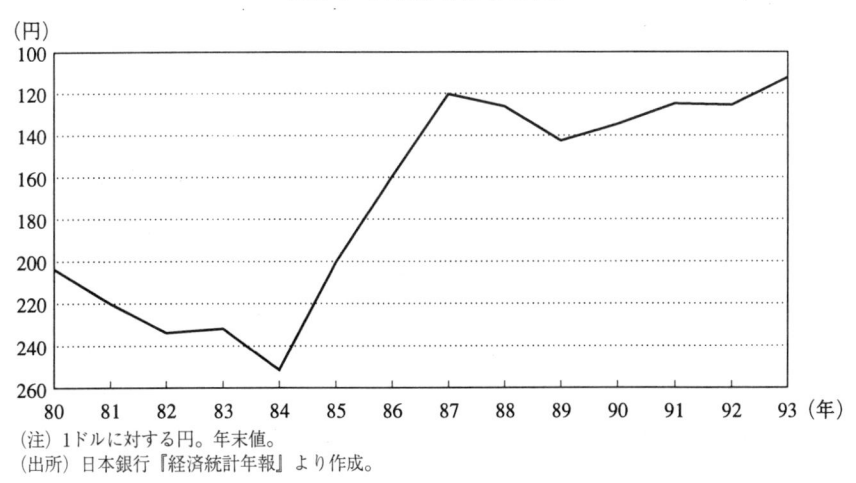

(注) 1ドルに対する円。年末値。
(出所) 日本銀行『経済統計年報』より作成。

な国際経済の構造変化のなかで，アメリカを中心とする国際協調であったと言ってよいであろう。アメリカは，80年代前半にはレーガノミクスによるドル高政策を追求したが，双子の赤字が急増した結果，80年代後半には政策の転換を図った。図2-3に見られるように，アメリカは85年9月のプラザ合意以降，ドル高是正を達成した。それは，プラザ合意当初に日本が目標としたレートをはるかに超えるドル安＝円高であった。85年9月のプラザ合意直前から87年8月末の2年間でおよそ100円ものドル安＝円高となった。しかも，このような急激なドル安に歯止めがかからず，ドルの暴落という新たな問題が生じてきた。ドルのハード・ランディングは，アメリカ経済だけでなく，それに依存する日本や世界の経済に大きなリスクをもたらすことになるため，主要国でそれを回避することが急務になってきた[9]。そのため，利害対立を含みつつも，為替レートを中心とした国際協調が実施されたと言えよう。

Ⅳ 円高不況

先に見たように，85年9月のプラザ会議から87年9月のブラック・マンデー

までの間には，為替相場が急激に変化し，主要な金融経済問題となった。85年9月のプラザ会議から86年初めにかけては，日本も円高を目指したが，それ以降は円高による不況が深刻化し，円高を抑制する政策に転じた。

　85年度の実質経済成長率は4.8％で，前年の4.5％を上回り，景気は堅調であった。85年の新規住宅着工数は124万戸で，前年度比4.1％増と2年連続の4％台の増加となった。また，百貨店の売上高は3.9％の伸びとなり，前年の3.6％をやや上回り，新車登録台数も402万台と1.3％増となり，前年の0％を上回った。しかし，85年秋にはプラザ会議後の急激な円高によって不況感が増大し，10月に経済対策閣僚会議が開かれ，3兆1,000億円の内需拡大策が決定された。日銀が11月に実施した「企業短期経済観測調査」（短観）で，主要製造業の86年3月の業況予測判断で「悪い」（19％）が「良い」（16％）を上回り，円高が進行し，景気に陰りが出始めた。

　86年になって円高がさらに進行すると，不況がいっそう深刻になった。3月期の企業の経常利益が8.1％減となり，過去最高の85年3月期から一転して減益となった。3月にはG5諸国の協調利下げの形で，日本の公定歩合も4％に引き下げられた。

　4月には政府が，総合経済対策として内需拡大のための7項目を決定した。86年度公共事業の上期契約率を過去最高にし，電力・ガス料金の6月引き下げ等の円高還元，規制緩和による市街地再開発，金融政策の機動的運営，住宅建設・民間設備投資の促進，中小企業対策，国際社会への貢献，を盛り込んだ。

　6月の月例経済報告では，景気停滞色がいっそう強まり，8月の月例経済報告で経済企画庁が景気後退を宣言した。かくして，83年春以来の景気上昇局面は約3年半で幕を閉じた。

　9月には政府は，景気対策としては過去最高の総事業費3兆6,360億円の総合経済対策を決定した。公共投資3兆円に加えて，電気・ガス会社の設備投資を追加した。9月中間決算532社の営業赤字が8社に1社となり，円高で本業が不振となった造船・鉄鋼業は産業全体で赤字となり，自動車，電機が円高で打撃を受けた。金融当局は，11月には景気のテコ入れのために，さらに公定歩合

の第四次引き下げに踏み切り，年3％にした。

　しかし，上記のような経済対策にもかかわらず，86年度は10社に1社が赤字経営に陥った。とくに鉄鋼・造船・電機などの業種が円高の直撃を受け，営業赤字のトップは日立造船660億円，3位が新日鉄200億円，6位が石川島播磨重工業141億円などであった。9月には，石川島播磨重工業は造船設備の6割削減，人員7,000人の削減という合理化計画を発表した。12月の失業率が53年調査の開始以来最悪の2.94％とほぼ3％になり，86年の有効求人倍率は0.62に低下し，円高不況が深刻になった。86年度の実質GDP成長率は2.9％に低下し，12年ぶりの低成長となった。しかし，新規住宅着工が10.4％増，新車登録台数が1.6％増となり，百貨店売上高も4.3％増大した。不況とはいえ，こうした国内消費が堅調であったことがこの時期の円高不況を短期に終わらせる大きな要因となった。

　87年に入ると，2月には新日鉄が高炉5基の休止，1万9,000人の人員削減などを盛り込んだ第四次合理化計画を発表し，また川崎製鉄も5,300人の人員削減を発表するなど，鉄冷えが顕著になった。2月に内需拡大のために，公定歩合が過去最低に引き下げられ，5月末には経済対策閣僚会議で，内需拡大と輸入増加のための緊急経済対策が決定された。

　他方で，民間設備投資は堅調で，ハイテク化，国際化，多角化の展開を見せた。87年度の研究開発投資は，製造業で12％，基礎素材産業で9％，加工組み立て産業で15％増と回復期に入った。

　8月には経企庁が月例経済報告で「景気は回復局面にある」と景気回復を宣言した。個人消費，住宅建設が好調で，製造業の設備投資，企業収益が上向く兆しがみえ，7月の新規住宅着工戸数は15万4,578戸で前年同月比27.2％増となり，5月以降3カ月連続で20％を超過した。VTRや電子レンジ等の家電製品の売れ行きも好調で，電子レンジ用食品も売れた。このころになると，日銀はむしろボトルネック・インフレーションを警戒しだした。9月の中間決算では，景気回復を反映して営業利益が製造業で前年同期比48％，経常利益41％の伸びとなった（『日本経済新聞』集計）。

図 2-4 物価の推移

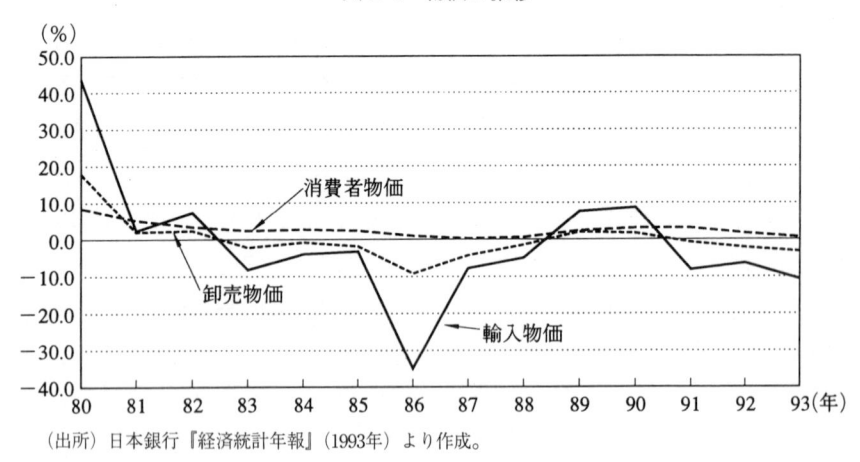

(出所)日本銀行『経済統計年報』(1993年)より作成。

　87年はブラック・マンデーによる株価の暴落や急速な円高にもかかわらず，国内景気は一段と力強く拡大した。同年の新車販売台数は434万台で過去最高となり，百貨店売上高も4.8％増となった。景気回復が鮮明になり，87年度の実質GNP成長率は4.9％の上昇となり，夏には景気が回復した。

　しかし，図2-4に見られるように，物価は，この期間を通じて低い水準で推移した。卸売物価は85年がマイナス1.1％に低下し，86年にはマイナス9.1％の大幅下落となり，87年がマイナス3.8％であった。円高や石油価格の下落等によって輸入価格が下落し，卸売物価を押し下げた。それに伴って，消費者物価の上昇率も鈍化し，85年が2.0％の上昇で，86年が0.6％，87年が0.1％であった。86年の東京都区部の消費者物価上昇率が30年ぶりに1％を割った。マネーサプライが増大したにもかかわらず，円高と内外の豊富な商品供給に支えられて，商品価格は高騰せず，投機的資金が資産に向かい，資産価格が暴騰していった。

V 資産インフレーション

1 株価の暴騰

　85年9月のプラザ会議によるドル高修正のための国際的な低金利政策のもとで，欧州の景気が回復し，東西緊張緩和なども手伝って主要国の株価が活況を呈した。日本を含めた世界の投資資金が「モノ」から「金融商品」に向かった。
　86年の大発会で，日経平均株価が，ニューヨーク，ロンドン株式市場の高値を好感して，1万3,136円と約半月ぶりに最高値を更新した。3月10日に1万4,000円に上昇し，それから2週間もたたない22日に1万5,013円と大台がわりとなった。菱沼東京証券取引所専務理事が，ピッチが早く，カネ余り相場になっており，投資家は一層慎重な態度をとるのが望ましいと，異例の注意を行った。1万円台に乗せて，わずか2年2カ月で5割の上昇となった。86年に入って1月と3月に公定歩合の引き下げが行われ，金利は戦後最低水準になるなかで，企業は円高不況で設備投資を控え，法人や個人の余裕資金が株式市場に流れ込んだ。このころから，異常な株価の高騰を警告する声は次第に聞かれなくなり，日本経済はバブル経済の拡大へとひた走ることになった。
　4月30日には，チェルノブイリで原発事故が起きたことや利下げ観測が遠のいたために，ニューヨーク株が41ドル安の過去最大の急落となり，1,800ドルを割った。しかし，7月1日には，ニューヨークで初の1,900ドル台を記録し，東京市場も2日に1万7,000円台となった。
　日本経済の好調さを背景に，7月の衆参同日選挙で自民党が圧勝し，7日に日経平均が1万8,000円に迫った。7月には，東京，大阪，名古屋証券取引所で，売買金額でも初めて機関投資家が個人を上回った。低金利と株高を背景に法人がリスク覚悟で資金運用を増やしていった。
　8月21日にFRBが86年に入って4回目の公定歩合の引き下げを実施し，5.5％になった。金利低下を好感して，翌22日には，日経平均株価が86年の最高値である1万8,936円となった。しかし，それ以降，円高不況も影響して株

価は乱高下し、10月22日には1万5,819円まで下げ、12月半ばに1万9,000円近くまで戻した。

自由金利の大口定期預金が85年10月に登場したが、その1年後の9月末に残高が14兆円を突破し、譲渡性預金（CD）の発行残高の1.7倍になり、金融機関による自由金利の資金調達の主要手段になった。とくに、都銀は9兆2,000億円と大口定期預金による資金調達を増やした。

12月1日には東京オフショア市場がスタートした。これは非居住者間で資金の調達や運用が自由にできる外—外取引だが、東京オフショア市場の開設によってニューヨーク市場、ロンドン市場を結ぶ24時間取引が可能となり、円の国際化を促進することになった。

87年も日米で株価は最高値を記録して始まった。1月5日のニューヨークでダウ平均株価が44.01ドル高と過去最高の上げ幅で、1,971.32ドルの最高値となった。6日には、日経平均株価が1万9,000円台になった。さらに、8日のニューヨーク市場でダウ平均が初の2,000ドル台を突破した。

87年1月号の『アトランティック』誌でガルブレイスが、大恐慌前夜に酷似しており、投機の動態的進行や、外部借入金による企業買収・合併が目立っており、不況になると危険なことを警告した[10]。しかし、このガルブレイスの警告を真剣に受け止めた投資家は少なかった。

株価は上昇し続け、1月30日には株価が2万48円と2万円台に乗せた。1万円乗せからわずか3年で大台がわりとなった。84年1月に日経平均が1万円台を付け、カネ余り状況のなかで空前の株式ブームが起きて、不況下の株高をもたらした。2月9日にNTT株が上場され、買い手が殺到した。

2月22日にルーブル会議が開催され、翌23日に日銀が公定歩合を史上最低の2.5％に引き下げた。3月27日には株価が2万2,000円台に乗せ、出来高は約28億株、売買代金は2兆3,000億円といずれも過去最高となった。金利低下期待を背景に、ニューヨーク株も史上最高値を更新し続け、日米連動型の世界同時株高の様相が続いた。株式投資は初めてという主婦など個人投資家が証券会社の店頭に続々と押しかけ、個人資金の流入も増大し、アメリカの株式にも投資

図 2-5 資本市場における企業の資金調達の推移

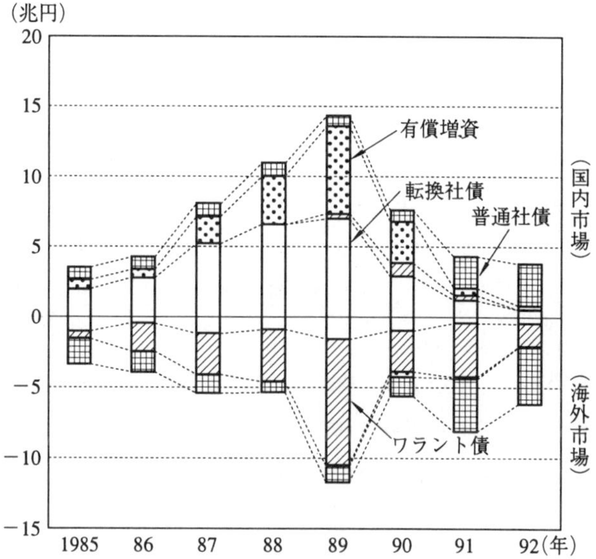

(出所) 経済企画庁『経済白書』1993年版, 80ページ。

が拡大した。

　6月3日には，日経平均株価が初の2万5,000円台に乗せた。上げ相場の主役となったのは特金とファントラで1～3月の間に月平均約1兆円で増加し，4月には2兆8,000億円も増加し，4月末には残高が25兆円に膨らんだ。図2-5に見られるように，バブル期には，企業はエクイティ・ファイナンスを行って多額の資金を株式市場から調達し，その多くの部分を特金・ファントラで運用して利益を稼ぐようになった。こうした株式ブームのなかで，9日に日本初の株式先物取引「株先50」の立会いが大阪証券取引所で開始された。

　7月17日に，ニューヨーク株が初の2,500ドル乗せとなった。87年1月8日に2,000ドルの大台に乗ってから約半年で500ドルの上昇となり，ニューヨーク株も上昇のピッチが速くなった。さらに，8月には2,600ドル台になった。8月27日には日経平均株価も2万6,000円台に上昇した。

　しかし，世界的金融引き締め懸念から，10月6日にはニューヨークのダウが

前日比91.55ドル安と史上最大の下げ幅となり，2,548.63ドルで引けた。14日にはダウが95.46ドル安の2,412.70ドルと6日の下落幅を上回る史上最大の下げを記録した。さらに，17日のベーカー財務長官のドル安容認発言や，19日の米軍によるイランの海上油田に対する報復攻撃によって，10月19日にニューヨーク株式市場で株価の大暴落（ブラック・マンデー）が発生した。ニューヨーク株式市場がダウで508ドル，下げ率22.6％と1929年10月28日の12.8％の下げを大幅に上回る大暴落となった。ロンドン，東京など各地に金融の津波（financial tsunami）となって波及した。20日の東京株式市場は売り一色となり，日経平均株価が3,836円，率にして14.9％という空前の暴落となった。上場株はほとんど値段がつかないありさまとなり，東京証券取引所のディーラーたちが呆然とボードをながめている様子が報道された。

翌20日に，レーガン大統領，ベーカー財務長官，グリーンスパンFRB議長が緊急協議を行って，アメリカ，日本，西ドイツとの間で為替安定とインフレなき持続的成長の達成に向けて政策協調を行うことを再確認したと発表した。

この3年間，日本や欧米の株価は循環して上昇してきた。84年に西ドイツのコメルツ指数が1年間に76％上昇し，85年にニューヨーク株が1,200～1,300ドルのボックス圏から上昇し，86年には日本株が大幅に上昇した。ニューヨーク株は，85年9月の1,297ドルから87年8月に2,722ドルの高値を付け，2年間で2倍以上に暴騰し，日経平均株価も85年9月の1万2,500円台から87年10月には2万6,646円になり，これまた2倍を上回る暴騰となった。その背景には，国際協調による低金利や原油安といった要因があった。しかし，これらの諸要因が変わり始め，またアメリカの深刻な双子の赤字がいっこうに改善されず，ドルの暴落懸念も加わって，ニューヨーク株式市場から資金が逃避し，ブラック・マンデーとなった。ガルブレイスは，いみじくも「ドルに対する不安を抱いた外国投資家が大量にいる。言葉を換えれば（借金づけ経済を生んだ）レーガン流経済学の帰結といえるだろう」と指摘した[11]。

アメリカと西ドイツの金融当局が短期金利を低めに誘導し，21日には日銀が3カ月物手形を対象とした買いオペレーションで市場に2,000億円を供給した。

かくして，ブラック・マンデーの発生によって日米の利上げが遠のいた。

22日にレーガン大統領が記者会見し，増税を含む財政赤字削減策を議会で協議する意向を示すとともに，イランと報復合戦をする考えのないことを強調した。ニューヨーク連銀は信用不安の発生を封じ込めるため，買いオペを実施し，23～27日の間には，ニューヨーク証券取引所は午後2時で終了した。

26日に，アメリカの大手証券メリルリンチ社のフロリダ州の支店で，株価の大暴落で損害を被った個人投資家が証券マンを射殺して，自らも自殺するという悲惨な事件が起きたが，ブラック・マンデーの深刻さを象徴する事件であった。アメリカは株価の暴落で金融緩和の姿勢を鮮明にしたが，ドルが全面安になってきたことで，金融緩和を続けると内外金利差が縮小し，ドル暴落の恐れが増し，アメリカの金融政策の舵取りがいっそう困難になった。

28日に日経平均株価は2万1,564円で引けた。このように，2万7,000円近くまで急騰した株価は，ブラック・マンデーのあおりで5,000円を上回る急落となった。しかし，大蔵省，日銀は突然の株価の暴落を阻止することに必死になって，マーケット・メカニズムを阻害し，バブルを膨張させる政策を追求し，いよいよバブルを膨張させる基盤を固めていった。

2 地価の暴騰

株価と同様に，地価も高騰した。国土庁の地価動向調査で，85年度上期（4月1日～9月30日）の地価上昇率が全国全用途平均で1.4％と，対前期比で0.1ポイント上昇した。上昇率が前期を上回ったのは6年ぶりで，首都圏（東京，埼玉，神奈川，千葉，茨城の一部）の商業地が6.1％と，76年調査以来の最高になったことが主因であった。その背景には，外国企業や地方企業等による都心部におけるオフィス需要の増加があった。さらに，下期（10月1日～3月31日）には，全国全用途平均の地価上昇率が1.6％に高まるとともに，東京圏の商業地は8.3％の急騰となり，大阪圏の4.4％を大きく上回った。東京圏では住宅地も2.3％と上昇が目立つようになった。

地価の上昇は，株価の上昇と同じく，投機的要素が働いており，カネ余りの

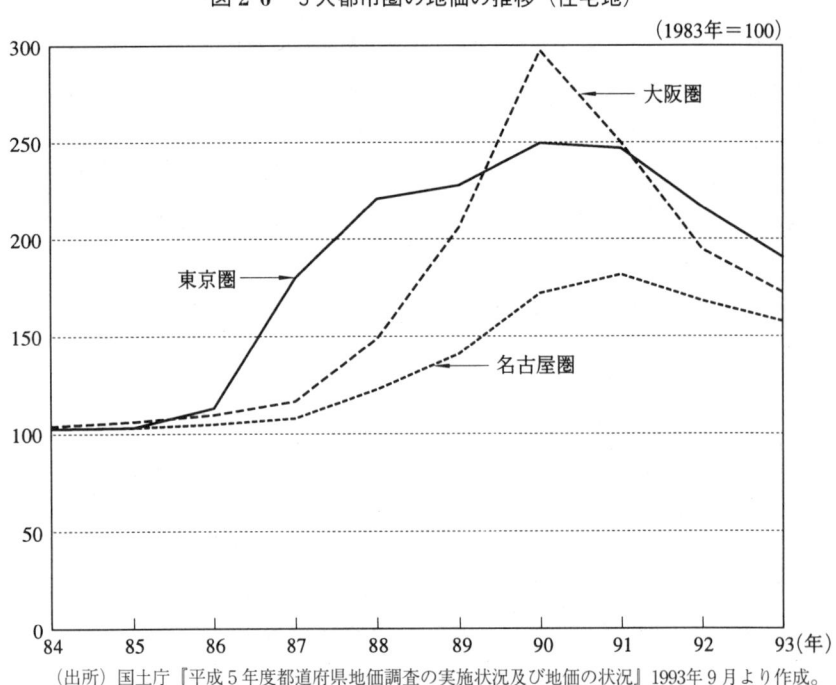

図2-6　3大都市圏の地価の推移（住宅地）

（1983年＝100）

（出所）国土庁『平成5年度都道府県地価調査の実施状況及び地価の状況』1993年9月より作成。

なかで，オフィス需要を背景とした投機の過熱があった。通貨流通量の上昇が顕著になり，85年の名目GDPの成長率は6.2％だったが，同年のマネーサプライ増加率は8.4％であった。この背景には，低成長下の金融緩和とともに，金融自由化の進展もあった。都心部では地上げ屋が暗躍し，都心部から個人や商店を追い出していった。その結果生じた買い替え需要の増加が，周辺地域のサラリーマンの住宅購入意欲と重なって地価を高騰させ，また投機も過熱させていった。

　86年になると，4月に国土庁と東京都が東京都心部の地価高騰を抑制する地価対策を発表した。市街地区域の取引について2,000平方メートル以上となっている知事への届出を小規模取引にも拡大し，地価動向を毎月調査する等，監視の強化を図った。しかし，86年度上期に，地価はさらに急騰し，国土庁の地

図 2-7 新規住宅建設の推移

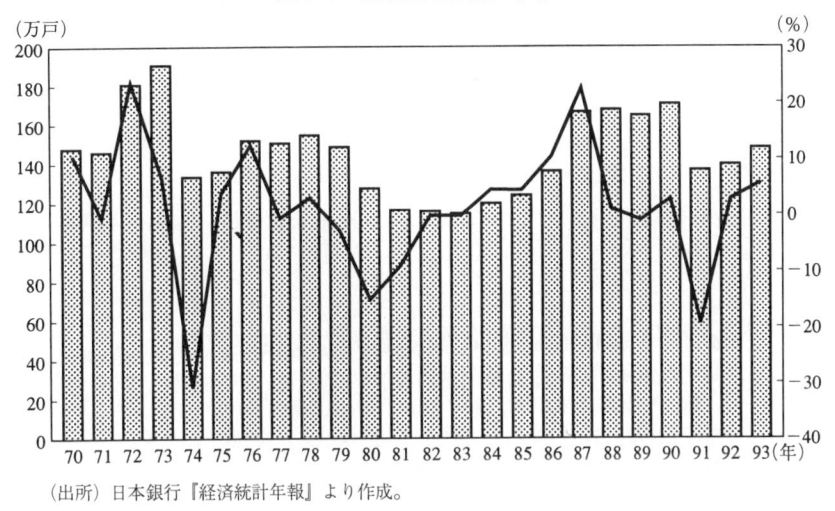

(出所) 日本銀行『経済統計年報』より作成。

価動向調査(全国平均)で住宅地が3.7％，商業地が8.0％の上昇となった。東京圏住宅地は10.7％，商業地は19.3％と急騰した。さらに，7月1日時点の基準地価が東京の商業地で34.4％，住宅地が18.8％上昇し，世田谷，大田区などの高級住宅地では90％を超える暴騰となった。かかる都心部の地価の暴騰が周辺の住宅地に波及していった。

　87年4月の公示地価も高騰し，地価の高騰が東京都心から周辺の都市へ波及していった。7月1日時点での基準地価が全国全用途平均で9.7％と75年調査開始以来最高となった。東京都住宅地は93.0％，商業地も79.0％の暴騰となった。神奈川，千葉，埼玉等を含めた東京圏全体(全用途)でも57.5％の高騰となった。不動産会社の思惑買いや都内からの買い替えが急増して，多摩地区，横浜，川崎市の一部住宅地などでは1年間に3倍近くも暴騰した。

　かくして，今回の地価高騰は東京都心のオフィス需要によって都心の商業地の地価が急騰したのが引き金となって，周辺部に波及していった。ヒト，カネ，モノの東京一極集中のツケが地価にはね返った形で，札幌，名古屋，京阪神，福岡にも飛火していった(図2-6参照)。住宅地も，バブルが膨張するなかで

投機目的のマンション建設等が増加するとともに，貸家建設が増加し，持ち家需要も加わって，新規住宅建設が急増し，地価が高騰していった(図2-7参照)。

大蔵省は，86年7月，87年4月，12月に，土地関連融資を自粛させるために，金融機関に対して土地関連融資の状況を報告するように通達を出した。しかし，銀行等の金融機関は，ノンバンクを通じた迂回融資を続け，地価の暴騰は全国的に広がっていった。

1) 船橋洋一『通貨烈烈』朝日新聞社，1988年，31-34ページ。
2) 『日本経済新聞』85年9月30日付夕刊。
3) 同上紙，85年11月26日付。
4) 『東京銀行月報』1986年6月号，4-11ページ，参照。
5) 『日本経済新聞』87年1月8日付および9日付夕刊。
6) 船橋，前掲書，14ページ。
7) 『日本経済新聞』87年7月17日付。
8) 船橋，前掲書，269-275ページ。
9) スティーブン・マリスらが，ドルのハード・ランディングの危険性を警告した。(Stephen Marris, *Deficits and the Dollar: the World Economy at Risk*, 1985, Rev. ed. 1987. 大来佐武郎監訳『ドルと世界経済危機』東洋経済新報社，1986年，改訂版1987年等参照)。また，87年12月には，フレッド・バーグステンらエコノミスト33人が，アメリカの財政赤字を大幅に削減し，4〜5年の間に経常収支1,000〜1,500億ドル，貿易赤字を1,500〜2,000億ドル減らし，日本は内需拡大によって貿易赤字をほぼゼロにするよう求める提言を発表した。しかし，市場経済の下で，このような提言は受け入れられず，アメリカの双子の赤字と対外不均衡が激化し，貿易摩擦が深刻化していった。
10) John K. Galbraith, "The 1929 Parallel," *Atlantic*, January 1987.
11) ガルブレイス，『日本経済新聞』87年10月21日付。

第 3 章

バブル経済の絶頂

　85年のプラザ合意ころから，日本のバブルは徐々に膨張していったが，87年10月のブラック・マンデーによって一時的に収縮した。
　しかし，巨額の経常収支黒字，好景気，超低金利と，日本経済は好条件に満ちていた。ブラック・マンデーで一時勢いをそがれたものの，株価対策や景気対策も加わって，バブルは急速に回復し，ピークに向かって急激に膨張していった。ブラック・マンデーから90年にかけての時期は，バブル経済の絶頂期と言ってよいであろう。本章では，この時期について，考察することにしたい。

Ｉ　ドルのソフト・ランディング

　前章で見たように，87年10月19日のニューヨーク株式市場の株価の大暴落は世界各地に波及し，東京株式市場の株価も史上最大の暴落となった。翌20日には，レーガン大統領，ベーカー財務長官，グリーンスパンFRB議長が，アメリカ，日本，西ドイツとの間で協議を行うなど，その沈静化のために緊急対応を行った。ブラック・マンデーにおける株価の暴落は，図3-1に見られるように，とくにアメリカやヨーロッパでの下げ幅が大きかった。欧米の株価は85年付近の水準まで下がり，回復にも時間がかかった。それに対して，日本の株価は下げ幅が小さく，しかも短期間で回復し，再び上昇していった。すなわち，

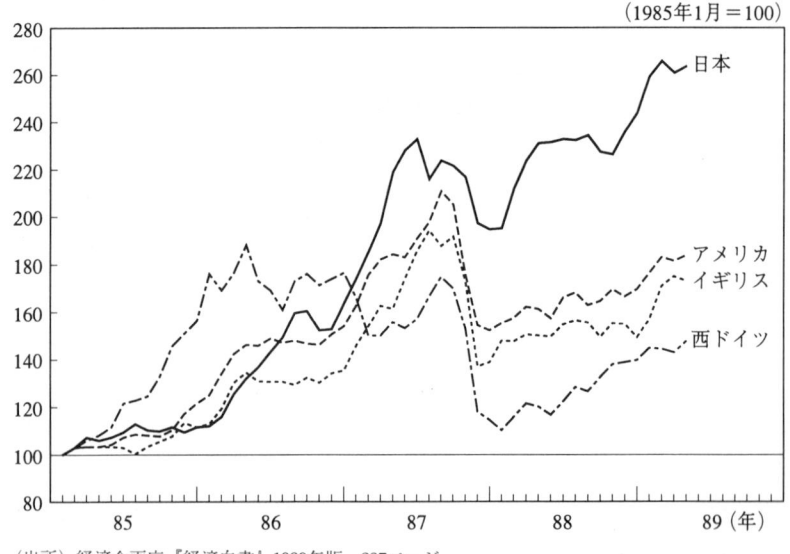

図 3-1 ブラック・マンデー前後の主要国の株価の推移

(1985年1月＝100)

(出所) 経済企画庁『経済白書』1989年版, 287ページ.

　ブラック・マンデーは，欧米では，80年代後半の世界的低金利状況のもとで生じた急激な株価の上昇を調整する役割を果たしたが，日本では大蔵省・日銀が株価対策を行って株式市場の調整を阻害し，バブルをさらに膨張させてゆき，数年後には日本経済を深刻な状況に陥れることになった。

　他方，対外不均衡はさらに拡大し，10月のアメリカの貿易収支の赤字額が176億ドルと月間の赤字としては過去最大となった。11月4日に，ベーカー財務長官が，アメリカの金融政策を犠牲にしてまでドル相場を維持するつもりはなく，アメリカ政府の最優先事項は高金利による景気後退を回避することだと述べ，アメリカ国内の景気対策を最優先することを表明した。これに対し，イギリスのローソン蔵相は同日のロンドンでの講演で，アメリカは「赤字削減の意思があるのかも疑わしい」ときびしくアメリカを非難し，また世界の金融・資本市場の混乱を収めるには，アメリカの政府と議会が明確な財政赤字削減策で合意することが必要であることを強調した。ベーカー財務長官がドル安容認

発言を行ったこととアメリカ議会で財政赤字削減策が難航していることによって，6日には円相場が134円台に上昇し，西ドイツ・マルクも1.66マルク台に急伸した。

欧州では，投機による欧州通貨制度の動揺が生じ，EC諸国はイギリス，オランダに続いて，西ドイツがロンバート金利を0.5％引き下げ，金利調整で対応した。しかし，11月には，BIS(国際決済銀行)が株式・為替市場の混乱の収拾に向けて異例の議長声明を発表し，アメリカに財政赤字の削減を促した。11月末には132円までドル安・円高が進行した。12月14日にボルカー前FRB議長が東京で講演し，「主要諸国間の貿易不均衡を為替相場の調整(ドル安)によって是正するのは安易な方法だ」と述べてアメリカ政府内のドル安容認論を批判し，アメリカの増税や輸出促進，西ドイツの減税，日本の市場開放で政策協調する必要性を強調した。

12月23日にG7諸国は，これ以上のドルの下落を望まないとの共同声明を同時に発表したが，具体策は示されず，円相場が急騰した。12月31日には1ドル＝122円で，変動相場制移行後の最高値を更新して88年の外為取引が終わった。年初から1年間で36円，約30％の円高が進行した。86年の日銀介入額は370億ドルにのぼった。87年末の日本の対外資産残高は1兆716億ドルと初めて1兆ドルの大台を突破し，対外純資産が2,407億ドルとなり，3年連続で世界のトップになった。しかし，対外資産残高の内訳は，証券投資が31.7％増の3,397億ドルで，1年超の長期資産残高の約6割を占め，直接投資が中心である欧米の対外資産構成との差が浮き彫りになった。また，外国からは日本の金融機関や企業が海外で目立ち過ぎの行動をしているという批判が出された。

88年に入ると，1月4日の東京外為市場は，いきなり1ドル＝120円台(一時)の史上最高値で始まった。2月5日の衆議院予算委員会で，宮沢副総理兼蔵相は87年12月のG7の共同声明について，厳密には言えないとしながらも，ドルの下限を125円近辺に設定していることを明らかにした。アメリカで民間設備投資，個人消費，輸出が伸びて，実質GNPが1～3月で年率2.3％の成長となった。

4月13日にワシントンでG7が開催され、為替レートを現状水準で維持するという内容の共同声明が発表された。6月21日に閉幕したトロント・サミットでは、インフレの抑制、国際金融市場の安定、農業補助金の削減など、重要課題が先送りにされた。しかし、アメリカのファンダメンタルズの改善で、トロント・サミット以降にはドル高が進行し、23日に円が続落して128円になり、6月末には132円まで円安が進み、7月1日には134円に急落した。翌2日には、日銀が短期金利の上昇を容認したが、その後も円安が進み、9月1日には136円まで円が続落し、88年の最安値となった。欧米各国の利上げ以降、外国為替市場で円安傾向が続いた。しかし、澄田日銀総裁は、10月11日の記者会見で、金融政策を変更しないことを強調した。

11月11日に、ベリティ米商務長官がテレビ会議で、現在のドル相場はG7各国にとって適正な水準だと語り、東京市場の終値が123円に上昇した。17日には121円となり、円相場が終値で戦後最高値を更新した。同日にG7各国が、ドル安防止のために、円売り・マルク売りの介入を実施した。88年の東京外為市場の取引は、12月28日に125円で終わり、変動幅は73年の変動相場制に移行した後の16年間で最も小幅の16円であった。88年の経常収支黒字は、前年比8.7%減の794億ドルで、7年ぶりに減少した。この点では、アメリカのプラザ戦略が一定の効力を発揮したと言うことができる。

89年の東京外為市場は123円で始まった。米加自由貿易協定が1日からスタートし、アメリカは地域経済圏の形成についても、積極的に動き出した。西ドイツは、1月20日にマルク安とインフレ防止のために公定歩合を0.5%引き上げて4.0%にするとともに、ロンバート金利も0.5%引き上げて6.0%にした。スイス、フランスも協調して利上げを実施した。1月のアメリカの景気が好調で、2月24日にはFRBが公定歩合を引き上げ、ドル高傾向が進行した。また、リクルート事件で日本の政局が不安定になり、円安要因となった。円相場は、1月末に129円に下がり、3月末には132円まで下がった。

5月11日のパリ・サミットは、対外不均衡是正、インフレ回避、金融自由化を一致して進め、累積債務問題の解決にあたることなどを経済宣言に盛り込ん

だ。しかし，リクルート事件による政局不安やパナマ情勢の緊迫化によって，5月15日には円相場が136円に下落し，88年11月16日以来，1年半ぶりの安値となった。22日には東京市場で140円台に円が下落し，日銀が1日としては過去最高の25億ドルの円買い・ドル売り介入を実施した。アメリカの貿易赤字が9.8％減少し，対日分も9.2％も改善され，円相場は29日に142円に下落した。

6月4日未明には，学生など市民が集会をしていた北京の天安門広場に政府軍が突入して武力鎮圧を行い，多数の死者が出るという事件が起きた。この天安門事件によって円安がいっそう進み，9日には欧米で146円台となった。アメリカ経済のソフト・ランディングが期待できるようになったことや，日本の政局不安，中国情勢の混迷など，内外の政治情勢の不安がドルへの回帰・円離れを促進した。6月15日には5月の貿易統計が発表され，出超額が前年比27.2％減となり，151円と円相場は89年の最安値となった。しかし，7月5日にはアメリカの金融緩和の観測からドルが売られ，ニューヨーク市場で円相場が138円に反騰し，外為相場が乱高下した。10月11日には日銀がインフレーションを未然に防止するために，5月に続いて第二次公定歩合の引き上げを実施したが，さらに12月25日にも公定歩合の第三次引き上げを実施し，3.75％から4.25％に引き上げた。

12月29日に東京外為市場は143円で終わった。89年の東京市場は，最高値が初日の123円，最安値が6月の151円で，年間変動幅は27円で88年よりも広がった。89年は消費税の導入によって衆参両院選挙で自民党が大敗したり，中国で天安門事件が起きたり，東欧情勢が激変したり，パナマ情勢が緊迫化するなど，国内および国際情勢が激動するなかで円安が進行し，年初の予想とは逆の結果になった。この年の12月2日にはアメリカのブッシュ大統領とソ連のゴルバチョフ議長がマルタ会談で東西冷戦の終結を確認した。

G7諸国が4月と9月にドル高の抑制を謳ったものの，円安基調は変わらなかった。また，日銀が5月31日には9年2カ月ぶりに公定歩合を引き上げて金融引き締めに転じ，さらに公定歩合の第二次，第三次引き上げを実施した後も，円安基調は変わらなかった。85年9月のプラザ合意から円相場は上げ相場とな

り，年末水準が年初水準よりも高く推移したが，5年ぶりに年末水準が年初水準よりも下落した。87年のブラック・マンデー前後には，ドルの暴落懸念が深刻になったが，ドル相場は乱高下を繰り返しながらも，ドルの一応のソフト・ランディングが達成されたと言えよう。

II 株価のさらなる暴騰

1 金融政策の大失敗

　87年10月にブラック・マンデーが生じると，ニューヨーク連銀は信用不安の発生を封じ込めるため，買いオペレーションを連続的に実施した。また，先に述べたように，ニューヨーク証券取引所は取引時間を短縮した。10月22日にはレーガン大統領が記者会見し，増税を含む財政赤字削減策を議会で協議する意向を示すとともに，イランと報復合戦をする考えのないことを強調した。さらに，アメリカは株価暴落で金融緩和の姿勢を鮮明にした。しかし，金融緩和はドルの全面安をもたらし，再びドル暴落の恐れが生じ，アメリカの金融政策の舵取りはいっそう困難になった。他方，空前の株価の暴落に直面した日本政府と金融当局も，株価の下落を阻止する姿勢を鮮明にした。日本の景気は拡大基調であったにもかかわらず，株価の下支えやドル防衛のために超金融緩和を続行し，公定歩合の引き上げを遅らせ，金融政策で大失敗を喫する結果となった。株価の暴落にもかかわらず，11月にはNTT株の第二次売出し（価格は255万円）が行われた。

　11月のマネーサプライは，前年同期比で12％台に乗り，第二次石油危機時の79年5月（12.8％増）以来，8年半ぶりの高水準となった。10月から最低預入期間が短縮された大口定期預金への資金シフトが続いたうえに，11月のCPの解禁で企業の資金調達が増加したことも影響した。図3-2に見られるように，バブルが崩落するまで，通貨の流通量が増大していった。こうしたなかで，12月11日には，92年度末までに金融機関の自己資本比率を8％とすることを義務づけたBIS規制が公表されたが，このころ日本では，BIS規制は日本経済をつぶ

図 3-2 マネーサプライの推移

(出所) 日本銀行『経済統計年報』より作成。

すものだという論調が展開された[1]。28日に日経平均株価が2万1,564円で終え，ブラック・マンデーのあおりを受けて，不安を残した大納会となった。

88年1月4日の大発会では日経平均株価が前年末比で346円安の2万1,217円と8年ぶりに前年末の水準を下回った。しかし，6日には1,215円高の2万2,790円と反騰した。株価対策として，大蔵省が特金の87年度期末の評価基準の弾力化を打ち出したことを受けて全面高となった。

ブラック・マンデーの株価暴落後の株式市場の低迷や少額貯蓄非課税制度（マル優）の廃止のために，個人金融資産のシフトが目立った。大手生保5社の10年物一時養老保険の87年12月の販売件数が前年同月比の約11倍に急増し，MMCも伸びた。公社債の売買も84年6月に金融機関のディーリング開始をきっかけに急増し，84年に692兆円だったのが，85年には3倍の2,165兆円，87年には5,544兆円になった。国債の売買高も85年に2,000兆円であったが，87年にほぼ5,000兆円に急増した。金融機関は，そのうちの3割前後を占めるようになった（表3-1参照）。しかし，決算期対策もあって，2月25日には日経平均株価が2万5,100円に上昇した。

4月1日からマル優が原則廃止になり，25日には日経平均株価が2万7,213

表 3-1　国債ディーリングの推移

(単位：億円，%)

年	売買高(A)	うち証券会社(B)	(B/A)	うち金融機関(C)	(C/A)
1986	33,485,228	24,470,391	73.1	9,014,837	26.9
87	49,547,734	35,012,335	70.7	14,535,399	29.3
88	39,422,696	27,187,323	69.0	12,235,373	31.0
89	34,043,897	24,133,210	70.9	9,910,687	29.1
90	31,561,776	22,757,934	72.1	8,803,842	27.9
91	24,461,537	17,466,090	71.4	6,995,447	28.6
92	28,576,528	20,161,239	70.6	8,415,289	29.4

(出所)　大蔵省『大蔵省証券局年報』各年版より作成。

円に上昇し，史上最高値を更新した。また，ニューヨーク株式市場でも，為替相場が安定していることなどによって先高期待が強まり，ダウ平均株価が2,000ドル台を回復した。

　5月20日からロクイチ国債(表面利率6.1%)の償還が始まった。表面利率が高い国債の償還が続いて国債市場は低クーポン時代となり，債券運用利回りの低下を，キャピタルゲイン狙いの短期売買で補おうとする傾向がいっそう進行した。

　6月16日には日本の株価が2万8,147円に上昇した。他方で，アメリカの株価は，アメリカ経済の順調な拡大にもかかわらず，日本とは対照的に前年秋の半値も戻さなかった。6月28日に，東京証券取引所の第1部市場は売買高が25億株を上回る大商いとなったが，売買高の81%が第1部上場企業数の3%に満たない30銘柄で占められた。「ニフティ・サーティー」(「輝け30銘柄」)と呼ばれ，売買の主役は機関投資家であり，なかでも信託銀行が目立った[2]。

　7月31日に世界最大の株式市場に成長した日本市場の個人株主数が初めて20万人を突破したが，他方で，機関投資家の持株率が一段と高まった。株価の上昇につれて，新たに始める人が増え，証券会社を訪れる客も急増した。

　9月1日に日銀が，円の急落を防止するために短期金融市場で手形金利を一斉に引き上げたが，円安は防げず，株価が下がった。なお，3日に株価指数先物取引が東京と大阪で始まった。

10月11日の記者会見で，澄田日銀総裁が金融政策を変更しないことを強調したが，一般物価の動きだけを基準に考えており，バブルに対する配慮を欠いていた。一国の金融をあずかる中央銀行がバブルという金融的現象に対する認識が不十分であったうえに，経験主義と官僚主義が弊害となって金融政策を誤った。また，田中直毅氏は，「市場の動きに惑わされることはあってはいけない。内外の経済情勢からみると日銀が公定歩合を上げずに泰然自若としていることが政策協調の要諦である」などと述べて金融緩和を持続するように強調したが[3]，マスコミが多用する経済評論家やエコノミストの多くは同様の見解が多かった。

　10月18日に日本の株価が暴落前の水準を上回り，ほぼ1年間でブラック・マンデー前の水準を回復した。アメリカの株価の回復は約25％，イギリスは約30％程度であり，日本の株価の上昇ぶりが際立った。

　大口定期預金の小口化が進み，89年4月から1口5,000万円以上となって，残高が急増し，89年7月末時点で前年同期比2倍の約60兆円に拡大した。金融機関はこういった巨額の資金を財テクに使った。また，銀行は債券ディーリング（売買）で証券会社を急迫し，先物部門では，87年度上期に証券会社が1,019兆円，銀行が722兆円だったが，同下期には証券会社が543兆円，銀行が758兆円となり，銀行の売買額が初めて証券会社を上回った。

　12月7日には，日経平均株価が初めて3万円台に上昇した。84年1月に1万円台，3年後の87年1月に2万円台になり，その後1年10カ月で3万円台に上昇した。87年のブラック・マンデーのさいの株価の大暴落をはさみながらも，わずか2年弱で1万円の上昇となった。1万円台に上昇するのに何十年もかかったことを考えれば，国際化が進行したとはいえ，この時期の株価の上昇がきわめて異常なものであったことがわかる。

　他方で，財テク時代と情報化時代を反映して，情報産業のリクルートが，値上がりの確実な未公開株を政治家，官僚，NTT幹部等に譲渡する贈収賄事件が起きたが，12月9日にはこのリクルート事件に関する答弁で度重なる訂正を行った責任を取って宮沢蔵相が辞任し，12月14日に真藤恒NTT会長も辞任した。

アメリカではFRBが金融引き締めを続行し，12月15日にフェデラル・ファンド金利の上昇を容認した。しかし，日本の株価は上昇し，12月28日の88年の大納会は史上最高値の3万159円となった。暴落の余波で揺れた87年の大納会に比べ，市場は熱気に包まれていた。しかし，この株価の暴騰を異常なものと認識していた市場関係者は少なかった。

株式相場は，企業業績の向上を背景に4月7日に暴落前の最高値を更新した。その後，世界的インフレ懸念や金利上昇などによって乱高下したが，11月下旬から再び上昇に転じ，12月7日には初めて3万円の大台に乗せた。先物取引も開始され，売買手法の多様化が進んだ。また，88年には1年間の株式資産の増加額が土地資産の増加額を初めて上回った。

89年1月4日には，大発会の終値が3万243円となり，最高値を更新し，さらに10日には3万1,000円台に上昇した。24日にニューヨーク市場のダウ工業株が2,256ドルになり，87年10月19日のブラック・マンデー以降初めて，暴落前の水準を回復した。

1月25日の記者会見で澄田日銀総裁は，日本もインフレ圧力が欧州に似た状況にあり，「必要があればいつでも早めの対応をとる」と述べ，物価重視の姿勢を鮮明に打ち出した。4月3日は東証再開40周年にあたったが，同日の午前に日経平均株価が初めて3万3,000円台を突破し，この間の株価の上昇は約188倍となった。高額納税者のうち，株や土地売買で巨利を得た人が上位を占めた。

企業の財テク・ランキングで，トヨタが1位で1,275億円，2位は松下電器産業の1,012億円，3位は日立製作所の449億円で，前年同様にエクイティ・ファイナンスを利用して潤沢な運用資金をもっている大手自動車，電機メーカーが上位を独占した。

5月31日に日銀は，インフレ抑制と円安防止のために，公定歩合を年2.5%から0.75%引き上げ，3.25%にした。公定歩合の引き上げに転じたのは80年3月以来9年2カ月ぶりであり，80年前後のスタグフレーションのときから，10年近くも金融緩和が続行されたのであった。しかし，バブルの勢いは強く，公

定歩合が引き上げられても，株価が上がり，8月2日には3万5,000円台に乗せた。低利の資金調達をねらって，企業の株式公開が花盛りとなった。

　10月11日に日銀は公定歩合を再度引き上げ，3.75％にした。11月28日にニューヨーク株が約1カ月半ぶりに2,700ドル台に乗せたが，29日に日経平均株価も3万7,000円台に上昇した。東証1部売買高が約16億株となり，3万6,000円台に乗せてからわずか5営業日で大台を塗り替えた。市場環境が不透明なため機関投資家は慎重だったが，相場の上昇にがまんできなくなって，買いに出た企業，個人等が相場を押し上げた。

　ゴルフ会員権の価格も高騰し，この1年で1.7倍となった。高額コースは主に企業が積極的に買った。12月13日には，株価が3万8,000円台に乗せた。25日に日銀がインフレ防止のために，公定歩合の第三次引き上げを実施し，年4.25％に変更した。しかし，同日に株価は383円上昇し，3万8,423円になった。このような状況を，『日本経済新聞』は公定歩合の引き上げで「アク抜け」して株価が大幅高になったと報じた[4]。

　89年の日経平均株価は，3万8,915円の最高値で終わった。1年間の上昇率は29.0％で前年の39.9％を下回ったが，公定歩合の3度の引き上げにもかかわらず，株価の上昇が続いた。89年の東証第1部の時価総額は606兆662億円となり，88年末の481兆3,018億円に比べて25.9％の増加となった。短期金融市場は一本調子の上昇となり，年初に4.5％台だったが，CD3カ月物レートは年末に一時7％台になり，6月以来の長短金利逆転現象が長期化した。

　アメリカ経済はインフレ懸念が沈静化したことを背景に全体としては安定的な状態が続き，アメリカの株式市場も上昇相場が続いた。ダウ平均の年初来の上昇率は26.9％に達し，60年代以降では75年の38.3％，85年の27.6％に続く記録となった。2,160ドル台で年を越したダウ平均は，89年10月9日にはブラック・マンデーの暴落前の高値を上回る2,791ドルをつけた。しかし，89年の相場は，ユナイテッド航空の持株会社UALの買収が不調に終わったのをきっかけに，LBO（レバレッジド・バイアウト）関連株やM＆A関連株が売られ，10月13日には株価が急落し，その後も不動産融資に対する不安から相場が揺れるとい

う局面もあった。

日本の株価は天井知らずの上昇を続けており，翌年には平均株価が4万円を突破して高騰するというのが，大方の評論家の予想であった。しかし，こうした予想は無残に打ち砕かれることになる。また，バブル期の金融当局の金融政策が大失敗であったことは，すぐに判明することになった。しかし，不幸なことに，金融当局がそれに気づくのには，さらに多くの時間が必要であった。

2 株価の暴騰を増幅した金融自由化

株価の急激な上昇を支えた要因は何であったのか。表3-2に見られるように，株式投資信託は80年代前半から徐々に増大したが，85年には残高合計が10兆円を突破し，バブル期に激増していった。80年に約4兆円だった投信は，87年には30兆円台に激増し，89年には40兆円を超え，株式投資信託が株価を膨張させた主要な要因の一つとなった。89年4月からマル優が原則廃止となったことも，株式投資を増大させる要因となった。

バブルを膨張させた新たな要因として，エクイティ・ファイナンス(新株の発行を伴う資金調達)があった。89年5月1日現在で，転換社債，ワラント債発行による潜在株式を抱える会社が977社と全上場会社の半数になり，潜在株式の総数は181億9,100万株で，1年前の2倍，2年前の約4倍となった。この結果，全上場会社の発行済み株式総数に対するその比率が88年の3.0%から5.8%へと急上昇した[5]。さらに，89年には1年間でエクイティ・ファイナンスの総額が約24兆8,000億円に達し，過去最高だった88年の17兆5,000億円を42%も上回った(前章の図2-5参照)。株高や企業業績の好調さを背景に，大型起債や増資に踏み切る企業が相次いだ。株価の上昇が調達コストを引き下げてエクイティ・ファイナンスを活発化させ，その資金が特金・ファントラ等を通じて株式市場に流入し，さらに株価を上昇させるという循環が生じた。投機が過熱するなかで，株式市場はエクイティ・ファイナンスによって供給された大量の株式を吸収した。

もっとも，エクイティ・ファイナンスによる資金調達がすべて財テクに回っ

表 3-2　株式投資信託残高の推移

(単位：億円)

年末	単位型	追加型	合　計
1974	8,771	8,781	17,552
75	12,275	7,496	19,771
76	16,758	6,271	23,029
77	24,778	5,971	30,749
78	27,659	10,198	37,857
79	32,649	9,246	41,895
80	30,342	8,478	38,820
81	30,609	7,846	38,455
82	38,668	6,751	45,419
83	47,249	7,309	54,558
84	63,280	11,530	74,810
85	84,501	15,813	100,314
86	155,062	22,569	177,631
87	287,564	26,563	314,127
88	340,581	37,095	377,676
89	338,007	75,528	413,535
90	299,290	116,400	415,690
91	218,654	123,406	342,060
92	155,755	135,763	291,518
93	110,169	146,796	256,965

(出所)　日本銀行『経済統計年報』より作成。

たわけではない。エクイティ・ファイナンスは，大手鉄鋼メーカーが借金漬けの財務体質を改善するために利用したり，大手自動車や大手電機メーカーが設備投資や研究開発投資を増強するためにも利用した。89年には，東芝が国内転換社債とユーロドル建てワラント債を同時に起債し，総額約4,200億円の過去最大の資金を調達した。ソニーがワラント債を2,316億円，第一勧銀が2,155億円発行し，国内転換社債を新日鉄が3,000億円，日立が2,500億円，東芝が2,500億円発行した。また，ドル建てワラント債を，三菱商事，トヨタ，三菱重工，住友商事，丸紅，日産がそれぞれ15億ドル発行するといった状況であった。

　ユーロ市場での資金調達は，金利面や発行手続きのうえでとくに有利であり，日本の金融機関の目立ち過ぎが批判された。大蔵省は欧州市場に流れていたワラント債の発行を国内に引き戻すために，4月に発行期間の多様化，ワラント

部分と普通社債部分を切り離して募集することを認可するなどの規制緩和に踏み切った。

このように，株価が暴騰するなかで低コストのエクイティ・ファイナンスが可能となり，エクイティ・ファイナンスは企業の業務資金としても利用されたが，企業の財テクを支え，バブルをいっそう膨張させた。また，投資家は株価が暴騰するのを見て株式を買いあさり，エクイティ・ファイナンスによる株式を吸収し，ますます株価を暴騰させていった。なかでも特定金銭信託やファンド・トラストといった資金運用が株価を大きく押し上げた。しかし，バブルが永久に続くことは不可能であり，バブルが崩壊したさいには，エクイティ・ファイナンスは株価の暴落をいっそう深刻にする根因にもなり，特金やファントラは大口投資家に対する損失補塡問題を生じさせ，日本の証券市場に対する内外の不信をつのらせた。だが，投機の過熱は超低金利が持続するなかで投資家にこうした懸念を忘れさせ，投資家はバブル膨張の道をまっしぐらに突き進み，89年末には株価を目も眩む高さにまで暴騰させていったのである。エクイティ・ファイナンス等を可能にした金融自由化は株価の暴騰を増幅した主要な原因の1つであった。

III 地価のさらなる暴騰

1 勤労者年収の10倍を超えるマンション価格

地価が暴騰するなかで，87年11月1日から東京都の市街化区域全域が監視区域となり，面積100平方メートル以上の土地取引は，すべて事前届出が必要となり，規制も強化された。しかし，88年1月の地価公示価格は，東京の住宅地平均の上昇率が68.6％，商業地で61.1％と過去最高となり，住宅地が商業地の上昇を上回った。全国全用途の平均は21.7％で，「狂乱地価」時代であった73年，74年の30％台の上昇に次ぐ高騰となった。もっとも，暴騰を繰り返した都心部の千代田，中央，港区の3区が3.3％と若干の値下がりとなり，都心は沈静化傾向を示した。列島改造ブームに沸いた73年，74年当時は全国的にほぼ同

様の上昇を示したが，今回は地価の暴騰が都心部から始まって，関東圏，さらには大阪など6大都市部を中心に暴騰していった。また，実勢地価と公示価格が大きく乖離していった。

　7月1日時点での基準地価は，1年間で全用途全国平均で7.4%の上昇で，前年の9.7%を下回った。東京都で上昇率が7.9%にとどまったが，大阪圏では27.0%，名古屋圏でも12.8%と75年の調査開始以来の最高となり，札幌，福岡にも地価の高騰が波及していった。首都圏の各自治体が地価監視区域制度をスタートして1年になり，88年に入って一部の地域でわずかに下落傾向を示した。また，87年6月に，民活による内需拡大，地域振興，都市生活者の余暇を充足する「リゾート法」(総合保養地域整備法)が施行され，補助金や税の優遇措置によって企業と自治体があげてリゾート開発に取り組み，バブルの膨張と相まって，一大リゾート・ブームとなった。各地でリゾート・マンションが開発され，各地のリゾート地が暴騰した。また，ゴルフ場開発もブームとなり，山野が乱開発され，治山・治水問題，除草剤問題が深刻になった。

　こうしたなかで，88年には東京圏のマンション価格が勤労者の年収の約8倍の高値になった(都市開発協会調べ)。地価が高騰するなかで，少しでも有利な公団住宅を購入するために申し込みが殺到し，ニュータウンなどでは1,000倍を超える抽選も珍しくなくなり，公団住宅も高嶺の花となった。しかも，その抽選に当たっても資金が都合できず，辞退するケースも希ではないという悲しい状況となった。

　89年には1月1日時点の公示地価(全用途)が全国平均で8.3%上昇し，前年の21.7%を下回った。東京圏は1.8%と沈静化し，住宅地では，東京都がマイナス6.3%，神奈川県がマイナス7.6%，商業地ではそれぞれマイナス0.8%と，75年以来14年ぶりに下落した。埼玉県は8.5%，千葉県は17.3%で，上昇の勢いが鈍化した。株や土地売買で巨利を得た人が高額納税者の上位を占めた。

　また，89年には1～6月の間にリゾート・マンション価格が約50%上昇した。マンションの供給は倍増し，億ションと呼ばれる高級マンションの売り出しも増加した。

7月1日時点での基準地価が住宅地(全国平均)で6.8％の上昇となり，前年の7.4％を下回った。東京圏で2.7％と沈静化したが，大阪圏では37.3％の上昇となった。不動産価格の暴騰は，さらに地方都市やリゾート地へと波及していった。かくして，89年末の段階で，アメリカの面積の25分の1にすぎない広さの日本が，不動産価格総額では2,000兆円と推定され，500兆円と推定されるアメリカの不動産価格総額の4倍に膨れあがり，日本でアメリカが4つ買えるといわれた[6]。そして，90年には東京圏のマンション価格がサラリーマンの平均年収の10倍を超えるに至ったのである。

2 総量規制とノンバンク・農協系金融機関

 金融機関はバブルが膨張するなかで，大企業向け貸出が伸び悩み，不動産向け貸出に傾斜していった。しかし，金融機関の不動産業向け融資が急増するなかで，地価が暴騰して，地価の抑制が国民的課題となった。そのために，金融機関の不動産業向け貸出を抑制する通達が出された。しかし，金融機関はノンバンク経由で不動産業向け融資を継続していった。全国銀行のノンバンク向け融資残高(「その他金融業」「物品賃貸業」向けの都銀，地銀，長信銀，信託銀の融資の合計)が88年末で40兆円を超え，89年末には約50兆円に達した(表3-3参照)。89年の融資残高は85年の融資残高の2倍を上回る増加となった。金融機関のノンバンク向け融資の大部分は不動産関連融資であり，日本の金融機関が土地本位制に立脚していたことを示す何よりの証拠である。

 しかし，それだけではない。農協系金融機関も住宅金融専門会社(住専)やノンバンク向け貸出に傾斜していった。表3-4が示すように，都道府県信用農業協同組合連合会(信農連)の住専7社およびノンバンク向け貸出は89年には3兆円を超え，総貸出の50％を上回った。こうした傾向は，90年の金融機関に対する総量規制の実施以降さらに顕著になった。90年には住専7社およびノンバンク向け融資残高が約6兆円となり，総貸出の66％を占めるに至った。また，農協系金融機関(農林中金，信農連，共済連)の住専7社向け融資は，92年3月末時点で総額5兆6,000億円を超え，融資シェアは40％になった[7]。

表 3-3　ノンバンク向け融資残高の推移

(単位：億円，%)

年　末	全国銀行の融資残高	前年比
1984	189,280	
85	232,077	22.6
86	297,100	28.0
87	369,483	24.4
88	417,658	13.0
89	492,461	17.9
90	512,165	4.0
91	494,103	−3.5
92	499,755	1.1
93	628,420	25.7

(注)　「その他の金融業」と「物品賃貸業」の合計。
(出所)　日本銀行『経済統計年報』より作成。

　農協系金融機関が住専向け融資に傾斜していった背景には，総量規制のために金融機関が不動産向け融資を減少させるなかで，大蔵省から，主力銀行や信託銀行等が設立母体である住専に対して融資を維持するように要請があり，審査も十分に行わず，担保もほとんどとらないまま融資を拡大し，主力金融機関の別働隊として機能したという事情があった。さらにまた，信農連が住専やノンバンク向け融資を拡大した背景には，昭和50年代に員外貸出規制が緩和され，住専向け融資は金融機関貸出，ノンバンク向け融資は員外貸出として処理されて規制がかからなかったことが指摘されている[8]。

　すなわち，大蔵省の金融機関の不動産業向け融資規制は，第一にノンバンク経由の迂回融資，第二に農協系金融機関の住専・ノンバンク向け融資によって，尻抜けとなったのであった。その結果，不動産市場に大量の資金が供給され続け，地価がいっそう暴騰していった。しかも，こうした資金供給構造のため，90年初頭に株価が急落していったときにも，地価はなお上昇し続けるありさまであった。

　かくして，諸金融機関の資金供給をベースに不動産価格が上昇し，不動産価格が上昇すればするほど，不動産の担保価値が上昇してますます多くの融資が行われ，融資が行われれば行われるほど不動産価格が暴騰するというスパイラ

表 3-4　信農連貸出金の貸出先別推移

(単位：億円，％)

		1970	1975	1980	1985	1989	1990	1991
年度末残高	農　　協	6,288	9,147	14,549	12,623	8,256	7,781	7,455
	経　済　連	373	949	1,087	1,001	807	984	916
	その他連合会	430	798	885	826	859	913	1,413
	会　員　計	7,091	10,894	16,521	14,450	9,922	9,678	9,784
	会員の組合員	2,341	15,690	12,681	7,224	4,978	5,760	6,441
	准　会　員	2,972	2,618	2,446	1,998	2,331	2,753	2,728
	員　　　外	1,498	7,498	6,942	12,458	28,065	40,091	44,708
	うち県市町村		308	1,395	1,591	1,050	992	931
	〃　その他	1,191	6,102	5,172	10,867	27,015	39,099	43,777
	(うちノンバンク)				(10,012)	(17,998)	(29,288)	(32,530)
	金　融　機　関	2,528	3,500	5,433	9,945	18,306	31,293	40,191
	うち住　専	—	—	—	8,677	14,719	30,000	38,139
	合　　　計	16,430	40,200	44,023	46,075	63,602	89,575	103,852
同構成比	会　員　計	43.2	27.1	37.5	31.4	15.6	10.8	9.4
	会員の組合員	14.2	39.0	28.8	15.7	7.8	6.4	6.2
	准　会　員	18.1	6.5	5.6	4.3	3.7	3.1	2.6
	員　　　外	9.1	18.7	15.8	27.0	44.1	44.8	43.0
	うち県市町村	1.9	3.5	4.0	3.5	1.7	1.1	0.9
	〃　その他	7.2	15.2	11.8	23.5	42.4	43.7	42.1
	金　融　機　関	15.4	8.7	12.3	21.6	28.8	34.9	38.7
	住専・ノンバンク計	—	—	—	(40.6)	(51.4)	(66.2)	(68.0)
	合　　　計	100.0	100.0	100.0	100.0	100.0	100.0	100.0

(出所)　荒井淨二『知られざる大機関投資家　農協金融』東洋経済新報社，1994年，33ページ。

ルが生じた。この金融機関の不動産業向け融資の急増と土地担保主義は，後にバブルが崩壊したときに，金融機関の不良債権を急増させ，系列ノンバンクを中心とした支援過程で金融機関の収益を圧迫し，日本経済に壊滅的な打撃を与える根因となった。また，日本農業が衰退しつつあるなかで，規模や金融技術に遅れをとる農協系金融機関は，大手金融機関のノンバンクや住専支援策としての金利減免に乗れない状況にあり，金融機関の不良債権処理をいっそう困難にした。農協系金融機関の経営は深刻で，合併がいっそう急速に進められることとなった。

他方，ノンバンクはこのバブル期の不動産投資への傾斜によって巨額の不良債権を抱え込むことになり，倒産に追い込まれるものや，取りつぶされるものが増えた。住専の設立母体の主要金融機関が自らの住宅ローンを展開し，住専の将来性は消滅し，平成不況のなかで多額の不良債権を抱えて住専は破綻していくことになる。

かくして，バブル期における金融機関の巨額の不動産融資が日本の大都市を中心に不動産価格を暴騰させ，国民の住環境を悪化させた。経企庁も，1989年版『国民生活白書』で「豊かさ」はまだまだで，労働時間や住環境の面での問題が依然目立つと報告した[9]。また，日本の不動産ブームは諸外国のビルディング，リゾート・ホテル，ゴルフ場などを買いあさる傾向を助長し，外国からもひんしゅくを買った。しかも，この海外不動産投資の多くが後に不良債権となっていった。

Ⅳ　バブル景気と過剰投資

87年7～9月には，資産価格の膨張と内需拡大策が奏功して，実質GDPの伸び率が対前期比で1.8％となった（4～6月は0.4％）。また，鉱工業生産（出荷）も，4～6月にマイナス0.4％であったものが7～9月には3.7％の増加に転じた。かくして，87年半ばには景気の回復基調が顕著になった。株価が暴騰してゆき，9月期決算で野村証券の経常利益が前期比26.8％増の4,937億円となり，東京電力やトヨタ自動車を抑えてトップになった。

しかし，87年後半には10月にブラック・マンデーが生じ，株価や外国為替相場の乱高下が大きかった。だが，内需は堅調で，国内景気は一段と力強く拡大基調を続け，10～12月の実質GDP伸び率は2.2％に上昇した。

87年度の新規住宅着工が前年度比23.5％増の172万8,534戸で4年連続の増加となり，戸数は73年度（176万3,185戸）以来14年ぶりの高水準で，伸び率は過去最高となった。マネーサプライは，87年度の平均残高が11.2％増で，86年度より2.6ポイント上昇し，79年度の11.4％に次ぐ8年ぶりの高い伸びとなった。10

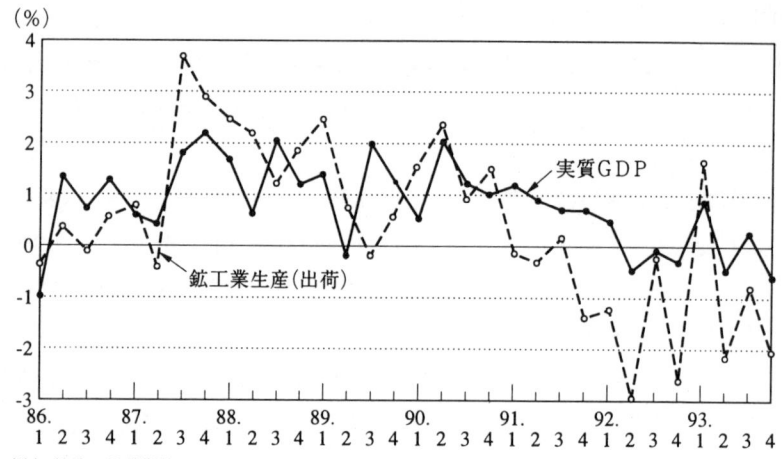

図 3-3 実質GDP・鉱工業生産の推移（四半期ベース）

(注) 数値は対前期比。
(出所) 大蔵省大臣官房調査企画課 尾原栄夫編『新版 年表で見る日本経済の足どり』財経詳報社, 1994年より作成。

月にブラック・マンデーがあったが, 87年には, 消費者物価の上昇率が0.1%という低い水準になり, 実質GDPの伸び率は4.7%と, 名目成長率の伸び率4.6%を上回った。かくして, 景気は87年後半からは本格的な活況を呈し, 好況期にあったと言ってよい(図3-3参照)。

88年1月に建設省は, 大規模リゾート地を整備するため, 官民共同の「リゾート産業振興研究会」を発足させ, リゾート開発への民間企業の参加を刺激した。1月のサラリーマン(勤労者)世帯の消費支出が平均28万3,124円で前年同期比2.6%増となり, 物価上昇分を差し引いた実質では1.9%増えた。高級品への需要が高まり, 同月の車種別新車販売台数(排気量550cc超)でトヨタのクラウンが大衆車カローラを抜いてベストセラー車になった[10]。

2月の日銀短観で, 製造業の業況が急速に改善し, プラザ会議以前の85年8月の水準を上回った。内需が増加し, 景気がいっそう拡大していった。88年度の設備投資(法人企業, 実績)が全産業で65兆円を超え, 前年度比が約17%の増加, 製造業は約22%の大幅増加となり, この2年間の停滞を脱した(表3-5参

表 3-5 法人企業の設備投資の推移

(単位：億円, %)

年度	製造業 実績額	製造業 前年比	全産業 実績額	全産業 前年比
1983	145,814	2.8	402,595	3.2
84	178,240	22.2	452,282	12.3
85	192,182	7.8	509,950	12.8
86	181,812	−5.4	525,075	3.0
87	191,983	5.6	568,349	8.2
88	233,838	21.8	665,652	17.1
89	273,780	17.1	761,304	14.4
90	315,020	15.1	849,053	11.5
91	333,131	5.7	872,978	2.8

(注) 実質値, 1985年価格。
(出所) 経済企画庁『国民経済計算』No. 91, No. 96より作成。

照)。こうした状況にもかかわらず，政府・金融当局は超低金利政策を維持し続けた。

経企庁は，5月の月例経済報告で，個人消費，民間設備投資が順調に増加し，景気は引き続き拡大局面にあると報告した。住宅着工が頭打ちとなり，公共投資の伸びが鈍化したが，インフレ懸念が薄れ，景気が拡大した。

『ビジネスウィーク』誌が87年の世界の商業銀行の上位50行のランキングを発表したが，第一勧銀の第1位を筆頭に5位までを邦銀が独占し，10位中7行までが邦銀であった[11]。88年6月期決算でトヨタの経常利益が前期比31.1％増の5,217億円となり，NTTを抜いて再び日本一に返り咲いた。

8月の日銀短観で，主要企業の業況判断が一段と改善し，73年11月以来ほぼ15年ぶりの高水準となった。製造業は業況判断指数DIがプラス39になり，5月の前回調査のプラス30より上昇した。非製造業もプラス36からプラス39に上昇した。全産業の88年度の設備投資計画も，80年度(21.0％増)以来の伸びとなった。また，労働力の不足が深刻になった。製造業で不足している事業所は全体の36％，技能工が足りない事業所は39％となり，74年8月以来，14年ぶりの高い水準となった。9月には電機・自動車メーカーなどが増員体制を急ぎ，中途採用や季節従業員を増やした。

9月中間期決算で，経常利益が前年同期比で65.2％の増益と15年ぶりの好決算になり，売上高も8.6％の増加となった。また，都銀の9月中間期決算で，営業純益が初めて1兆円台に乗せ，経常利益が1兆1,585億円となり，前年同期比38.2％の増加で過去最高となった。商社9社も最高益となり，大手建設5社も高収益が続いた。

　88年の総合卸売物価は前年比で1.0％下落し，6年連続で前年を下回った。円高で輸入物価が下落し，原油価格も軟調であり，NIESからの低価格製品の輸入が急増したことなどが主要な要因であった。88年度の全国消費者物価の上昇は前年度比0.8％と3年連続して1％未満にとどまった。

　消費ブームは87年に地価や株価の上昇による資産効果などによって始まった。また，好景気を反映して勤労者の可処分所得が増加したことも消費を刺激した。88年には勤労者世帯の可処分所得が実質4.3％増と高い伸びとなり，勤労者世帯の月平均消費支出は30万7,204円と実質3.3％増となった。他方で，個人ローンも急増し，都銀の消費者ローン残高は9月末で前年同比で40.3％増の23兆1,648億円で，このうち住宅ローンが同32.2％増の19兆3,052億円，カードローンなど非住宅ローン残高は102.3％増の3兆8,596億円となり，消費者信用による消費が増えた。バブルが膨張していくなかで，消費が大型化・高級化して，消費者の負債もアメリカ並みとなり，個人破産も増加した（図3－4参照）。

　88年度の工作機械受注額は前年度比40.0％増の1兆616億円と1兆円の大台を突破した。国内需要は約7,737億円で，前年度比46.8％増となり，自動車，一般機械，電気機械，精密機械業界などからの受注が増加した。輸出も前年度比24.4％増の2,879億円となり，87年度のマイナス成長（8％減）とは様相が一変した。かくして，88年度の実質GDPは6.0％という高い水準になり，活況となった。それでも，公定歩合は変更されなかった。

　89年に入ると，2月25日にはアメリカの景気が過熱ぎみになってきたため，インフレ圧力を抑える目的でFRBが公定歩合を年率7.0％に引き上げた。

　日本の景気はさらに拡大し，89年度の設備投資（全産業）が14％増となり，2年連続で2ケタの伸びとなった。製造業では17％という高い伸びとなり，とり

図 3-4 可処分所得に対する借入金残高の推移

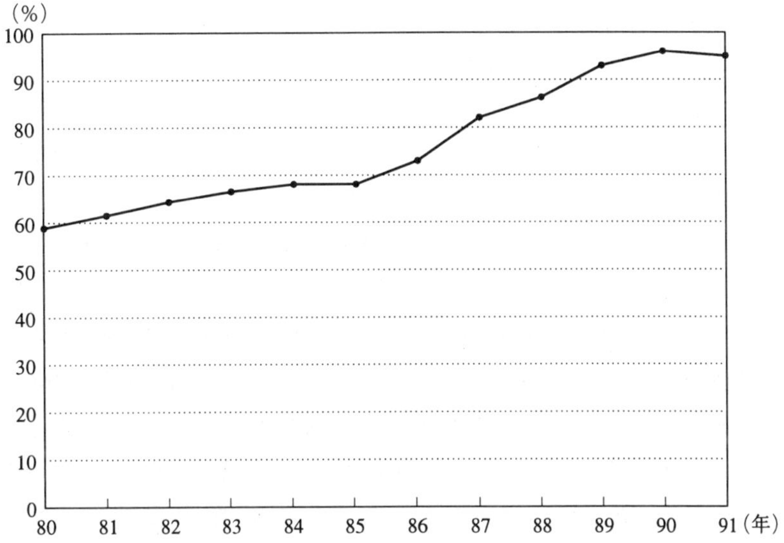

(出所) 経済企画庁『経済白書』1993年版, 188ページ。

わけ, 電気機械, 石油精製, 鉄鋼, 電子機械等が目立った。非製造業では, 小売, リース等が高い伸びを示した。

だが, 4月1日には一大争点となった消費税(税率3％)が実施に移され, 2月, 3月にはかけ込み需要が増えたが, 4月には消費が減少し, 実質GDPも4～6月には前期比マイナス0.4％となり, 景気に水をさした。図3-3からもわかるように, 89年には鉱工業生産(出荷)の落ち込みもあり, 景気は不安定な状況になった。

日銀は5月にやっと公定歩合を3.25％に引き上げ, 金融引き締めに転じた。しかし, 景気は持続し, 鋳物, ボルト, 板金など機械用基礎資材が調達難になり, 深刻な人手不足となった。

7～9月期の実質GDP成長率は前期比2.4％の伸びとなった。民間設備投資が伸びて消費が回復したために, 景気が上昇に転じた。外需も成長の押し上げに寄与した。7～9月の前期比成長率の寄与度は内需が2.0％, 外需が0.4％で

あった。10～12月期の実質GDPの伸び率は1.4％に鈍化したが，内需の寄与度は2.1％で国内景気は堅調であった。物価上昇圧力が高まるなかで，10月11日に日銀が公定歩合を引き上げ，さらに12月25日に4.25％まで引き上げた。

　ブームが拡大していくなかで，サラリーマンは企業戦士として残業や飲食・接待の毎日が続いた。89年の飲食・ゴルフの接待費，贈答等に使った企業の交際費は9.4％増加し，過去最高の約5兆円となり，使いきれない程の額になった。こうしたなかで，日本のサラリーマンの過労死がクローズアップされるようになった。

　物価についてみると，マネーサプライが大きく伸びるなかで，86年から3年連続で前年比1％未満という低い水準で推移した全国消費者物価も，89年には84年以来5年ぶりに高い上昇率となり，前年比で2.3％の上昇となった。消費税の導入や円安要因のほか，バブルが膨張するなかで需要が増大し，建設資材などを中心に物価上昇圧力が高まった。89年の輸入物価は円安と原油価格の上昇によって前年比7.7％の上昇となり，89年の総合卸売物価は前年比2.5％の上昇で，83年から6年間続いた下落から上昇に転じた。しかし，円高基調のもとで低価格製品の輸入増加や設備投資の拡大による供給力の増加もあって，通貨は一般商品に向かうよりも，株式や不動産などに向かったために資産価格が暴騰したが，一般商品の価格は高騰せず，インフレーションの激化は生じなかった。

　バブルが膨張するなかで，89年分の高額納税者は，土地長者が上位100人中63人で，87年の77人からやや減ったが，依然トップであり，株長者は27人に上昇した。長者番付の上位は，その時々の時代を反映するものであるが，この時期には，まさしくバブル全盛期を反映して，土地長者と株長者が上位を占めた。

　また，国民資産が増加し，87年にアメリカを追い越したが，88年末にも前年末比で9.4％増加してアメリカの1.2倍の47兆6,000億ドルとなり，同年末のアメリカの国民資産38兆9,000ドルを抜いて連続して世界一の「資産大国」となった。70年末には日本の国民資産はアメリカの2割強しかなかったが，360円か

ら120円台への円高と資産価格の暴騰によって，その後18年間でアメリカの国民資産額を超えるまでになった。

　しかし，一般の国民はバブルの膨張を脇目にみながら，一生働いても家一軒持てなかったり，持てたとしても狭い「ウサギ小屋」住宅と生涯続くローンに悩まされるという状況におかれ，いったい「豊かさとは何か」ということが多くの人々の切実な関心事となった[12]。

1)　しかし，こうした見解に対しては，金融機関の健全性をはかるきわめて重要な指標であるという指摘もあった。大森一明「『BIS規制妖怪論』に異議あり」『週刊東洋経済』1992年8月1日号参照。
2)　『日本経済新聞』1988年8月1日付。
3)　同上紙，1988年9月8日付。
4)　同上紙，1989年12月26日付。
5)　同上紙，1989年6月9日付。
6)　Christopher Wood, *The Bubble Economy*.（植山周一郎訳『バブル・エコノミー』1992年）邦訳82ページ。
7)　荒井淨二『知られざる大機関投資家　農協金融』東洋経済新報社，1994年，8ページ。
8)　荒井，前掲書，10-34ページ，参照。
9)　経済企画庁『国民生活白書』1989年版1-2ページ。
10)　前掲紙，1988年2月13日付。
11)　*Bussines Week*, June 27 1988.
12)　暉峻淑子『豊かさとは何か』（岩波書店，1989年）がベスト・セラーとなり，この問題に関する人々の関心が高まった。同書は，とくにドイツの住宅環境や労働環境と対比して，日本の住宅環境や労働環境がいかに貧困かということを説得的に示している。

第 4 章

バブル経済の終末

　90年の年初から株価が暴落を開始し，バブルの崩壊が始まった。それでも，全国的には，地価の高騰が続き，景気も89年の前半に落ち込んだものの，後半からは持ち直した。

　しかし，90年半ばには実質GDPが下降を示し，不動産会社の倒産が増大して，土地神話が動揺し始めた。また，資産価格が下落するなかで，新車，新設住宅などを中心に消費も低迷していった。かくして，91年第2四半期には実質GDPが0％台に落ち込み，バブル経済が瓦解していった。

　本章では，この時期の金融経済の実態を分析し，問題点を検討することにしたい。

I 株価の暴落

　90年1月4日の東京株式市場の大発会は株価の下落で始まり，日経平均株価は202円安の3万8,712円で引けた。大発会に日経平均が下落したのはブラック・マンデーの影響があった88年以来2年ぶりのことで，81年以降の10年間でも2回目であった。日本の政局の不透明性などがあったが，90年には株価はさらに上昇するという予想が多かっただけに，一般的には意外な幕開けと受け取られた。しかし，実際にはこれがバブル崩壊の幕開けであった。だがこの時点

でも,日本の投資家の多くは,株高は持続するだろうという幻想から解放されていなかった。しかし,外国人投資家を中心に売りが殺到し,株価,円相場,債券相場が下落し,トリプル安が進行した。また,原油価格が高騰し,東京のドバイ原油相場が約4年ぶりの高値となり,証券市場の環境は悪化した。

株価の急落に直面して,『朝日新聞』は「この機会に,投機色の強まりすぎた最近の風潮を反省してはどうだろうか」と警告し,「銀行経営や株価に配慮する余り,金融政策の筋を曲げてはなるまい」と主張した[1]。実際に,89年の日本の株価収益率(PER)は約70倍という高さであり,投資家が投資資金をその会社の利益で回収しようとすれば70年もかかるという高さになっていた(表4-1参照)。また,84年末から89年末の5年間に日経平均株価は1万1,543円から3万8,916円に上昇して約3.4倍になり,東証の時価総額(1・2部合計)も162兆円から611兆円に上昇して約3.8倍に膨れあがった(表4-2参照)。かくして,日本の株価はバブル期に異常な高さまで暴騰したのである。

3度の公定歩合の引き上げによっても,長期金利である国債利回りが5%台の低い水準を保っていたが,90年に入ってついに債券相場が崩れ始めた。10年物国債の指標銘柄である119回債の利回りは年初からわずか4取引日で,一時6.21%まで急上昇し,債券相場が急落した。アメリカの長短金利も下げ渋り,売り急ぎが始まった。

15日には,カナダの不動産会社キャンポーの百貨店子会社フェデレーテッド・デパートメント・ストアーズや,アライド・ストアーズなどが15日に連邦破産法第11条を申請したことなどから,アメリカのジャンク債(信用度の低い高利回り債)が売り込まれ,株式市場が波乱の展開となった。ジャンク債や銀行株が下落し,ニューヨーク市場のダウ工業株が前週末比で19.84ドル安と続落した。1月下旬には,アメリカ企業の業績が予想より悪化したことも影響して,22日にはニューヨークのダウ工業株が77ドルの急落となり,2,600ドルに下がった。

他方,日米証券市場の軟調を嫌って,西ドイツの株式市場に資金が集まり,西ドイツの株価の代表的指標であるコメルツ指数が3カ月間で30.5%の上昇と

表 4-1 株価収益率と利回りの国際比較

年	株価収益率（倍）					利回り（％）				
	日 本	アメリカ	イギリス	ドイツ	フランス	日 本	アメリカ	イギリス	ドイツ	フランス
84	37.9	9.0	11.2	13.8	47.7	1.0	4.6	4.5	3.6	5.2
85	35.2	10.5	10.7	14.1	14.0	0.9	4.2	4.4	2.5	3.9
86	47.3	13.5	12.2	15.2	18.4	0.7	3.5	4.2	2.7	2.7
87	58.3	15.9	13.9	13.4	16.3	0.6	3.1	3.4	4.4	3.0
88	58.4	11.2	10.4	13.3	10.8	0.5	3.6	4.3	3.5	3.8
89	70.6	12.5	11.1	17.8	12.5	0.4	3.3	4.5	2.9	2.6
90	39.8	11.7	10.1	12.6	9.3	0.6	3.8	5.7	3.8	4.0
91	37.8	15.9	17.3	15.1	12.7	0.7	2.9	4.8	3.8	3.7
92	36.7	15.2	21.7	14.3	15.8	0.9	2.9	4.3	4.0	3.6
93	64.9	15.2	30.7	29.1	27.5	0.8	2.7	3.6	2.9	2.7

(注) 日本，イギリス，ドイツは最終立会日，アメリカ，フランスは最終金曜日。
(出所) 東京証券取引所『東証要覧』より作成。

表 4-2 東京株式市場の推移

年末	日経平均株価（円）	時価総額（億円）
1970	1,987	162,355
71	2,714	227,149
72	5,208	480,545
73	4,307	385,564
74	3,817	360,421
75	4,359	432,448
76	4,991	529,939
77	4,866	515,738
78	6,002	663,414
79	6,569	693,029
80	7,116	770,747
81	7,682	919,056
82	8,017	980,902
83	9,894	1,267,459
84	11,543	1,618,118
85	13,113	1,901,266
86	18,701	2,854,714
87	21,564	3,367,066
88	30,159	4,768,497
89	38,916	6,111,518
90	23,849	3,792,311
91	22,984	3,779,243
92	16,925	2,894,834
93	17,417	3,243,574

(注) 時価総額は東証1・2部合計。
(出所) 日本銀行『経済統計年報』より作成。

なり，東京の4.7%，ニューヨークの1.0%に比べて際だった上昇となった。

また，1月末には，長期信用銀行3行が5年物利付金融債の表面金利を0.7%引き上げて年6.6%とし，長期プライムレート（最優遇貸出金利）も0.7%の上昇となり，年7.5%になった。長期プライムレートは半年間に1.8%も上昇して85年12月の水準に戻った。89年には日銀が3度の公定歩合の引き上げを実施し，長期金利が引き上げられたことで，約4年間続いた超低金利時代に幕が下りた。短期金利，長期金利の両方において，日米金利差が解消した。

2月に入っても株価の下落傾向が続き，26日には株価が1,569円安となり，ブラック・マンデー以来，史上2番目の下げ幅を記録した。強気の89年の大納会からわずか2カ月間で，東京株式市場は時価総額で88兆円（GDPの4分の1）を失った。89年末に606兆円であった東証1部株価総額が2月26日には518兆円に減ってしまった。このころには，企業の資金調達の延期や中止，逆資産効果による景気に対する悪影響が次第に懸念されるようになってきた。また同日，先物市場では機関投資家からの売りが殺到し，売り気配のままどんどん値が下がり，売りたいときに売れないという状況が出現し，株価の下落リスクは先物でヘッジできるという説明がつねに成立しうるわけではないことが明らかになった。

3月22日には日経平均株価が3万円台を割り込み，最高値から20%を上回る下落となり，時価総額も年初からGDPの約3分の1にあたる約140兆円もの減少となった。同日に，NTT株は一時前日比で8万円安の106万円まで売り込まれた。19日に86年の第一次政府放出価格である119万7,000円を割り込み，この3日間で10万円以上も下落した。豊富な資金の多くが株式投資に向けられて株価を押し上げ，株価の上昇がさらなる株式投資を誘引し，株価がいっそう上昇していくというメカニズムが崩れ始めた。

かくして，90年春には東京株式市場で「静かなる暴落」が続いた。これまで証券市場に流入してきた豊富な資金が確定利付き商品や海外投資に逃避していった。3月のマネーサプライは11.6%の高い伸びであったが，これは証券市場や金融市場が好調であったためではなくて，大口定期預金などの自由金利商品

に資金が流入したり，金利の先高感のために企業が資金手当を急いだりしたためであった。

　株価の急落によって株式の含み益も減少し，生保25社の株式含み益が，90年3月の89年度決算で，1年前に比べて10兆円減少して36兆円となった。

　4月2日には，日経平均株価が2万8,002円に急落した。株価低迷で投資採算が悪化し，株式の相互持合いにも影響が出始めた。大手生保や損保が長期にわたって安定保有してきた上場企業の株式を大量に売却しだした。しかし，株価の急落でより深刻な影響を受けたのは銀行などの金融機関であった。株価の含み益を自己資本に算入している日本の金融機関は，株価の暴落によって自己資本比率が減少し，BIS規制による自己資本比率規制をクリアするためだけでなく，経営の健全化のためには貸出を抑制せざるをえなくなったからであった。

　また，株価が急落するなかで，株価の上昇を前提とした証券会社や信託銀行の資金運用にほころびが出て，証券会社や信託銀行による大口顧客に対する損失補填が明るみに出た。さらに，仕手集団「光進」の小谷光浩代表が90年4月の藤田観光株取引に関して株価操縦の容疑で逮捕される事件も起きた。

　株価は3万円をはさんで乱高下したが，8月2日にはイラクがクウェートに侵攻し，東京市場の中東産ドバイ原油相場が1日で24％も上昇するという事態が出現した。23日には株価が2万3,737円に急落し，NTT株が85万円台まで値を下げた。衝撃を受けた大蔵省は，株式市場に対するテコ入れとして，同日に「30％ルールの緩和」を決定した。

　8月の日銀の分析によると，自由金利預金が過去1年間で100兆円増えたが，その半分は規制金利預金から流入した。また，証券市場からの資金の流入も大きかった。株価が急落するなかで，証券市場から資金が流出し，さらに株価を押し下げるというメカニズムを加速した。また，8月30日には，日銀がインフレ圧力が強まるなかで，公定歩合を0.75％引き上げて年率6.0％としたが，公定歩合の引き上げは，いまや株価の下落要因そのものに転じた。

　9月末には，金融引き締めや中東情勢の不透明感などから株価が下がり，10

月1日には90年の最安値である2万221円まで暴落し、時価総額も89年末の600兆円から370兆円にまで縮小し、9カ月間で230兆円が吹き飛んだ。

10月には、光進の仕手戦を支えた責任をとる形で、磯田一郎住友銀行会長が辞任したが、住銀はイトマン事件にもかかわっていた。こうした金融不祥事は、金融機関に対する不信を増大させて投機熱をいっそう鎮静化させることになった。

10月3日には統一ドイツが誕生し、世界の注目を浴びた。また、11月末には中東情勢がさらに緊迫し、国連安保理が対イラク武力行使を容認する決議を採択した。こうした国際情勢の急変も、同様に投機熱に水をさした。

11月には、景気の陰りを反映して、マネーサプライが前月比でマイナスに転じたが、景気後退と流通通貨量の減少は、バブルを崩落させる大きな要因となった。10～12月の実質GDPの成長率（前年同期比）は1.0％となり、景気に陰りが見え始めた。

12月7日には、FRBがフェデラル・ファンド金利を0.25％引き下げ、19日には公定歩合を6.5％に引き下げた。これは、アメリカの景気対策と金融機関の救済が主な目的であった。

12月28日の大納会で株価は2万3,848円と4年ぶりに安く引けたが、大納会が大発会より安く引けたのは77年以来、13年ぶりであった。10月1日に2万221円まで下がり、89年末の最高値から約5割の下落率で、戦後最大の暴落となった。時価総額も前年末の600兆円から370兆円にまで縮小した。国内的には、金融当局の金融引き締めが鮮明になり、景気が後退したうえに、金融不祥事が多発し、国際的には、ソ連・東欧情勢の混乱、中東情勢の緊迫、世界的景気後退等といった諸要因が投機熱を鎮静化させて、株式市場からの資金の流出を惹起し、株価の暴落を引き起こしたのである。

91年に入ると、中東情勢はいよいよ緊迫した。国連安保理が決めた撤退期限の1月16日になってもイラクがクウェートから撤退せず、17日にはアメリカ軍を中心とする多国籍軍が「砂漠の嵐」作戦を開始し、イラク本土への電撃空爆を展開した。ハイテク戦で、1機5,000万ドルのF15戦闘機、1発135万ドルの

巡航ミサイル,トマホークなどが使用され,1日平均戦費はベトナム戦争の3.5倍の約5億7,000万ドルにのぼった。アメリカは一国では戦費を調達できず,多国籍軍への資金援助という形で,日本は90億ドル(1兆1,800億円)を拠出した。

2月1日に西ドイツが湾岸戦争によるインフレを防止するために,公定歩合を0.5%引き上げて6.5%にした。しかし,年初に景気後退を公式に認めたアメリカは,同日に公定歩合を0.5%引き下げ,6.0%にした。その結果,アメリカとドイツとの間に,金利の逆転が生じた。14日には,イギリスが協調利下げに踏み切り,世界的に株価が上昇した。18日にはイラクがクウェートからの条件付き撤退を表明し,株価は2万6,000円台まで上昇した。株価の上昇もあって,都銀全行がBISによる8%の自己資本比率規制を達成した。

1月のマネーサプライの伸びは,前年同月比7.3%で,83年11月以来の低さとなった。バブルが破裂して銀行取引停止企業が前年同月比で62%の大幅増加となった。他方で,1月の経常収支は,90年1月以来1年ぶりに赤字となった。中東向け輸出が3割減少したほか,原油価格が前年同月比で5割を上回る上昇となったためである。また,原油価格の上昇と円安が影響して1月の卸売物価は前年同月比で2.6%上昇した。

2月19日に三重野康日銀総裁が講演し,健全な経済成長のためにはバブルの是正が必要であり,地価のいっそうの鎮静化のために金融引き締めを継続する意向を表明した。日銀は,バブルが崩壊するころになって,ようやくバブルつぶしの必要性を訴え出した。3月頃になると,金融機関からの借入れがきびしくなったことやエクイティ・ファイナンスによる資金調達が困難になったために,大手企業が生保からの資金調達を増やし始めた(図4-1参照)。3月末の特金・ファントラ残高が31兆8,638億円と,前月より3兆2,000億円の大幅減少となった。

また,2月と3月にはスタンダード&プアーズ社が邦銀の格付けを軒並み引き下げ,海外市場での資金調達条件が悪化した。証券会社も株価の暴落によって,上場証券25社の91年3月期の経常利益が前年度比で3分の1に落ち込み,

図 4-1 日本企業のエクイティ関連債の発行状況（海外）

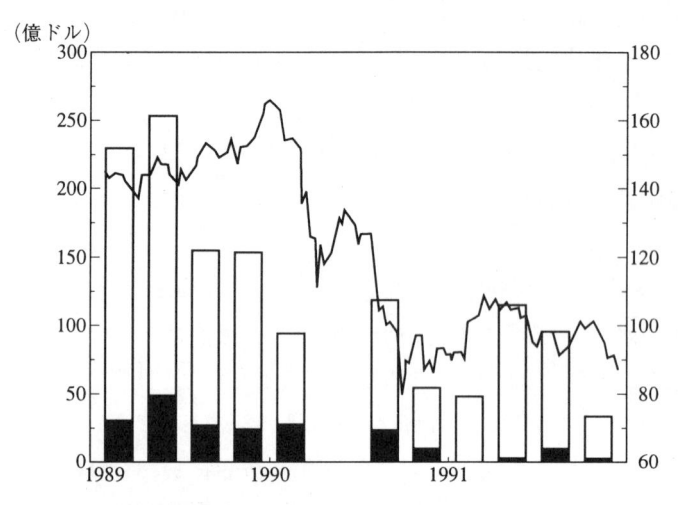

(注) 1　1987年12月31日の日本の株式指数を100とする。
　　 2　□ ワラント債，■ 転換社債。
(出所)　Bank of England, *Bank of England Quarterly Bulletin*, Vol. 32, No. 2, May 1992, p. 196.

決算で2社が赤字に転落した。

　マネーサプライも，3月には4.9％，4月には3.7％と低下していった。こうしたなかで，5月中旬には，日銀が2月半ば以降8.2％で推移してきた無担保コール翌日物金利の8％割れを容認し，金融引き締めを部分的に解除した。

　6月発行の日銀の『調査月報』(いわゆる「金融白書」)において，日本の金融に責任をもっているはずの日銀が，バブルの崩壊が実体経済に与える影響は軽微であるという分析を発表した[2]。バブルの崩壊が実体経済に与える影響は軽微であるという日銀の見解は，バブルそのものの過小評価と表裏一体のものであり，日本の金融政策がいかにバブル経済に無防備であったかということを示した。日銀は長期にわたって低金利政策を実施し，通貨価値の維持よりも経済成長を優先してきたために，低金利に対する警戒感はもともときわめて弱かった。この弱い警戒感に内外の圧力が加われば，「通貨の番人」としての自覚が

表 4-3　証券会社の損失補塡

補塡証券会社	補塡先 法人・団体	補塡先 個人	補塡額（億円）
大 和 証 券	77		253.9
日 興 証 券	97		565.7
野 村 証 券	54	1	279.1
山 一 証 券	78	2	616.2
その他17社	406	72	445.7
合　　　計	712	75	2,160.6

(注)　1　91年7月29日，31日，8月16日，9月24日に日本証券業協会が発表。
　　　2　後に，これ以外にも損失補塡が発覚した。
(出所)　行政管理研究センター『証券・金融制度改革の方向と展望』ぎょうせい，1992年より作成。

いかにもろく崩れ去るかということを，バブル経済の実態とこの「金融白書」は事実をもって物語っている。

　6月末には，野村，大和，日興，山一の大手証券4社が，90年3月期決算までだけでなく，91年3月期にも損失補塡を行っていたことが判明し，大蔵省は7月10日から4営業日の営業を各法人部門が自粛するように指導した。また，日本の証券業のトップである野村証券が暴力団との取引に関与していたことが表面化し，7月に田淵節也会長，田淵義久副会長が引責辞任して，相談役となったが，内外に与えた影響は大きかった。また，大蔵省は損失補塡の温床になる証券会社の一任勘定を8日付で禁止する通達を出した。しかし，バブルが膨張していく過程で金融取引上の不正行為が蔓延していたことが，次々と明らかになっていった。

　7月1日には，日銀が公定歩合を5.5％に引き下げた。引き締めから2年で金融緩和に転換したが，地価は依然として高く，総量規制は継続された。7月の東京地区の百貨店売り上げ高は0.6％増と低迷し，同月のマネーサプライも3.4％増と低い伸びが続き，景気後退の兆候がより強くなった。

　4日には，証券会社に対する処分の実施が明らかになり，株価は2万3,000円割れとなり，証券会社の不正行為が自らを直撃した格好となった。7月の衆議院大蔵委員会で証券不祥事について集中審議が行われ，後に，日本証券業協会を通じて損失補塡先リスト(87年10月～90年3月)が公表された。4大証券で

延べ196法人，3個人，総額1,283億1,600万円の損失補填が実施された。その後明らかになったものも含めると，712法人・団体，75個人に総額2,000億円を超える損失補填が行われた（表4-3参照）。他方，7月には富士銀行による架空預金事件が発覚した。さらに，東洋信用金庫事件，東京佐川急便事件も発覚した。

　7月中旬には，ドイツがインフレ防止のために，公定歩合を1％引き上げ，7.5％にした。他方，アメリカの景気回復が弱いため，FRBがさらに公定歩合を0.5％引き下げ，5％にした。

　9月には，ソ連でクーデター事件が発生し，株価が2万1,456円と年初来の安値となった。9月の特金・ファントラが約1兆5,000億円の大幅減となり，残高が約30兆5,000億円になった。大口顧客に対する損失補填を実施した証券会社も，9月期の中間決算では，19証券会社の経常利益が赤字に転落した。他方，金融機関の不良債権が急増し，都銀の融資のうち，不動産業，ノンバンク向けを中心に1兆5,000億円を超える融資の金利の支払いが止まった。かくして，バブル期に花形であった証券会社と銀行が一転して，問題業種となっていった。

　91年7～9月期には景気後退が顕著になり，実質GDPが0.7％に減速した。10月の景気動向調査で，82年2月以来はじめて，一致指数と先行指数がともにゼロになり，経企庁はやっと景気が事実上後退したと発表した。

　11月6日にアメリカが，景気対策のため公定歩合を0.5％引き下げ，4.5％にし，73年1月以来19年ぶりの低水準となった。日銀も，アメリカが公定歩合を引き下げたのを受けて，14日に公定歩合を0.5％引き下げ，5％にした。このように，バブル期には，日銀の公定歩合操作は，アメリカに追随するケースが目立った。株価は12月2日に2万2,000円割れとなり，このころになると，企業業績の悪化が株価の圧下要因として重みを増すようになった。

　12月19日にドイツが統合に伴うインフレ懸念から公定歩合を更に0.5％引き上げ，8％にした。アメリカは逆に20日から公定歩合を1％下げ，3.5％にした。

第4章 バブル経済の終末　95

表4-4　個人金融資産残高の推移

(単位：兆円、%)

項　目	1988年末 金額	1988年末 構成比	89年末 金額	89年末 構成比	90年末 金額	90年末 構成比	91年末 金額	91年末 構成比	92年末 金額	92年末 構成比
現 金 通 貨	27.5	3.5	32.0	3.5	32.3	3.5	33.0	3.3	33.2	3.3
要求払預金	46.7	5.9	55.1	6.1	55.8	6.0	58.3	5.9	60.9	6.0
定期性預金	339.6	42.9	374.4	41.5	410.2	43.9	447.2	45.1	469.3	46.1
信　　託	50.3	6.4	56.7	6.3	64.5	6.9	69.1	7.0	75.4	7.4
保　　険	146.4	18.5	171.7	19.0	194.1	20.8	213.1	21.5	234.3	23.0
有 価 証 券	175.0	22.1	203.4	22.5	167.5	17.9	159.8	16.1	143.8	14.1
債　　券	37.6	4.8	38.4	4.3	45.6	4.9	45.7	4.6	42.8	4.2
株　　式	98.7	12.5	124.1	13.8	82.8	8.9	79.5	8.0	63.2	6.2
投資信託	38.7	4.9	40.8	4.5	38.9	4.2	34.6	3.5	37.8	3.7
そ の 他	6.1	0.8	9.1	1.0	10.4	1.0	11.4	1.1	―	―
合　　計	791.8	100.0	902.5	100.0	935.1	100.0	992.3	100.0	1,017.3	100.0

(注) 1　債券は国債、政府短期証券、地方債、公団公庫債、金融債、事業債の合計。
　　 2　株式は時価ベース。
　　 3　定期性預金は譲渡性預金、非居住者円預金、外貨預金を含む。
(出所) 東京証券取引所『東証要覧』(1994年) 69ページ。

91年のエクイティ・ファイナンスは約5兆円で，89年末の約25兆円の5分の1となり，90年の約10兆円からも半減し，企業の株式市場を通じた資金調達が困難になった。他方で，株価が暴落するなかで，個人貯蓄の3割を占める郵便貯金が91年末で150兆円を突破した。表4-4に見られるように，個人の金融資産に占める株式の割合は89年末には13.8％（約124兆円）に増大したが，92年末には6.2％（約63兆円）へと激減し，定期性預金と保険が増大し，個人の資金が株式から安全な金融資産に移動した。すなわち，個人も，資産運用により敏感になったことを物語っている。

　91年の株価は2万2,984円で終わり，東証の時価総額は378兆円となった。アメリカが公定歩合を引き下げた10日後の12月30日に，日銀が公定歩合を0.5％下げ，年4.5％にした。先進国のなかでは，3.5％に引き下げたアメリカに次ぐ低い水準となった。年末も押し迫った12月30日に公定歩合の変更を実施するという事態は，日本の経済状況のきびしさを反映したものであった。

　91年には，ソ連・東欧情勢が大きく変化し，8月にゴルバチョフ書記長が辞任するとともに，ソ連共産党の解散を勧告し，12月にソ連邦が消滅した。これによって，従来の米ソ冷戦構造が変質することとなり，2大強国の対立構造が変化した。その結果，地域紛争や，内戦が各地で多発するようになった。株式に対する投機熱はますます冷え込み，株価はますます低迷していった。

II　土地神話の動揺

　地価の暴騰は地方に波及し，とどまる気配がなかった。この地価の暴騰を資金的に支えたのが金融機関の不動産関連融資であった。大蔵省は89年秋に，銀行に対して不動産業向け融資の自粛通達を出したが，銀行の不動産業向け融資は，その後も急増した。89年10～12月期の増加額は1兆8,260億円で前年同期比で30％増と高い伸びを示した。不動産業向け融資の89年12月期末の残高は46兆9,020億円で，前年同期より5兆7,950億円増えた。

　また，生保による土地・建物等に対する資産運用も拡大し，88年度の投資総

額は約5兆5,000億円に拡大し，89年度には約6兆5,000億円となった。生保は従来，保険料の大半を企業向け融資に当てていたが，ここ数年，企業がワラント債やCPで資金調達するようになると，生保の貸付額は大幅に減少し，不動産投資が急増した。89年9月時点の貸しビル保有面積ランキングは，第1位が三菱地所で248万平方メートル，第2位が日本生命で237万平方メートル，第3位が住友生命で183万平方メートル，第4位が三井不動産で165万平方メートル，第5位が第一生命で163万平方メートルと，生保が不動産会社とともに上位を占めた。

大蔵省は，地価の高騰を防ぐために，90年4月1日から，金融機関に対して「不動産業向け貸出については，当面，その増勢を総貸出の増勢以下に抑制することをめどとする」という通達を出し，不動産業向け融資の総量規制を実施した。信金，生保，外銀をも対象とし，四半期ごとに残高をチェックすることとした。日銀も，89年7～9月期以降4期連続で不動産業向け融資の増加額を削減する指導を実施した。その結果，90年4～6月期の都銀の貸出増加額がマイナス16.7％となり，10年ぶりの大幅減少となった。こうしたなかで，日銀が90年4月の『調査月報』で，金融緩和が地価高騰の一因となったということを認める自己批判論文を掲載した[3]。しかし，この日銀の認識は，文字どおり遅きに失したものであった。

9月中間決算でも，大手不動産4社は，株価暴落の直撃を受けた証券会社や信託銀行とは対照的に，増収増益を維持した。しかし，11月になると，不動産業の倒産が目立ち始めた。11月に共和（負債総額2,000億円），91年1月にはナナトミ（負債総額3,000億円）と不動産関連の大型倒産が増えた。

しかし，90年1年間の東京圏（東京，神奈川，千葉，埼玉，茨城，栃木）のマンション価格は平均6,952万5,000円で，前年比22.1％の上昇となり，サラリーマンの平均年収（694万1,000円）の10倍を超えた。都市開発協会の調査によれば，東京圏が10.02倍，大阪圏が7.7倍，名古屋圏が5.2倍となった。

91年1月1日時点調査の公示価格が，全国全用途平均で11.3％上昇し，地方ではなお騰勢が続いた。大蔵省の調査によれば，3月末のノンバンクの貸付金

は286社で総残高が66兆6,152億円であり、そのうち不動産・建設業向けが42％を占め、90年9月末比で7.7％増加しており、地価高騰の大きな要因であった。3月末の銀行の不動産向け融資は約50兆円と、85年3月末の2.8倍に膨張し、不動産業向け融資にのめり込んだ銀行は、株価が暴落するなかで地価を暴騰させていった。

しかし、4月になると、不動産業の倒産が103件と74年12月以来の高い水準になった。建設業の倒産も前年比で45％増となった。6月の首都圏の中古マンションが前年比で17％の値下がりとなり、91年7月の基準地価(住宅地)が東京圏で1％下落し、大阪圏で15.3％下落した。それでも、地価の高止まりが持続し、91年版の『経済白書』は、地価対策の必要性を強調し、「その最も重要な課題は、住宅地地価を中堅勤労者が相応の負担で一定水準の住宅を確保しうる適正な水準まで引き下げることであり、二度と地価高騰を起こさない制度的枠組みを築き上げることである」と述べた[4]。また、91年版の『国民生活白書』も、住居、労働、自由時間などの総合指標で東京圏の満足度が低く、高い土地、遠い会社といった住環境の悪化を指摘した[5]。

その一方で、バブル期以降に不動産業に集中的に融資を実施してきた金融機関は、地価の下落と担保割れのために融資の回収が困難になり始め、9月末の都銀の国内融資の回収不能債権が1兆円となった。大蔵省は91年末をもって金融機関の不動産融資の総量規制を撤廃することを決めた。

かくして、バブル経済末期には、地価は下がらないという土地神話が動揺し始め、土地神話に立脚した金融機関の不動産業向け投資が破綻を来す事態となった。金融機関は土地担保融資に立脚していただけに、その打撃は大きく、これが平成不況を長期化させ、日本の政治経済を大きく動揺させる主要な原因となった。日本の金融機関は、株の含み益と土地担保融資という2本足の竹馬に乗って活動してきたが、この2本足が揺らぎ始めたために、金融機関の本体も大きく動揺し、不安定なものになってきた。

Ⅲ　景気の転換

　90年の年初から株価が急落し，バブルの崩壊が始まったが，景気はしばらく持続し，90年の実質GDPの成長率は4.8％を記録した。しかし，90年7～9月には実質GDP成長率は前期比1.2％に落ち込んだ。前章の図3－3からも，90年半ばには景気が下降していることがわかる。90年秋には景況はさらに悪化した。91年に入ると，第2四半期から実質GDPの成長率が0％台に落ち込み，景気後退が顕著になった。

　株価の急落が続いて，投機熱は弱まり，消費者も消費を抑制するようになった。図4－2に見られるように，バブル期に高い値を示していた大型小売店販売額の伸び率が，90年になると，3大都市圏で低下し，地方圏でも91年には急落し，3大都市圏では92年からマイナスに転じた。91年度の実質国内総支出の寄与率をみると，最終消費支出，設備投資，住宅投資のすべてが大幅に落ち込み，景気後退を引き起こしたことがわかる。その結果として，景気刺激のために，政府固定資本形成は増大している（表4－5参照）。

　90年10月の倒産件数が前月比で21.2％増となり，84年12月以来5年10カ月ぶりの増勢になった。また同月の工作機械受注が，前年同期比で0.9％減った。11月には不動産業の倒産が急増した。不動産価格も下落が目立つようになり，91年には不動産関連業界や自民党が総量規制を撤廃するように求めた。

　91年1月には不動産・リゾート開発のナナトミが，蛇の目ミシン工業株の買い占めやリゾート地への過大投資の失敗で負債総額3,000億円をかかえて倒産した。ナナトミは光進とつながりを持ち，株買い占めに手を出していたが，バブルの崩壊とともに消滅した。

　バブルがはじけ，91年3月期に上場証券25社は経常利益が前年度比で3分の1に落ち込み，決算で2社が赤字に転落した。金融機関の利益も減少し，同期の経常利益は前年比で都銀が合計で23.4％減少し，長信銀も18.6％の減少となった。

　3月19日には，日経平均株価が1,353円下がり，3万1,263円になった。NTT

図 4-2　大型小売店販売額の伸び率

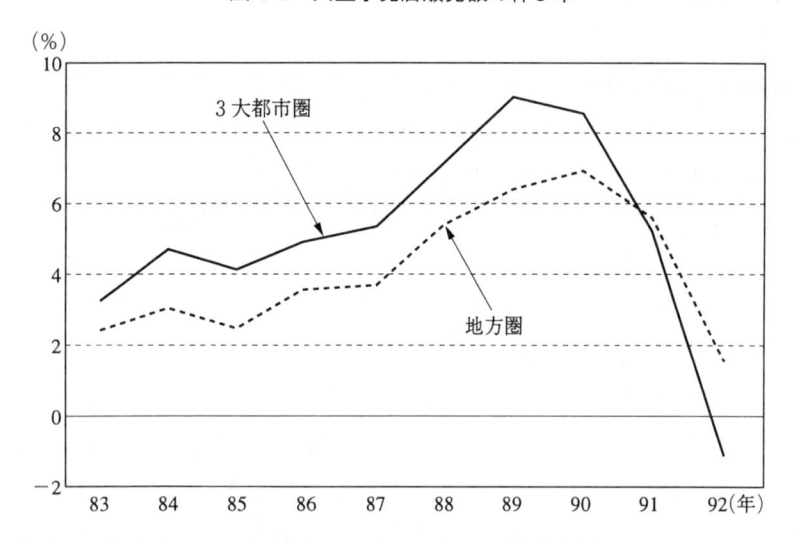

（注）各年の伸び率をグラフ化したものであり，連続した変動を示すものではない。
（出所）経済企画庁『経済白書』1993年版，12ページ。

表 4-5　実質国内総支出に対する寄与度（前年比）

(単位：%)

年度	民間最終支出	民間住宅	民間企業設備	政府固定資本形成
1980	0.5	−0.7	1.1	−0.2
81	1.3	−0.1	0.4	0.1
82	2.8	0.1	0.1	−0.1
83	1.9	−0.5	0.6	−0.2
84	1.5	0.0	1.7	−0.3
85	2.1	0.1	1.9	−0.5
86	2.2	0.5	0.5	0.4
87	2.4	1.3	1.4	0.6
88	3.3	0.3	2.9	0.0
89	2.2	0.1	2.7	0.0
90	2.1	0.3	2.3	0.3
91	1.5	−0.7	0.8	0.5
92	0.6	−0.2	−1.2	1.1

（出所）日本銀行『経済統計年報』より。

株も2万円の急落で118万円となり、第一次売り出し価格を初めて割り込んだ。円も急落し、153円となった。翌20日に景気拡大や円安による物価上昇を未然に抑えるため、日銀が公定歩合の第四次引き上げを実施し、5.25％に引き上げた。これによって、日本の金利は、アメリカやヨーロッパとともに、プラザ合意のときの水準に戻った。

3月にはマネーサプライが4.9％増と最低の伸びとなった。また、製造業の賃上げ率が4.7％で、90年の5.4％よりも0.7ポイント下がった[6]。

4月の倒産は不動産業が103件で、74年12月以来の高い水準となり、景気に陰りが出始めた。しかし、91年3月（90年度）の経常利益ランキングはトヨタが7,338億円と連続1位を確保し、2位はNTTで4,143億円、3位は松下で2,765億円、4位は住友銀行で2,516億円、5位は野村証券で2,335億円とバブル期の花形であった自動車、金融、証券業が依然として首位を占めた。こうした状況のなかで、91年4～6月には実質GDPが0.9％に減速し、景気後退がいっそう明確になった。

91年9月末には、都銀の利払い停止債権が急増し、10月の企業倒産が4年ぶりに1,000件を突破し、不況型倒産も増加した。10月のマネーサプライは前年比2.1％増と過去最低を更新した。10月には、一致指数も先行指数もゼロになり、82年2月以来の景況の悪化となり、経企庁は事実上景気が後退したことを宣言した。しかし、前章の図3-3が示しているように、景気はすでに90年にはピークを越えており、第3四半期にはかなり減速していた。経企庁やいわゆる官庁エコノミストの多くが景気後退をなかなか認めなかった背景には、バブルの崩壊は景気にはあまり影響がないという認識があった。バブルに対する認識が不十分であり、そうした見方が誤りであったことはその後の事態をみても明らかであろう。

91年の倒産は、負債総額が前年の4倍の8兆円となり、不動産関連倒産が目立った。倒産件数は1万723件と、3年ぶりで1万件を突破し、91年の負債総額10億円以上の大型倒産は90年の3.1倍の762件に急増した。負債が1,000億円以上の大型倒産は、尾上縫の「恵川」（負債4,300億円）、不動産のナナトミ（2,836

億円),リースマンションのマルコー(2,777億円)など13件となった。不動産業が1,156件で,前年比で3.1倍に急増した。

90年に入って,年初にまず株価が急落し,91年3月には6大都市圏の地価の上昇が鈍化し始めた。こうした状況のもとで,不動産関連業種の倒産が顕著になった。こうした傾向にいっそう拍車がかかるとともに,個人消費や設備投資需要が減少して企業収益が低下し,91年半ばからは不況型倒産が増大した。しかし,不動産関連の倒産であれ,不況型の倒産であれ,ともにバブルの結果であった。

かくして,バブルに酔った日本経済は,バブルの崩壊が進行するなかで,90年半ばころには景気が減速し,91年第2四半期には実質GDPの成長率が0％台に落ち込んで景気後退が進行し,景気の深い谷底に沈んでいった。景気後退が強まるなかで,92年度の財政投融資計画(当初計画)が前年度比で10.9％増の総額40兆円強に増額され,死んだといわれたケインズ政策が再び活用されることになった。

Ⅳ 対外摩擦の激化

外為市場は,90年には高値が124円,安値が160円で,変動幅は36円とブラック・マンデーのあった87年以来3年ぶりの大幅な値動きとなった。90年春には日本の政局不安,海外への資本流出等を背景に円安が進み,その後10月にかけて円高に振れた。日銀は1〜4月に円買い介入を行ったが,その後は日銀の介入はあまりなく,89年の介入額に及ばなかった。

90年の貿易収支黒字は100億ドルを超える減少となった。対米黒字は約70億ドル減で過去最大の落ち込みとなった。これが円安に振れた主要な要因であった。湾岸情勢で原油価格が9月分から高騰し,輸入が1.1％増加した。しかし,91年には再び経常収支の黒字が急増し,91年12月25日には127円の円高となり,89年11月以来の高い水準になった。

80年代後半のバブル期には,日本の銀行や企業のオーバー・プレゼンスが諸

外国の反感を呼んだ。アメリカ経済の衰退と対応する形で，日本の経済大国化が進行し，こうした時代的背景のもとで日本経済のバブル化が生じた。それだけに，基軸通貨国たるアメリカの日本経済に対する風当たりは著しく強いものになった。もともと戦後の日米経済摩擦は，60年代の繊維摩擦に始まり，自動車摩擦，半導体摩擦，さらには金融摩擦といったところまで発展した。

　しかし，とくにアメリカ側が神経質になりだしたのは80年代半ば以降である。それには理由がある。すでにみたように，アメリカは，貿易収支が年間1,000億ドルを超える赤字になり，その結果として経常収支も1,000億ドルを超える赤字になったが，ブラジルがデフォルトに陥ったのは1,000億ドル程度の累積債務のためである。アメリカは基軸通貨国であり，基軸通貨国特権を有しているとはいえ，将来何年にもわたって年間1,000億ドルを超える貿易収支や経常収支の赤字を続けることができるかという問題がある。この根本的な問題があるからこそ，アメリカ側は過敏になっているのである。実際，この問題はポール・クルーグマン等によって「サステナビリティ問題(sustainability problem)」として論じられている[7]。

　実際のところ，基軸通貨国アメリカといえども，1,000億ドルを超える巨額の経常収支の赤字を永久に続けることはできない。こうした状況が続いていけば，ドルの価値は下落し続け，ドルはやがて基軸通貨としての信認を失うことになる。そうすれば，アメリカは従来のような放漫な対外取引ができなくなり，アメリカ国民の生活水準はいっそう低下してゆき，世界の中心国アメリカという国民的誇りも凋落してしまうことになる。こうした状況がくれば，アメリカの既成政権に対する信頼は地に落ちてしまい，政府要人も地位を失うであろう。こうした事態を回避するには，1,000億ドル規模の赤字を少なくとも80年代前半の水準まで縮小させなければならない。経常収支の赤字削減のためには次のような選択肢がある。①外国為替レート(ドル・レート)の低下を通じた経常収支の赤字の削減，②政治的圧力による対米黒字国の輸出の削減，③自国産業の競争力の回復による経常収支の回復，である。実際に，アメリカが80年代後半から93年ごろまで選択してきたのは，主として①と②であった。しかし，①の

戦略によってドル・レートは固定相場制のときの3分の1に減少したにもかかわらず，経常収支の赤字は減少しなかったし，②による市場開放によっても赤字は減少しなかった。94年6月には，1ドル＝100円の大台を突破し，ドルは徐々に戦前の水準に近づきつつある。アメリカは，基軸通貨国の地位を失うことを望んでいないので，94年半ばには①の為替レートによる対外不均衡の是正は選択肢として選ぶことが次第に困難になってきた。したがって，アメリカは，②と③のいずれか，または両方に力点をおかなければならなくなっている。現に，アメリカはこの②と③を追求している。しかし，アメリカだけの努力では，見通しは明るくない。それだけに，アメリカの対日戦略はきびしいものとなっている。

　資源の少ない島国である日本は，世界貿易を無視して経済成長を維持することはできない。各国と友好的な交易を維持する必要があるが，とくに依存度の高いアメリカ市場を無視することはできない。

　そこで，86年には，首相の諮問機関がいわゆる「前川リポート」を提出した。「前川リポート」は，経常収支不均衡を国際的に調和のとれるものに縮小することを中期的目標に掲げ，内需主導型の経済成長を図るとともに，輸出入構造・産業構造の抜本的な転換を推進することを提言した。具体策としては，内需拡大（住宅対策・都市再開発事業の推進等），国際的に調和のとれた産業構造への転換（国際分業を促す産業構造，直接投資の促進等），市場アクセスの改善・製品輸入の促進（諸規制の緩和，製品輸入の促進）を提言した。金融政策については，為替相場の安定と内需主導型経済の実現に向けて機動的な運営が必要だとした。

　この「前川リポート」に対しては，賛否両論が出されたが，日本政府は概ねこの「前川リポート」の線に沿った形の政策運営を実施したと言えよう。すなわち，内需拡大，市場開放，規制緩和等の政策を実施した。

　しかし，日本政府が「前川リポート」を最優先課題として推進していったかどうかは明らかではない。「前川リポート」に対する反対論は経常収支の黒字を削減することに異議を唱えるものであったが，80年代後半の日本経済の活力

とジャパンマネーは日本の大幅な経常収支の黒字によるところが大きく，それを否定することに反対するものであった。政府や産業界も，建て前としては，「前川リポート」に反対しなかったが，実際に心底この提言に賛成していたかどうか，疑問でもある。もし，本気で貿易黒字を削減する意志があれば，80年代後半の日本の経常収支の黒字はもっと少なくできたはずである。

　日本の経常収支の大幅黒字とアメリカの大幅赤字は，アメリカをいっそう刺激し，日本に対する市場開放の要求はますます激しくなっていった。89年7月には，アルシュ・サミットのさいの日米首脳会議において，宇野総理大臣とブッシュ大統領が日米構造協議を開始することに合意し，約1年間の協議を経た後，90年6月にその最終報告が発表された。

　日米構造協議は，日本市場を対外的に開放してアメリカの輸出を拡大し，日米間の対外不均衡を解消しようとするところにその核心がおかれ，大規模店舗法の緩和，独占禁止法の強化，総額430兆円（向こう10年間）の公共投資等が実施されることになった。

　日米構造協議におけるアメリカの要求は，各種の規制を緩和し，市場機能を促進する内容のものであり，概して日本の消費者の利益に寄与するところも大きかった。各省庁の利害が優先され，規制緩和が遅々として進展しない日本の現状では，外圧が日本経済の構造改革に寄与しうる側面があった。しかし，各業界や各省庁の既得権益と鋭く対立する点も多く，事態の進行は力関係に依存するところも少なくない。他方で，円高の進行が内需拡大のための規制緩和を否応なしに促進する側面もある。94年初めには，細川・クリントン会談で深刻な対立にまで至ったが，細川首相も短期で退陣し，94年6月には2ケタ台の為替レートが現実のものとなった。アメリカとの貿易を重視する以上，アメリカとの交渉が今後とも推進されることになろう。

　外国為替相場による日米貿易のインバランスの解消は長期の時間がかかるとともに，先に指摘したように，ドルの基軸通貨としての地位の存立を危うくするために，アメリカとしては，外国為替相場を通じた調整には限界があり，日本の市場開放や日本の内需主導の経済構造への転換を強く働きかけるととも

表 4-6 各国通貨当局保有外貨の通貨別構成比

(単位:%)

	1975年	80	85	87	88	89	90
円	2.7	4.4	8.0	7.5	7.7	7.8	9.1
米ドル	76.1	68.6	65.0	67.9	64.7	60.3	56.4
英ポンド	1.4	2.9	3.0	2.4	2.8	2.7	3.2
西ドイツ・マルク	10.8	14.9	15.2	14.5	15.7	19.1	19.7
フランス・フラン	1.2	1.7	0.9	0.8	1.0	1.4	2.1
スイス・フラン	1.7	3.2	2.3	2.0	1.9	1.5	1.5
蘭ギルダー	0.8	1.3	1.0	1.2	1.1	1.2	1.2
その他	5.3	3.0	4.6	3.8	5.1	6.0	6.8

(出所) 大蔵省『第16回 大蔵省国際金融局年報』66ページ。

に,アメリカ産業の復興に力を入れることになるであろう。

　一方,日本経済は資源の大部分を外国に依存しており,貿易を軽視することは日本経済の息の根をとめることになり,日本側は依然として輸出を重視した政策をとることになるであろう。ただし,94年6月には円が100円を突破して上昇する事態となり,弱体化しつつある日本企業の体力が持続的な円高にどの水準まで耐えられるかということが大きな問題となる。しかし,現状の経営を続ける限り,早晩,限界が到来するであろう。その場合には,企業の海外進出の激増と産業の空洞化が不可避となるであろう。しかし,表4-6のように,外国当局が保有している円のシェアはきわめて低く,日本経済の規模からいっても,仮に円相場が戦前水準に近づいたとしても,円が今日のドルのような基軸国際通貨になることはないであろう。だが,極端な円高のもとでは,日本経済は従来のようなめざましい経済成長は困難となり,日米摩擦やその他の諸国との対外摩擦が大きくなることが懸念される。

　こういった事態を避けるためには,やはり日本の市場を市場メカニズムが十分に機能する,他の先進諸国並みのオープンな市場にし,日本経済が諸外国の経済成長と両立しうるものに変えていくことが必要であろう。そのためには,腹芸を交渉の基本とするような慣習は止めて,堂々と正論によって論議を展開しあえるように,企業も,政治家も,官僚も自己を変革する必要があろう。むろん,教育界もそれに貢献しなければならない。そうせずに,従来のスタイル

図 4-3　協力預金の仕組み

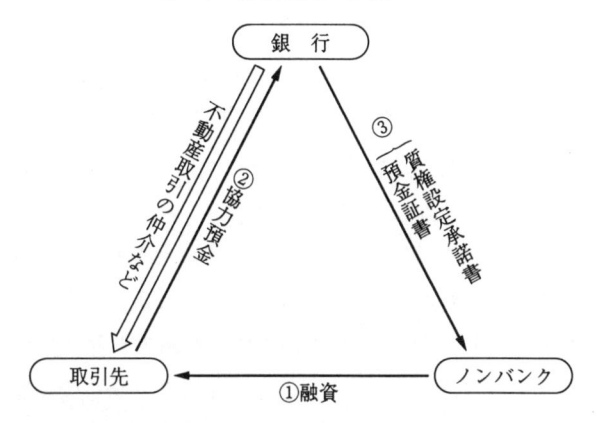

```
              銀　行
            ／▲　　＼
不動産取引   ／｜　　　＼③質権設定承諾書
の仲介など ／②協力預金　＼預金証書
        ／　｜　　　　　＼
      ／　　　　　　　　　＼
   取引先 ←―――①融資―――ノンバンク
```

（出所）NHK企業社会プロジェクト『追及　金融・証券スキャンダル』日本放送出版協会, 1991年, 54ページ。

を貫徹させていけば，経済摩擦が危機的状況になる可能性も否定できない。第二次大戦の教訓を忘れてはならない。

V　金融不祥事

　バブル経済が崩壊していくなかで，銀行や証券会社の金融不祥事が次々に発覚した。金融不祥事はこれまでにも起きたが，バブル期の金融不祥事は，金額の規模や頻度から言って群を抜いており，日本の金融経済や金融システムを考えるうえで，深刻な問題を表面化させた。

　91年7月に，富士銀行赤坂支店における不正融資事件が発覚した。この事件は，銀行の資金に手をつけず，預金証書の偽造や「協力預金」(図4-3参照)などを使って，ノンバンクから融資させる無担保の「錬金術」であった[8]。「協力預金」は期限内に融資が返済されれば，発覚しなかったであろう。中村稔元富士銀行赤坂支店渉外課長は，24のノンバンクから7,000億円の融資資金を引き出し，架空預金証書を操った「東の横綱」と言われた[9]。この事件は，銀行間の貸出競争の激化と業績第一主義がその背景にあった。また，不動産が

高騰し，大蔵省が銀行に対して不動産融資の総量規制を通達したために，銀行がノンバンクを利用するなかで生じたものでもあった。全銀協は，取引が不透明な「協力預金」が不祥事の温床になったため，その廃止を決定した。

住友銀行はイトマン事件にかかわった。「向こう傷は問わない」という磯田元会長が率いた住友銀行は，腹心といわれた河村良彦元常務を社長としてイトマンに送り込み，バブルが膨張するなかでゴルフ場開発や絵画取引に傾斜していった。バブルの膨張を前提としたイトマンの経営姿勢は，河村ワンマン体制のもとで審査機能が麻痺し，バブルの崩壊とともに破綻していった。また，イトマンから3,000億円ものカネが暴力団や関連のある人物に流れていった。河村元社長と伊藤寿永光元常務，許永中トラスト・サービス代表等が，特別背任の罪で逮捕された。その結果，老舗の中堅商社イトマンは住友物産ではなく，もっと小規模な住金物産にきわめて不利な条件で吸収され，消滅した。イトマン事件では，メインバンクとしての住友銀行の姿勢が問われた。また，このイトマン事件の関連では，雅叙園観光への無担保融資で大阪府民信用組合の南野洋元理事長が背任容疑で逮捕された。また，静岡信用金庫が出資していた静信リースは，伊藤元常務の会社に融資して成長したが，融資先の倒産で経営が悪化し，91年4月に会社更正法の適用を申請し，事実上倒産し，バブル崩壊後，最初のノンバンクの倒産となった。さらに，イトマン事件の波紋は各方面に広がっていった。

91年8月には，東洋信用金庫の支店長が預金証書を偽造して，ノンバンク10社から資金を引き出し，大阪の料亭「恵川」の女将・尾上縫に不正融資していた事件が発覚した。尾上は，86年11月のNTT株の購入をきっかけに株式投資を始め，「北浜の女相場師」との異名をとるまでになったが，バブルの崩壊によって破産した。東洋信金は預金額を上回る2,520億円もの債務をつくり，91年10月に事実上解体され，これまた40年の歴史に幕を閉じた。尾上は，東洋信金と木津信用金庫から総額7,425億円の架空預金証書を手に入れ，ピークの90年9月には8,260億円を金融機関から借り入れたが，91年12月時点で4,700億円が返済不能となり，最大の個人倒産となった。また，日本興業銀行大阪支店はピ

ーク時には200億円を超えるワリコーを尾上に販売したが，興銀の中村金夫会長，さらに黒沢洋頭取が引責辞任した[10]。

　証券業界では，91年6月に野村，大和，日興，山一の大手4証券会社が大口顧客に株式・債券運用で生じた損失を補塡していたことが明らかになった。その後，中小証券会社でも大口顧客に損失補塡を行っていたことが判明した。補塡は，ワラント債や株式指数先物をいったん顧客に売って，すぐに高値で買い戻すといった方法がとられた。バブルの崩壊で株価や債券価格が暴落し，バブル期の財テクのツケがまわってきたが，投資家は特金・ファントラを使って投資しており，投資家の自己責任の自覚が希薄であったうえに，運用成績を約束するような証券会社の姿勢がこうした結果を惹起することになった（「ニギリ」と呼ばれる）。こうした大口顧客への損失補塡は，規則違反という問題だけでなく，一部の大口顧客にだけ利回り保証をすることになり，市場を不公正にし，大衆投資家の不信を招くだけでなく，日本の証券市場の非近代性を外国から非難されることになった。

　証券業界最大手の野村証券はバブルが膨張するなかで推奨販売や回転売買を展開して相場づくりを進めたが，このシナリオ相場に広域暴力団稲川会の石井進元会長との不透明な取引が絡んで，89年秋に東急電鉄株の株価操縦疑惑が露見した[11]。野村証券は，89年10月に社内誌『ポートフォーリオウィークリー』で「アメニティー」のキャッチフレーズのもとに東急電鉄を推奨銘柄の1つに選んだ。東証の内部ルールでは，月間に1銘柄の取引が全体の取引の30％以上になる過度の集中売買を禁止していたが，10月19日から4日間で，野村証券は東急株を全体の30％以上を超えて売買し，100支店以上が50％を超える集中売買を行った。こうした状況に市場は敏感に反応し，10月，11月には東急株の1日の出来高が数倍に激増し，価格も急激に上昇した。石井元会長は，10月，11月に少しずつ売って，8億円の利益を得たと見られている。野村は推奨銘柄による相場づくりによって東急電鉄株の株価をつり上げて担保価値を高めたうえで融資を行っており，これは証券取引法第125条で禁じられている株価操縦にあたるのではないかという疑惑が生じた。しかし，多数の市場参加者がいるな

かで，ある人物の利益だけを図ったという特定が困難であるという理由から，結局のところ疑惑は疑惑のままで終わった。すなわち，当時の法律では，不特定多数の顧客が売買した場合，株価操縦の立件は困難であった。株価がこのような動きをすれば，それに参加する顧客は増えるわけで，実際に，株価操縦で立件されたケースは少ない。証取法に欠陥があった。それでも，大蔵省はさすがに放置できなかったのか，野村証券の推奨販売のやり方に行き過ぎがあったとして，本店営業部や主な支店の過半数を最高6週間の営業停止処分にした。しかし，世界的にマネーロンダリング（不正資金洗浄）の取締りが強化されているなかで，世界に冠たる野村証券がアングラ世界と取引をもったことは，外国には大きな衝撃を与えた。

バブル終末期には，銀行員や証券マンが絡んだ金融不祥事が連日のごとく発覚した。こういった金融不祥事の多発は，バブル期にいかに不正取引が常態化していたかということを示している。銀行にしろ，証券会社にしろ，バブルが膨張するなかで，利益追求がすべてとなり，審査機能が麻痺していったことが指摘できる。また，財テクが本格化するなかで，証券取引の監視体制が不十分であったことも，金融不祥事が多発する大きな原因であった。その結果，証取法の改正と証券取引等監視委員会が設置されることになった。しかし，それは大蔵省内におかれ，大蔵省が金融・証券行政のすべての権限を握っていることに変わりはなかった。日本の銀行や証券会社の体質を変えるためには，大蔵省の体質改善が不可欠であった[12]。

なお，91年10月には，こうした一連の証券・銀行不祥事が発覚したことと，富士銀行不正融資事件に元秘書が関与していたために，橋本龍太郎蔵相がその責任をとって辞職した。しかし，そのことによって事態がそれほど改善されたわけではなかった。

実際に，この時期の金融不祥事はその前段にすぎなかった。金融界をとり巻く不祥事は，平成不況のなかで，政界，官界，財界を巻き込んで，日本の戦後システムの根幹を揺るがしていった。これについては，次章で述べることにしたい。

1) 『朝日新聞』1990年1月14日付, 社説。
2) 日本銀行『調査月報』1991年6月号。
3) 同上, 1990年5月号。
4) 経済企画庁『経済白書』1991年版, 200ページ。
5) 経済企画庁『国民生活白書』1991年版。
6) 『日本経済新聞』1992年3月14日付。
7) 竹中平蔵『日米経済摩擦』日本経済新聞社, 1991年参照。
8) 協力預金の仕組みは以下のようである。銀行が取引企業に協力預金を求める。その企業はノンバンクに融資を依頼する。企業は融資された資金を銀行に預金し, 使用しない。ノンバンクは質権設定承諾書と預金証書を企業と銀行から渡される。三者間でこのような了解が成立する。
   銀行は無担保でノンバンクから多額の預金を獲得し, 運用資金を得られ, ノンバンクは高い金利を稼げ, 企業は銀行から便宜を受けられるという利点から, このような協力預金という取引が成立した。(NHK企業社会プロジェクト『追及 金融・証券スキャンダル』日本放送出版協会, 1991年, 53-56ページ参照)。
9) NHK企業社会プロジェクトの同上書を参照。なお, 日本経済新聞社編『宴の悪魔―証券スキャンダルの深層』日本経済新聞社, 1991年, 朝日新聞社編『イトマン事件の深層』朝日新聞, 1992年も参照。
10) 『朝日新聞』1991年12月3日付。
11) NHK企業社会プロジェクト, 前掲書, 172ページ。
12) 奥村宏・佐高信『揺れる銀行 揺れる証券』社会思想社, 1991年, 参照。

第 5 章

平 成 不 況

　90年になると，年初から株価が下落し始め，バブルの崩壊が始まった。株価は，売りと買いが交錯するなかで，「静かなる暴落」となった。景気の歯車が逆に回転し始め，91年第2四半期から実質GDPの成長率が0％台に落ち込み，不況感が強まった。個人消費が萎縮し，設備投資が落ち込み，企業の倒産や失業が増加し始め，平成不況が始まった。

　92年になると，地価の下落も始まった。地価の下落によって，バブル期に行った巨額の不動産融資が焦げ付き，金融機関の不良債権が急増した。

　バブルの崩壊は平成不況を惹起しただけでなく，護送船的金融システムの存続を不可能にし，自民党の長期保守政権を危機に追いやった。世界的には，国際経済の激動が米ソ冷戦体制を崩壊させ，国内的には，国内経済の激変が既存の政治体制を突き崩していった。

　政府・日銀は，何度も公共投資の拡大や株価維持の緊急経済対策を繰り返して，景気の浮揚を試みた。94年半ばに景気が浮揚し始めると，政府・日銀は景気の底入れ宣言を行ったが，その後も平成不況は終わらず，深刻な不況が続いた。バブル崩壊後の実質GDPの成長率は，年度で見ると，90～91年度，95～96年度を除いて0％台か，マイナスである。97年秋には，大型金融機関の倒産が相次ぎ，デフレ色が濃くなり，平成金融恐慌の様相となった。

　本章では，バブル崩壊後の平成不況について検討することにしたい。

I　株価のさらなる暴落

　90年の年初に暴落を始めた株価は，91年第2四半期に景気の後退が鮮明になると，さらに下落していった(図5-1参照)。91年の株式市場は1月4日の大発会で終値2万4,069円をつけて始まり，3月18日には大蔵省の決算期対策もあって2万7,146円と91年の最高値になった。しかし，8月19日には2万1,456円まで暴落し，91年の最安値となった。その後，2万円台前半で推移したが，12月30日に日銀が公定歩合を5.0％から4.5％に引き下げたため，31日には2万2,983円まで回復して引けた。

　92年の株価は，1月6日の大発会で2万3,801円に上昇したものの，1月は下落が続いた。しかし，2月，3月には大蔵省が決算期対策として，公的資金による株価対策を実施し，株価は上昇に転じた。しかし，4月に入ると再び下落し始め，9日には1万6,598円まで下落した。こうして株価が乱高下するなかで，個人投資家の株式離れが進んだ。図5-2に示されているように，家計の株式保有が減少した。とくに，3大都市圏での家計の株式保有が大幅に減少した。

　5月から7月にかけても株価が乱高下し，8月18日には1万4,309円と92年の最安値となり，89年末の3万8,915円のピーク時から63.23％の暴落となった。この日に，政府は「金融行政の当面の運営方針」を発表した。その主な内容は，①中間決算期における株式評価損の償却を本決算まで計上しなくてよいこと，②担保不動産の流動化策を講ずること，③不良資産の処理について税務上の配慮を行うこと，などであった。さらに28日には，総合経済対策が発表され，公共投資の拡充と公的資金による株価の買い支えが実施された。その結果，9月には1万8,000円台まで戻した。しかし，再び下落し始め，12月30日の大納会は1万6,924円で引けた。

　株価の低迷が続くなかで，大蔵省が新株の発行を抑制したことも影響し，企業が株式市場で資金調達することが難しくなった。表5-1に見られるように，

第5章 平成不況 115

図 5-1 日経平均株価の推移

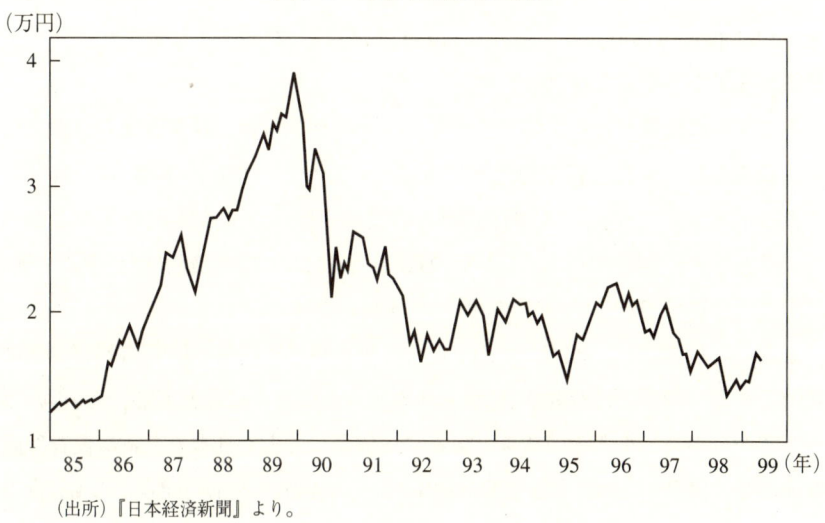

(出所)『日本経済新聞』より。

図 5-2 家計保有の株式資産の増加額の推移

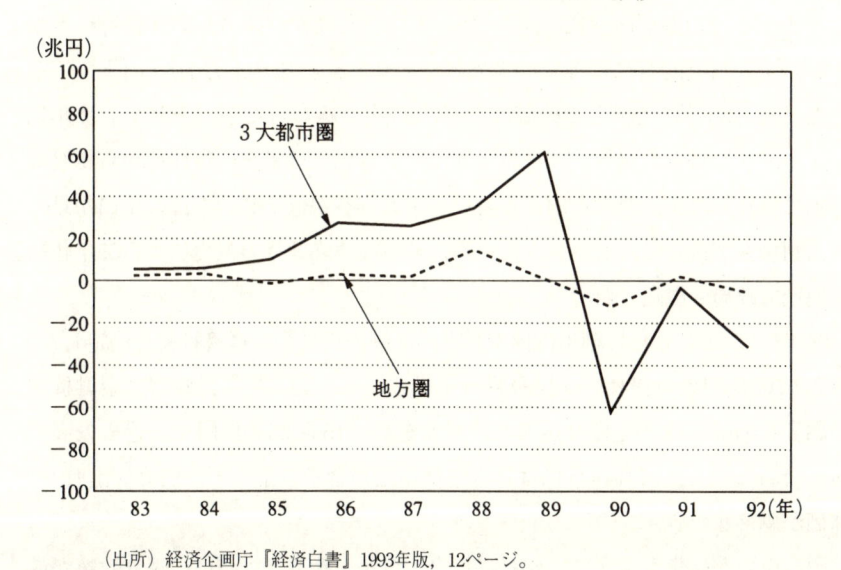

(出所)経済企画庁『経済白書』1993年版，12ページ。

バブルがピークを迎えた89年には全国上場企業が株式によって調達した額は約8兆8,500億円であったが，92年には約4,200億円と21分の1に激減し，資金調達機能を果たさなくなった。

バブル期に企業が行ったエクイティ・ファイナンスは，投資資金の源泉となり，設備の拡大や自己資本の充実にも寄与したが，バブルが崩壊した後には，エクイティ・ファイナンスは株式市場の需給を悪化させる原因の1つとなった。92年12月末の特金・ファントラの残高合計は25兆3,926億円（信託専業7行，簿価ベース）で，92年は4兆7,353億円の純減となった。

東証の時価総額は，84年末の162兆円弱から89年末の611兆円とほぼ3.8倍に急増したが，90年には379兆円に落ち込み，さらに92年には289兆円と89年のピーク時から半減した。その結果，含み益に依存してきた日本の企業は投資計画の縮小を余儀なくされ，金融機関はBISの自己資本比率規制の観点からも，貸出を抑制せざるをえなくなった。

93年9月16日に，政府はさらに緊急経済対策を決定し，日銀は21日に公定歩合を2.5％から史上最低の1.75％に引き下げた。しかし，その効果もなく，26日に株価が1万7,000円を割るに至った。また，大蔵省の益出し抑制指導にもかかわらず，11月29日には93年の最安値を更新し，終値が1万6,078円まで下落した。12月30日に大納会で株価は1万7,417円で終わったが，それでも89年以来4年ぶりに年末の株価が年初を上回った。春先には景気回復期待から相場は堅調に推移したが，急激な円高も響いて企業収益が低下し，不況の出口が見えず，相場も下落した。ゼネコン汚職や，非自民連立政権の誕生による55年体制の崩壊で政局も混迷した。

94年には，2月8日に細川内閣がドタバタ劇の後に総合経済対策を決定した。5兆4,700億円の所得税・住民税軽減を目玉にし，公共事業，政府系金融機関の融資枠の拡大などを盛り込んだ。対策総額は15兆2,500億円で，過去最高であった。しかし，同月14日には日米包括協議が合意に至らず，円高が進行し，株価が急落した。

円高圧力が高まるなかで，4月に社会・自民・新党さきがけの連立政権が成

表 5-1 株式による資金調達状況(全国上場企業)

(単位：億円)

年	株主割当て	公募	優先株	第三者割当て	新株引受権付社債の現金払込分	合計
1989	7,262	58,302		1,022	21,898	88,486
90	8,248	19,753		3,146	6,775	37,924
91	2,180	1,258		1,035	3,603	8,077
92	1,106	40		1,021	2,030	4,199
93	478	73		1,504	6,171	8,227
94	95	1,366	1,000	2,388	4,507	9,357
95	956	330	500	1,602	2,994	6,384
96	3,373	3,054	5,390	2,186	6,735	20,739
97	729	1,280	2,236	3,696	3,680	11,623
98	4	2,842	4,710	6,964	884	15,404

(出所) 東京証券取引所『東証要覧』より作成。

立すると，規制緩和が遅れるとの観測から円が買われ，6月27日には，東京外為市場の終値が戦後初めて100円を突破し，99円93銭になった。株価は円高を嫌って全面安となった。

10月27日に日本たばこ産業(JT)株が上場されたが，初値は119万円で，公募価格の143万8,000円を下回り，12月には90万円まで下がり，バブル期とは対照的な状況となった。

12月には，東京協和信用組合と安全信用組合が破綻したり，メキシコ通貨危機が発生するなど，内外の金融環境が悪化した。それでも，年末にやや円安に振れたこともあって，大納会は1万9,723円で引け，年間上昇率が13.2％となり，93年の2.9％を上回った。

95年は，1月17日未明にマグニチュード7.2の阪神大震災が発生し，死者・行方不明者が6,310人という大惨事となった。震災後の先行き不安で株価が売られ，23日には1万7,785円まで下がった。

2月にアメリカが公定歩合を年5.25％に引き上げたが，円高が進んだ。3月8日には89円15銭に上昇し，戦後初めて90円を突破した。株価が下降し，日本経済は苦境に追い込まれた。

株価の下落が続くなかで，大手証券3社の3月期決算が赤字となり，野村証

券もわずかの黒字にとどまった。都銀も2年連続の減益となり，北海道拓殖銀行が87億円の赤字に転落した。

　4月14日に日銀が公定歩合を1％に引き下げる金融緩和措置をとったが，19日には円相場が一時79円を突破し，最高値を更新した。その後，円相場はやや戻しながらも，円高状況が続き，日本経済のデフレ傾向が強まって，7月3日に株価が一時1万4,300円を割った。

　7月末に東京のコスモ信用組合が破綻し，8月末には大阪の木津信用金庫や兵庫銀行が破綻に追い込まれ，金融機関の破綻が本格化してきた。日銀は，9月8日に同年2回目の金融緩和に踏み切り，公定歩合を1％から0.5％に引き下げ，過去最低水準を更新した。その結果，円相場が100円台に戻り，株価も1万8,000円台を回復した。さらに20日には，政府が12兆8,100億円の公共投資を目玉とする経済対策を決定した。10月7日には，G7が主要通貨の秩序ある反転を歓迎し，ドル高誘導を継続する共同声明を発表した。

　波乱に満ちた95年であったが，景気が小康状態を維持したこともあって，大納会は1万9,868円となり，3年連続で年末株価が年初株価を上回った。

　96年は，株価が，大初会の2万618円から，6月には年初来最高値の2万2,666円まで上昇した。しかし，景気の先行き不安や金融機関の経営不安が続くなかで，12月には消費税の引き上げが決定され，株価が下落し，大納会は1万9,361円で終わった。円相場もこうした状況を反映して軟調に推移し，年初には105円であったが，年末には115円まで下がった。

　97年はとくにきびしい年となった。3月に4大証券の総会屋への利益供与事件が発覚し，4月に消費税が5％に引き上げられ，7月にはタイの通貨危機が発生した。10月に京都共栄銀行が破綻し，11月には三洋証券が破綻し，続いて山一証券，北海道拓殖銀行が破綻に追い込まれた。4大証券の一角の山一証券や，大きすぎてつぶせないと言われた都銀の拓銀が倒産に追い込まれる事態となり，平成金融恐慌の嵐が吹き荒れた。

　政府は11月中旬に緊急経済対策を決定したが，情報通信や土地関連の規制緩和を目玉とし，大型減税等を排除した。しかし，山一や拓銀が倒産する事態に

直面し，財政再建一辺倒だった橋本政権もさすがに狼狽し，12月には補正予算で２兆円規模の所得税および住民税の特別減税を実施するという緊急対策を発表した。

　同年は，内外の金融市場に暴風雨が吹きすさび，大発会の終値は１万9,446円であったが，大納会は１万5,258円で終わり，年初に比べて22％の下落となった。円相場も，年末に129円となり，円安が進行した。

　98年も，前年からの深刻な金融危機が続き，日本経済のデフレ色が一段と強まり，４月には経済企画庁も景気後退を認めるに至った。

　さらに，８月下旬には，ロシア経済危機が激化するなかで，金融再生関連法案の審議が難航し，株価が急落して12年半ぶりに１万4,000円を割り込んだ。10月には，日本長期信用銀行が破綻して金融不安が続くなか，１万3,000円台を割り込み，１万2,879円まで下落し，バブル後の最安値を更新した。89年末のピークから67％の下落という目もくらむばかりの暴落となった。大納会は１万3,842円で引けた。

　円相場は年初が132円で始まり，８月11日に147円の最安値まで下げ，10月８日には111円台まで反騰し，年末には115円で終わるという荒っぽい展開となった。

　99年は，１月に株価が下落したが，３月にはニューヨークの株価が１万ドルを突破するなか，外国人投資家の買いが増え，株価が上昇した。個人投資家の買いも増え，５月７日には１万7,000円台を回復した。

　しかし，４月に国民銀行，５月に幸福銀行が破綻し，金融不安は収まらず，５月下旬には再び１万5,000円台に下落した。６月に，１〜３月のGDP成長率が好調であったことが発表され，情報関連株等を中心に株価が反発し，７月半ばには１万8,500円台を超えたが，ニューヨーク株式市場が乱高下していることや円高が進行してきたことで，東京株式市場も乱高下を繰り返した。

　ただし，10月には株式売買委託手数料が自由化され，インターネットによる株式取引が急増し，株式市場に活気がでてきた。

II 地価の暴落

　株価は90年の年初から下落を開始したが、地価はその後も上昇を続け、90年3月末においても、6大都市圏の住宅地が33.2%、商業地が27.7%という高い上昇率となった。すでに80年代前半までに高くなっていた地価が、さらに上昇した結果、大都市では、一般勤労者にとって住宅を購入することはいっそう難しくなり、一生働いても購入できないほどの高い価格になってしまった。サラリーマンの勤労意欲が衰え、新卒者が社宅の充実度で就職先を選ぶ傾向すら出てきた。土地を持つ者と持たざる者との格差が大きくなり、社会問題化した。このように、地価が暴騰したのは、投機的取引が過熱化し、それを金融機関が資金的にバックアップしたからである。かくして、政府も、90年2月には金融機関の不動産業向け貸出の伸び率を総貸出の伸び率以下に抑制する総量規制を実施するなどして、地価の高騰を抑制せざるをえなくなった。

　91年には景気後退が鮮明になり、値上がり差益を目的にした投機的な不動産投資が減少し、地価の上昇テンポが鈍化した。91年3月には6大都市圏の住宅地の上昇率が2.1%に下がり、商業地も3.3%に鈍化した。92年3月には地価が下落に転じ、6大都市圏について見ると、住宅地が17.9%、商業地が15.3%の下落となった。翌93年3月末には住宅地がマイナス18.7%、商業地がマイナス22.4%となった(図5-3参照)。

　しかし、92年3月末になっても、都銀の不動産担保融資がなお伸び続けた(表5-2参照)。金融機関とノンバンクを合わせた不動産担保融資の総残高は、過去15年間で約5倍に膨れ上がり、200兆円に達した。国民金融公庫の住宅貸付金利が過去最低になり、住宅建設は堅調な伸びを示したが、93年も地価は下落した。価格指数でみると、6大都市圏の市街地は、全用途平均で85年4月末の33.6から91年には103.0まで上昇したが、93年には71.4となり、91年のピークから30.7%の下落となり、住宅地では102.1から68.1とマイナス33.3%も下落した。このように地価が下落してくると、土地神話に依拠した投機的不動産投資は次々と破綻し、不動産業の倒産が激増した。

図 5-3 地価と名目GDPの推移

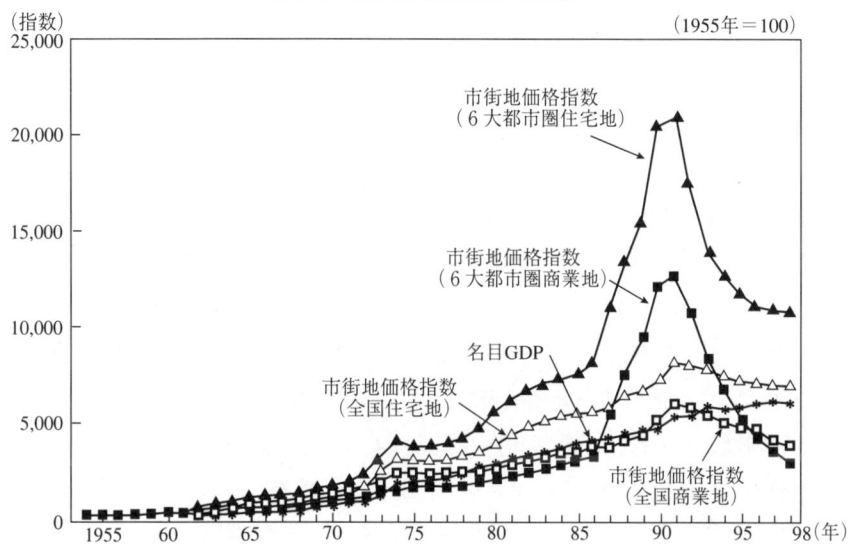

(1955年＝100)

市街地価格指数（6大都市圏住宅地）
市街地価格指数（6大都市圏商業地）
名目GDP
市街地価格指数（全国住宅地）
市街地価格指数（全国商業地）

(注) 市街地価格指数は各年3月時点の数値。
(出所) 国土庁『土地白書』1999年版，92ページより。

表 5-2 全国銀行の不動産関連貸出残高の推移

(単位：億円，%)

年末	不動産業貸出 金額(a)	前年比	貸出合計 金額(b)	前年比	不動産貸出比率(a/b)
1983	116,426		1,810,336		6.4
84	139,360	19.7	2,020,554	11.6	6.9
85	171,739	23.2	2,227,524	10.2	7.7
86	234,983	36.8	2,444,132	9.7	9.6
87	274,577	16.8	2,685,811	9.9	10.2
88	314,486	14.5	2,882,192	7.3	10.9
89	409,857	30.3	3,551,163	23.2	11.5
90	424,269	3.5	3,760,050	5.9	11.3
91	447,248	5.4	3,857,075	2.6	11.6
92	474,873	6.2	3,930,024	1.9	12.1
93	544,489	14.7	4,775,809	21.5	11.4

(出所) 日本銀行『経済統計年報』より作成。

他方で，銀行の不動産業向け融資は増加し続けた。89年末の全国銀行の不動産業向け貸出は89年末に約41兆円だったものが，91年末には45兆円になり，93年末には54兆円に拡大した。貸出総額に対する不動産業向け貸出比率は89年以来11〜12％を維持した(表5-2参照)。93年3月には，1月末，2月末に続いて3カ月連続で不動産業向け融資の伸び率が「警戒水準」を超えた。それでも大蔵省は地方自治体が公共事業用地を取得するため借入れを増やしているという理由で注意を見送った。この頃には，不動産業向け融資は運転目的のつなぎ資金として使われる傾向が強くなった。

　不動産価格が下落し始めた時期にも，金融機関が不動産融資を増加させ続けたことは，金融機関の不動産融資に関する認識の甘さを如実に物語っている。金融機関は，その後，不動産価格の暴落によって不動産融資が回収困難となって巨額の不良債権を抱える結果となり，経営悪化に陥った。しかも，不動産融資に甘い認識しか持たなかった金融機関は，迅速かつ大胆な不良債権処理を行わず，不動産市況の回復を待つ姿勢に出たため，地価の下落が続くなかで不良債権をさらに拡大させていった。その結果，事態がいっそう悪化し，日本経済はどん底に突き落とされることとなった[1]。

　それでも，まだこの当時には，イギリスの金融専門紙『ファイナンシャルタイムズ』が，邦銀の不動産関連融資の不良債権は総額で42兆〜56兆円との推計を発表しているように，後の不良債権総額に比較すれば，少なかった[2]。しかし，金融当局は金融機関の不良債権の実態を公表する姿勢を見せず，むしろ同紙の記事を否定した。市場関係者は疑心暗鬼になり，事態はいっそう深刻になっていった[3]。

　政府・金融当局は，93年9月に，公定歩合を過去最低の1.75％まで引き下げた。景気浮揚を名目にした利下げであるが，すでに最低水準まで下がっている公定歩合の引き下げ効果は著しく減退し，金融機関の救済に主眼があったことは否めない。だが，その結果として，国民の預貯金の利率は過去最低となり，年金生活者だけでなく，一般庶民の所得を金融機関，ノンバンク，財テク企業に移転する結果となった。

かくして，図5-4に示されているように，株価と地価の暴落によって，国民の資産が激減した。なかでも，資産に占める株式と土地の割合が大きく減少し，バブルが吹き飛んだ。

しかし，地価の下落は一時的な調整で終わらず，その後も下落し続けた。95年以降，6大都市圏の商業地価指数は名目GDPの増加を下回っている。

98年には，6大都市圏の商業地は91年のピークから4分の1に暴落し，同住宅地も2分の1に暴落している。92年から98年の7年間に，全国住宅地は23.6％下落し，3大都市圏商業地は64.8％も暴落した（図5-3参照）。

99年においても，下落幅は少なくなったとはいえ，依然として地価の下落が続いており，金融機関の不良債権処理の重荷となっている。

III 需要の低迷

景気が後退するにつれて勤労者家計の可処分所得が減少し，消費が低迷していった。勤労者家計の可処分所得は，前年同月比で90年が4.5％，91年が5.3％の伸びであったが，93年には1％を割り込んで0％台に落ち込み，96年，97年に1％台を回復したものの，98年にはついにマイナス0.2％になり，所得の減少という事態となった。勤労者家計の消費支出の伸びも90年の4.8％をピークにして下がり始め，92年には2.1％，93年には0.7％に減少し，94年にはマイナス0.6％に落ち込んだ。96年と97年はプラスに転じたものの，98年にはマイナス1.1％に落ち込んだ（図5-5参照）。

全国百貨店売上高は90年には対前年比で7.7％の増加であったが，91年には3.6％に低下し，92年には55年以降初めてマイナスに転じてマイナス3.3％となり，93年にはマイナス6.6％まで落ち込んだ。東京では，92年がマイナス5.7％，93年がマイナス9.6％と大都市での減少が目立った（図5-6参照）。スーパーの販売額も，92年にマイナスに転じてマイナス0.3％，93年にはマイナス3.2％に低下した。バブル期には都市部の消費は地方に比較して急増したが，バブル崩壊後には，都市部の消費の減少が著しく，都市部の消費の落ち込みが景気後退

124

図 5-4 国民資産・負債の増減額の推移

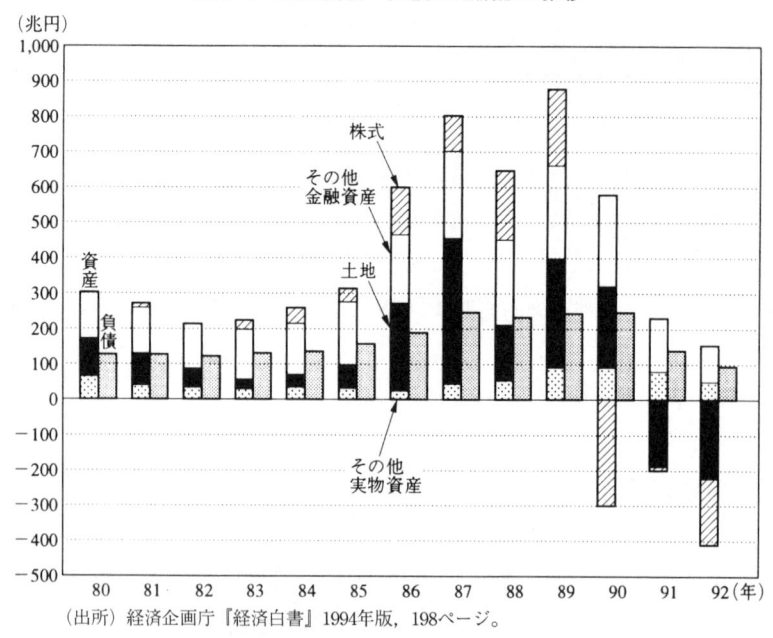

(出所) 経済企画庁『経済白書』1994年版, 198ページ。

図 5-5 勤労者家計消費支出と可処分所得の推移

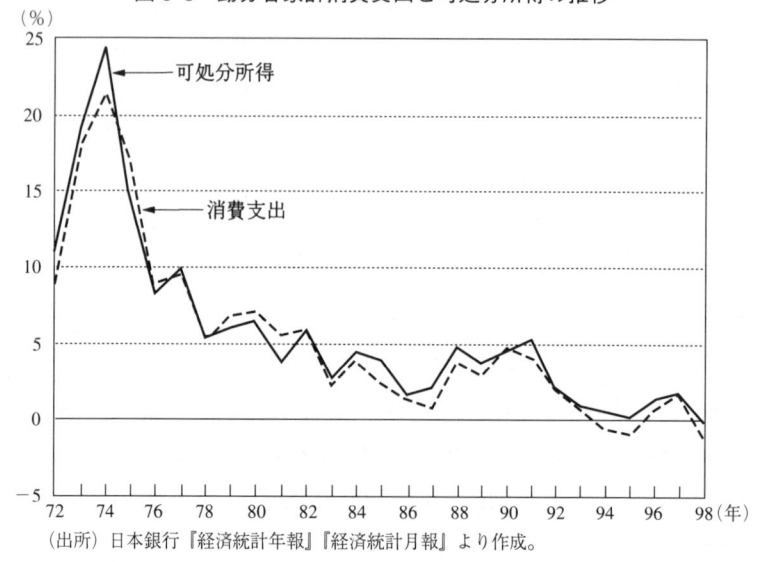

(出所) 日本銀行『経済統計年報』『経済統計月報』より作成。

図 5-6　売上高の推移

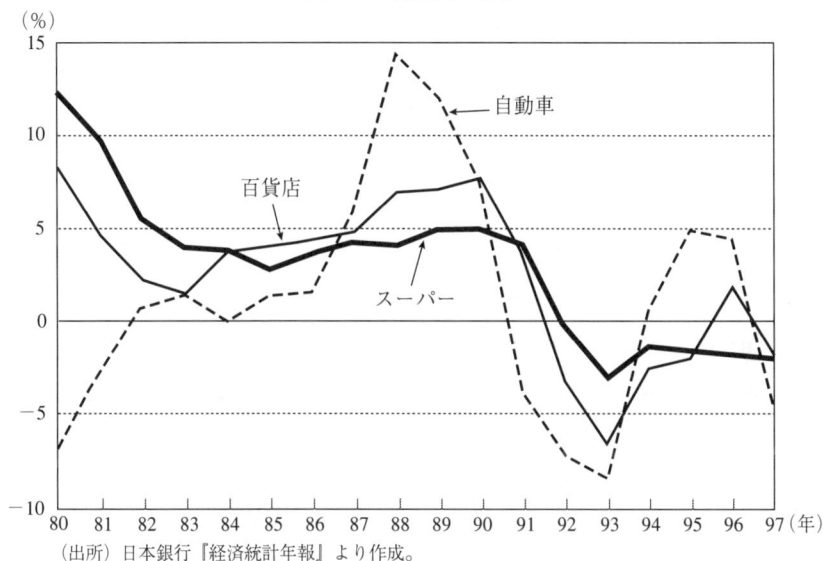

（出所）日本銀行『経済統計年報』より作成。

の大きな原因となった(図 4 - 2 参照)。

　百貨店が売上げを減らす一方で，郊外型大規模店舗を展開するディスカウント店が低価格戦略によって売上げを伸ばした。また，90年代後半には，開店時間が長く，手軽に買い物ができるコンビニエンス・ストアが売上げを伸ばすようになった。

　新車登録台数の推移を見ると，過去にも不況期にはしばしば対前年比増加率がマイナスになったが，今回も91年からマイナスに転じた。90年には，過去最高の597万5000台となったが，91年には574万5000台，92年には533万4000台，93年には488万7,000台に減少した(図 5 - 6 参照)。しかし，バブル初期の84年に400万台であったのだから，93年の488万台という販売量は決して少ない量ではない。バブル期には，自動車の消費はむしろ異常に多く，日本の人口や道路事情などを考慮すれば，国内需要は限界に近づいているであろう。自動車の大量生産と大量消費は，資源の大量消費とともに，大量の排気ガスで大気を汚染し，酸性雨や気管支系疾患の原因となるだけでなく，廃棄物の増加の原因とな

っており，環境保護の観点からも限界に近づきつつあると言ってよい[4]。

新規住宅着工も，91年にはマイナス19.7％に落ち込んで低迷してきた。低金利，減税等の住宅建設促進政策に支援されて，持ち直した年もあるが，97年，98年はそれぞれマイナス15.6％，同13.6％と減少している。

バブルが崩壊すると，一般消費者が奢侈的な高額商品を大量に消費するような行動を避け，選択消費を行う傾向が顕著となり，消費支出が収縮した。さらに，バブル期に財テクで稼いで，投機を続けた高所得層も，バブルの崩壊によって損失を被った者が多く，高い収入を得ていた層の消費も減少した。かくして，GDPの6割近くを占める個人消費の低迷が顕著となった。

このような状況のなかで，97年4月には，政府が消費税を3％から5％に引き上げ，消費をさらに萎縮させた。また，90年代末になると，長期の収益悪化が続くなかで，多くの企業がリストラを実施せざるをえなくなり，失業が増大し，消費者の消費マインドがいっそう冷え込む状況となった。

また，個人消費とともに大きな需要要因である民間企業の設備投資が平成不況下で萎縮した。設備投資は，景気拡大期には増大して景気をいっそう刺激する要因となるが，景気が下降に転じると減少し始めて逆の作用が働きだし，景気をいっそう減速させる要因となる。

図5-7に見られるように，四半期ベースの設備投資は92年にはマイナスに転じ，92年から94年まで，マイナス20％前後の落ち込みとなっており，この間の経済成長を低下させた大きな要因となっている。とくに，自動車，電機など製造業の落ち込みが目立った。設備が過剰になり，93年2月には日産自動車が主力工場である座間工場の乗用車生産を95年末をめどに中止し，3年間で，5,000人を減らすと発表し，自動車・電機各社が相次いで生産規模を縮小した。

95年と96年は，景気がやや浮揚し，設備投資も平均して5％前後の伸びを示した。しかし，98年第3四半期には再びマイナスに転じた。国内のデフレ傾向とアジア経済危機が，企業の投資マインドを低下させた。

経企庁の計算による実質GDPに対する需要別寄与度をみると，国内需要の低迷が92～94年度および97年度の実質GDPを大きく引き下げている（表5-3

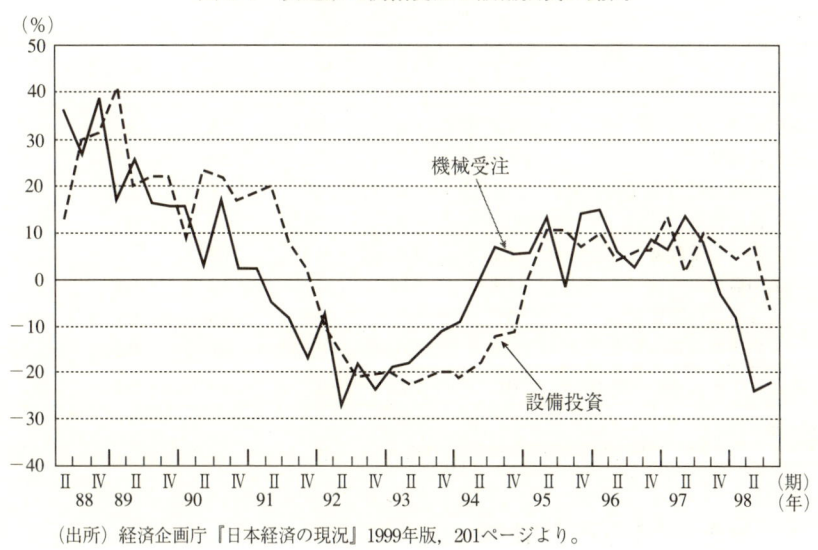

図 5-7 製造業の機械受注と設備投資の動向

(出所) 経済企画庁『日本経済の現況』1999年版, 201ページより。

参照)。とりわけ, 97年度の国内需要はマイナス2.2%の落ち込みとなっており, 民間需要が全般的に落ち込んでいる。92〜94年には民間設備投資, 97年には民間最終消費と民間住宅建設の落ち込みが激しい。公的需要は, 全体として, 民間需要の落ち込みを補完する役割を果たしているが, 96〜97年には橋本内閣の財政再建政策によって, マイナス要因になっている。とくに, 公共事業の抑制から, 公的固定資本形成の寄与度が大幅に落ち込んだ。かくして, 97年は民間需要と公的需要がともに落ち込み, きびしい不況になったことがわかる。外需に関しては, マイナス要因となっている年が多く, 産業空洞化の表れと見てよいであろう。

需要の低迷は企業の収益を悪化させ, 98年, 99年には, 企業のリストラが広範に推進されるようになった。日産は99年に主力工場の村山工場をはじめ, 多くの工場の閉鎖に踏み切った。

表 5-3　GDPに対する寄与度(前年比)

(単位：％)

年度 項目	1992	93	94	95	96	97
国内需要	−0.2	0.6	0.9	3.8	3.5	−2.2
民間需要	−1.6	−0.6	0.7	2.9	3.7	−1.6
民間最終消費支出	0.7	1.0	0.9	1.9	1.7	−0.7
民間住宅	−0.2	0.2	0.4	−0.4	0.7	−1.1
民間企業設備	−1.4	−1.9	−0.4	1.2	1.5	0.1
公的需要	1.4	1.2	0.3	0.9	−0.2	−0.6
政府最終消費支出	0.2	0.2	0.3	0.3	0.1	0.0
公的固定資本形成	1.1	1.0	−0.1	0.7	−0.2	−0.6
財貨・サービスの純輸出	0.6	−0.1	−0.3	−1.0	−0.4	1.5

(注) 実質値。
(出所) 経済企画庁『国民経済計算』No.117より作成。

IV　複合的大不況と経済対策

　91年の第2四半期に実質GDPの伸び率が1％を割り込み，第3四半期には0.7％となり，92年の第1四半期に0.5％，第2四半期にはマイナス0.5％に低下し，景気後退が鮮明になった。すなわち，91年の第2四半期には平成不況に突入したと言ってよいであろう。

　年間ベースでみると，91年には4.3％の成長を維持したが，92年には1.1％に落ち込んだ。93年，94年と不況が深刻化し，実質GDP成長率がそれぞれ0.1％，0.6％と0％台に落ち込んだ。95年には景気がやや好転して1.5％に回復し，96年には5.1％の高い伸びとなったが，翌97年には1.4％に下降し，98年にはマイナス2.8％という戦後最大の落ち込みとなった(図5-8参照)。99年第1四半期には，GDP成長率が回復したが，全体としては低迷しており，依然として平成不況から脱していない。

　この平成不況は，バブルの崩壊によって「逆資産効果」が働いて経済全体が収縮するなかで，生産能力の過剰，金融機関や企業の不良債権の激増，企業や金融機関の倒産の多発，護送船団的諸制度の破綻，国際競争力の低下等の諸要

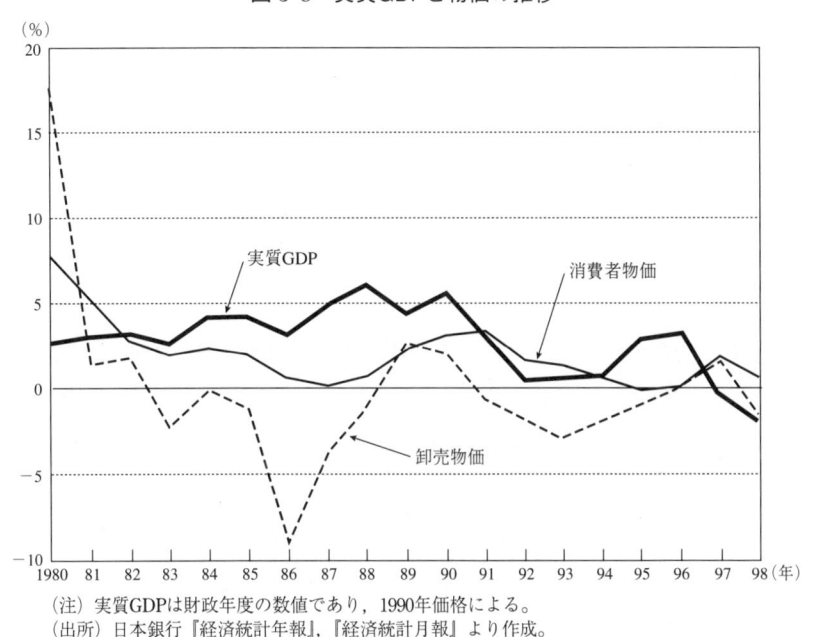

図 5-8　実質GDPと物価の推移

(注)　実質GDPは財政年度の数値であり，1990年価格による。
(出所)　日本銀行『経済統計年報』，『経済統計月報』より作成。

因が複合的に作用して生じた複合不況であると言えよう。換言すれば，過剰生産恐慌，金融恐慌，構造不況が重なった複合不況とも言うことができる。

　平成不況は，歴史的な規模にまで膨張したバブル経済の下で醸成され，バブルの崩壊を契機に生じた不況であり，通常の景気循環による不況とは大きく異なっている。平成不況は期間が長く，戦後日本の経済構造を激変させ，雇用制度，年金制度，社会保障制度等までをも大きく揺さぶっている。平成不況は戦後最大の不況であり，日本の経済・社会にもっとも大きな打撃を与えた不況である。

　平成不況がこのように深刻になったのは，日本の政・官・財の指導的地位にある人たちが戦後長く続いた日本の護送船団的思考方法から脱却できず，対症療法を繰り返し，自然治癒に重きを置く過ちに陥ったことが大きな原因である。事態の悪化が長期化し，最悪の状況に陥ってから，不良債権処理や制度改革に

乗り出したために，国民経済の疲弊はきわめて著しいものとなった。日本企業の株式は世界から敬遠され，先進国の株価が史上最高値を更新し続けるなかで，日本の株価はピーク時の半分にも満たない水準で推移し，円の為替相場も大きく落ち込み，戦後築いてきた日本経済の信頼は大きく揺らいだ。

次に，平成不況の推移と政府当局の対応について概観する。

91年第2四半期には景気後退が鮮明になり，92年予算で政府は公共事業などに充てられる一般財政投融資を32兆2,622億円(10.8%増)に増やし，景気後退に対処した。

景気動向指数の足元の景気を示す一致指数が，91年8月から6カ月続けて，景気が悪いとされる50%を下回った。また，マネーサプライの月中平均残高の前年同月比伸び率は91年8月から11月まで2%台と，過去最低の水準が続いた。

91年の企業倒産は3年ぶりに1万件を突破し，負債総額は8兆1,488億円で，前年の約4倍に急増し，負債総額10億円以上の大型倒産は90年の3.1倍の762件となった。負債が1,000億円以上の倒産は，尾上縫の「恵川」を筆頭に13件にのぼった。不動産業の倒産が目立ち，前年比3.1倍の1,156件に増加した。

92年の第2四半期にはマイナス成長となって景気後退がきびしくなり，8月には，政府が公共投資の拡大，巨額の不良債権をもつ金融機関の支援を中心とした10兆7,000億円の総合経済対策を決定した。会計処理の緩和，課税の軽減，金融機関の不良債権買取機構の設立などを盛り込んだ。しかし，これは，バブル期の金融機関の無責任な営業姿勢を曖昧にしたまま，金融機関を救済しようとするものであり，抜本的な処理を行うものではなかった。もし，このころに，政府が98年頃の決意をもって不良債権処理に取り組んでいたならば，平成不況はもっと短期で軽微のものになっていたことは明らかである。

イギリスの『エコノミスト』誌が「日本がいま直面している問題の出発点である，無謀な利益追求過程での銀行の誤った決定から，銀行自身が守られるだろうと結論すれば，銀行は誤った決定を行い続けるだろう」と指摘した[5]。実際，政府も金融機関も，不良債権を公表して早期に処理するという方法をとら

ず，景気対策や金融政策によって金融機関を側面支援することによって危機を乗り切ろうとする方法を選択し続け，事態を最悪の状態に導いていった。

　93年1月には，不況が続くなか，経団連の平岩会長が記者会見で所得減税や赤字国債発行を容認する発言を行った。この年の春には，新規雇用の内定を出した新卒者に対して内定取り消しを行う企業が増え，かつてない深刻な雇用情勢となった。

　しかし，6月に，三重野日銀総裁が「景気が底を打って明確に回復に転じた状況が景気の底入れとした場合には，まだ判断材料が不足している」との条件は付けたものの，「調整は最終局面で，業種によって明暗が入り交じった状態」だという楽観的な見通しを述べた。この判断は，金融当局がバブルの影響をいかに過小評価していたかを示している。

　7月の一致指数がゼロとなり，また先行指数も40％と3カ月連続で50％を割った。8月には，大不況のなかで，55年の保守合同から38年間続いた自民党政権が倒れ，非自民の細川連立内閣が発足した。9月16日に政府は緊急経済対策を決定し，さらに21日には公定歩合を2.5％から史上最低の1.75％に引き下げた。

　93年の実質GDPの成長率は0.1％となり，マイナス成長であった。74年以来19年ぶりの低水準となった。93年第4四半期の実質GDPの成長率はマイナス0.6％というきびしい落ち込みとなった。円高による輸出額の減少や設備投資の落ち込みが響いた。

　94年もきびしい不況が続き，2月に政府が総合経済対策を決定し，5兆4,700億円の所得税・住民税軽減を目玉にし，公共事業，政府系金融機関の融資枠拡大などを盛り込んだ。3月の全国百貨店売上高は，7,471億円で前年同月比4.0％減で，25カ月連続の前年割れとなり，全国のスーパー売上高は，1兆2,553億円で，前年同月比1.7％減で，19カ月連続の前年割れとなった。

　6月末に東京市場で円相場の終値が戦後はじめて99円台になり，円高による不況の悪化が懸念された。しかし，7月に日銀は景気底入れ宣言を行った。93年の日銀の景気判断といい，日銀の現実認識には甘さが目立った。バブル経済

に対する評価が決定的に甘かった。さらには，日本企業の海外進出が激増し，アジア地域等からの日本への製品輸入が急増し，産業の空洞化の影響も大きくなっている(表5-4参照)。

94年の実質GDPの伸びは0.6％であった。同年度から，再び赤字国債が発行されるようになり，公債依存度も上昇していった。

95年は，1月に阪神大震災が発生し，阪神地区に大きな被害が出た。景気は足踏み状態となり，日銀が4月に公定歩合を1％に引き下げた。7月と8月には，金融機関が連続して倒産し，金融危機が強まり，デフレ色が鮮明になった。デフレと円高が続くなか，日銀は9月に公定歩合を0.5％に引き下げた。91年7月以降の金融緩和局面における9回目の利下げで，過去最低水準を更新した。この頃には，公定歩合の引き下げは，金融機関の救済という性格が強くなった。秋から年末にかけて，円安に振れたことも影響して，景況はやや好転し，95年の実質GDPは0.9％であった。

96年は，1月に橋本政権が誕生し，3年3カ月ぶりに自民党単独内閣が復活したが，住専処理で国会が紛糾した。円安基調のなか，実質GDPの成長率が上向いた。しかし，12月に自民党が消費税の引き上げを決め，景気の先行き懸念が広がった。同年1年間の実質GDP成長率は5.1％という高い水準となった。

しかし，97年には，4月に消費税が5％に引き上げられ，景気が減速し始めた。消費税引き上げは，駆け込み需要を生み出したが，その後の家計支出を萎縮させ，景気を下降させた。7月に，タイのバーツが変動相場制への移行を余儀なくされ，アジア通貨危機が発生した。11月になると三洋証券が倒産して短資市場のデフォルトが発生し，大手金融機関の山一証券と拓銀が資金の調達ができなくなって倒産に追い込まれ，平成金融恐慌の様相となった。

この頃から政府は，何でもやるという姿勢に変わってきた。平成不況が始まった頃に大鉈を振るうことができていれば，危機はここまで深刻化しなかった。「政治家」中心で，経済分野に疎い日本政府は終始もっともまずい対応を行ってきたが，政権が変わるごとに，責任問題は消えてしまい，無責任状態のなかで事態が刻々と悪化していった。橋本政権の最大の失敗は，平成不況の嵐の真

表 5-4　地域別輸入動向

(単位：億ドル)

	1988年	90	92	94	97
世界	1,875	2,353	2,328	2,741	3,386
先進国	927	1,181	1,122	1,305	1,527
アジア	589	681	761	980	1,261

(出所) 日本銀行『日本経済を中心とする国際比較統計』より作成。

っ只中に消費税を引き上げ、財政再建を最悪のタイミングで実行しようとしたことであった。97年の第4四半期は実質GDPがマイナス0.9％に落ち込み、97年の伸び率は1.4％に低下した(年度で見ると、0.4％のマイナスに転じた)。レスター・サローは、「バブル後の混乱を収拾する点から、これまでの実績をみていくなら、日本は環太平洋諸国のうちで、政府の能力がとくに低い国だといえる」と指摘している[6]。

98年第1四半期の実質GDPの伸び率はマイナス3.5％に急落し、不況はきわめて深刻な状況になった。4月には、経企庁が「景気は停滞している」という表現に「一層厳しさを増している」という表現を付け加え、事実上景気後退を認めた。同月下旬に、政府は、財政再建を2年先の2005年度とする、財政構造改革法の改正を行い、16兆円の総合経済対策を決定した。新社会資本を含め、7.7兆円の公共投資を盛り込んだ。また、金融機能早期健全化緊急措置法も成立した。

しかし、デフレ傾向が続き、7月の参議院選挙で景気対策に対する国民の怒りを買って自民党が惨敗した。橋本首相が退陣し、小渕内閣が誕生した。小渕首相の誕生は戦後の伝統的政治手法が終わっていないことを示したが、宮沢蔵相や堺屋経企庁長官の起用等、危機対応型内閣を組閣する努力がなされた。8月11日の衆参両院本会議で、宮沢蔵相は蔵相や首相だったバブル時に適切な対応をしなかったことを謝罪した。

金融再生関連法案の審議が難航したり、ロシア経済危機が影響して、8月末には株価が12年半ぶりに1万3,000円台まで下がり、バブル崩壊後の最安値を

更新した。9月に，日銀は経済のデフレ・スパイラルを回避し，景気の悪化に歯止めをかけるため，3年ぶりに金融緩和を決定し，無担保コール翌日物金利を年0.25％前後で推移するように促した。

10月には，金融機能再生緊急措置法や金融機能早期健全化緊急措置法等の金融再生関連法が成立した。不良債権処理で資本不足に陥っている銀行に公的資金を資本注入して経営の早期健全化を促したり，破綻金融機関の処理の迅速化が図られることになった。金融再生法の施行によって，日本長期信用銀行も一時国有化の形で破綻処理されることになった。

98年には実質GDP成長率がマイナス2.8％に落ち込み，戦後最悪の不況となった。企業が新規採用を抑制するとともに，リストラの動きを強め，日本の失業率が4％台に上昇し，年末には日米の失業率が初めて逆転した。

99年も，年初に円高と株価の下落が進行し，デフレ・スパイラルが懸念された。日銀は，デフレからの脱出を狙って，1月12日に無担保コール翌日物金利の目標水準を年0.15％に低め誘導することに決め，さらに同月下旬にはゼロ金利も容認するようになった。

1月13日に，自民党と自由党の連立政権が発足し，旧自民党のメンバーを中核とする政権が成立し，さらなる政治・経済改革を断行するようになった。

第1四半期はGDPが上向いたが，消費の低迷が続き，失業が増加し，依然として不況が続いている。

日本版金融ビッグバンの完成期日を目前にして景気回復への期待感があるが，早期是正措置法による地方金融機関の破綻処理が開始され，金融不安は終わっていない。

かくして，平成不況は，96年のように一時的に景気が持ち直した年もあるが，90年代後半にはいっそう深刻さが増してきた。不況が長期化するとともに，企業の体力がなくなり，ノンバンクやゼネコンをはじめ，ほとんどの産業で倒産が増加してきた。また，97年には，一般企業だけでなく，金融機関が日常的に倒産するようになってきた。クレジット・クランチ(信用収縮)が発生し，過剰生産恐慌と金融恐慌が同時に現れるようになった。

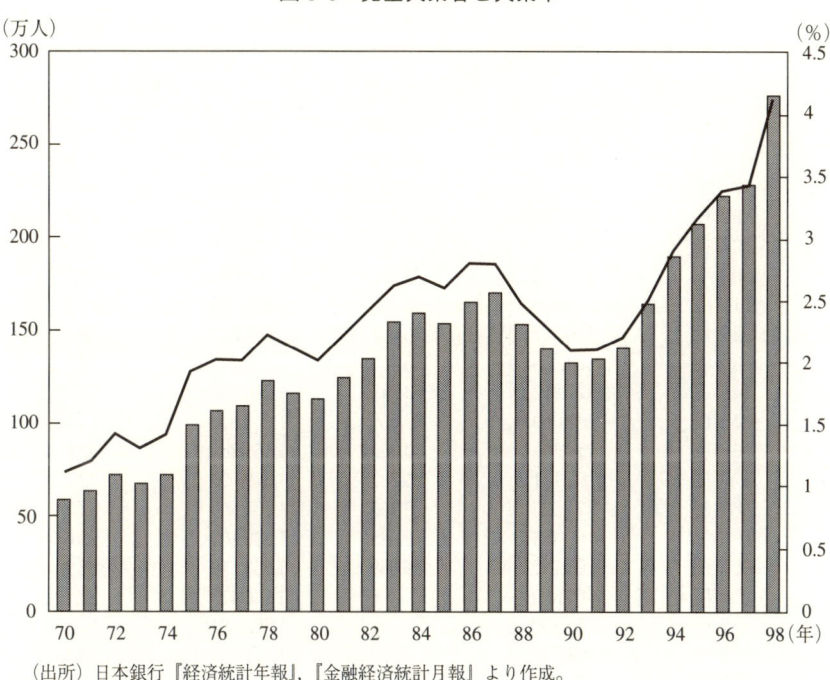

図 5-9 完全失業者と失業率

（出所）日本銀行『経済統計年報』，『金融経済統計月報』より作成。

　失業が増大し，完全失業率は96年，97年に3.4％，98年に4.1％と上昇し，99年6月には4.9％となり，5％に迫った（5-9参照）。失業者が増加するとともに，人々の心理も悲観的な傾向が強くなり，凶悪犯罪が増え，社会不安が増大してきた。

　しかし，政府の従来型公共投資の拡大という景気刺激政策は，平成不況を通じて何度も実施され，総額100兆円を超える額となっているが，その効果は少なかった。他方で，財政赤字は巨額化し，財政に占める公債依存度が危機的状況になっている（表5-5参照）。バブルが崩壊してから10年目に，経済企画庁は，やっと「今から思えば，事態の深刻さに対する認識が甘かったと言わざるを得ない」という認識を示すに至った[7]。

　また，0.5％という公定歩合は，景気浮揚効果がほとんどないばかりか，預

表 5-5 公債発行・残高の推移

(単位:億円)

年度	公債発行高	うち赤字国債	公債残高	名目GDP比
75年度	52,805	20,905	149,731	9.8
76年度	71,982	34,732	220,767	12.9
77年度	95,612	45,333	319,024	16.8
78年度	106,740	43,440	426,158	20.4
79年度	134,720	63,390	562,513	25.0
80年度	141,702	72,152	705,098	28.7
81年度	128,999	58,600	822,734	31.5
82年度	140,447	70,087	964,822	35.3
83年度	134,863	66,765	1,096,947	38.4
84年度	127,813	63,714	1,216,936	39.9
85年度	123,080	60,050	1,344,314	41.5
86年度	112,549	50,060	1,451,267	42.8
87年度	94,181	25,382	1,518,093	42.7
88年度	71,525	9,565	1,567,803	41.3
89年度	66,385	2,085	1,609,100	39.6
90年度	73,120	9,689	1,663,379	37.9
91年度	67,300	0	1,716,473	37.1
92年度	95,360	0	1,783,681	37.8
93年度	161,740	0	1,925,393	40.4
94年度	164,900	41,443	2,066,046	43.1
95年度	212,470	48,069	2,251,847	46.0
96年度	217,483	110,413	2,446,581	48.6
97年度	184,580	85,180	2,579,875	51.1

(出所) 経済企画庁『経済白書』1999年版より。

貯金金利を異常なまでに低下させている。こうした状況が長期間続けられているために，国民生活は圧迫され，年金基金等の資産運用も困難になり，高齢化時代を迎えるなかで重大な問題が生じている。

V 大型倒産と金融機関破綻の多発

1 大型倒産の多発

バブルが崩壊し，平成不況が進行するなかで大型倒産が急増した(表5-6参

表 5-6　最近の主な大型倒産

(単位：億円)

年　月	社　名	業　種	負　債
89年 6 月	新和観光開発	不動産業	3,090
90年11月	共和	鉄骨加工	2,000
91年 1 月	ナナトミ	不動産業	2,863
4 月	静信リース	ノンバンク	2,562
7 月	ジージーエス	ゴルフ会員権売買	2,600
8 月	恵川	料亭	4,300
	マルコー	ノンバンク	2,777
93年11月	本村建設	ゼネコン	5,300
94年 7 月	グランディー	不動産業	1,040
10月	日本モーゲージ	ノンバンク	5,000
11月	兵庫ファクター	ノンバンク	3,692
96年 2 月	アイチ	ノンバンク	1,820
	エクイオン	ノンバンク	2,900
6 月	新京都信販	ノンバンク	3,500
10月	日栄ファイナンス	ノンバンク	9,900
97年 1 月	京樽	外食産業	1,013
7 月	東海興業	ゼネコン	5,110
	多田建設	ゼネコン	1,714
8 月	大都工業	ゼネコン	1,592
9 月	ヤオハンジャパン	スーパー	1,600
12月	日本国土開発	ゼネコン	4,000
	東食	食品商社	6,397
98年 6 月	第一コーポレーション	ノンバンク	4,458
8 月	大倉商事	商社	3,000
9 月	日本リース	ノンバンク	22,000

(注)　大型倒産のすべてではない。住宅金融専門会社 7 社も除外した。
(出所)　『日本経済新聞』より作成。

照)。その多くがバブル期の財テクの失敗によるものであった。

　90年11月に鉄骨加工の共和が2,000億円の負債を抱えて倒産したが，不動産事業の拡大が倒産の主因であった。91年には，1月にナナトミ，4月に静信リース，7月にジージーエス，8月にマルコーがそれぞれ2,000億円台の負債を抱えて倒産した。また，同月には，金融スキャンダルに関連した料亭「恵川」が4,000億円の負債を抱えて倒産し，センセーショナルな話題となった。

93年には11月に中堅ゼネコンの本村建設が負債総額約5,300億円で倒産し，85年8月に倒産した三光汽船の負債総額(5,200億円)を上回る大型倒産となった。1908年に創業された企業だが，バブル期にゴルフ場建設などに手を広げたのが倒産の原因となった。借入れ状況は，大和銀行428億円，南都銀行310億円，日本長期信用銀行230億円，第一勧銀177億円等で，金融機関が協調して資金をバックアップしたが，バブル経済の波に乗った安易な経営が破綻につながった。

94年には7月に不動産会社グランディーが負債1,040億円で銀行取引停止になり，倒産した。東武百貨店と系列ノンバンクの東武クレジットが約600億円の債権を持っており，東武百貨店は債権処理で難題を抱えた。東武クレジットは，86年ころからグランディーの不動産買収費用として貸付を開始したが，グランディーが新宿のセントラルアパートメントを買収する際も同社が融資した。セントラルアパートメントはバブルの象徴であった地価高騰地域にあり，地上げ屋が暗躍して地価をつり上げており，90年前後には1坪の土地が1億円を超えていた。しかし，94年7月には3,500万円程度まで下落し，セントラルアパートメントは2～7階のアパート部分がすべて空き家という状況となった[8]。なお，12月には松崎龍夫前北茨城市長がグランディー側から1,000万円を受け取ったとして逮捕された。

10月に，不動産融資中心の独立系ノンバンク，日本モーゲージが約5,000億円の負債を抱えて東京地裁に特別清算を申請した。バブル期に経営の拡大を図ったが，不動産不況で融資先の経営が行き詰まって融資が回収できなくなり，倒産した。

95年には11月に，兵庫銀行系列ノンバンクの兵庫ファクターが負債総額3,692億円で特別清算を申請した。

12月19日には，村山内閣が経営破綻に陥っている住宅金融専門会社7社を清算し，その処理のために96年度予算で6,850億円を計上することを決定した。平成不況下ではじめて破綻処理のために税金が投入されることとなったが，ノンバンクにすぎない住専の処理に税金が使われるということや金額の算定根拠

が不明確であったために，国会が紛糾した。母体行は，紹介融資(不良案件)等を行ったほか，母体行責任もあり，住専向け債権を放棄したが，農協系金融機関は債権の放棄を渋った[9]。

　96年には2月にノンバンクのアイチが1,820億円の負債を抱えて倒産した。同社は1968年に設立され，有力仕手筋であったが，バブルの崩壊で業績が悪化した。同月には，独立系ノンバンク，エクイオンが約2,900億円の負債で倒産したが，バブル期に不動産担保融資に傾斜したことが破綻の主因であった。

　6月に新京都信販が負債総額約3,500億円で自己破産を申請し，10月に日栄ファイナンスが負債総額約9,900億円で商法に基づく会社整理を申請した。地価の下落で，ノンバンクの経営破綻が多発した。

　97年は大型倒産がとくに多い年であった。1月に外食産業大手の京樽が負債総額1,013億円で会社更生法の適用を申請した。バブル期の海外投資と不動産投資の失敗が破綻の原因であった。

　7月に中堅ゼネコンの東海興業が5,110億円の負債を抱えて会社更生法の適用を申請した。バブル期の不動産開発事業の失敗で巨額の債務を抱えたが，メインバンクの北海道拓殖銀行が支援を継続できなくなり，倒産に追い込まれた。拓銀自体も，東海興業の倒産で経営を大きく圧迫されることとなった。また，月末には，ゼネコンの多田建設が1,714億円の負債を抱えて倒産した。同社は首都圏を中心とするマンション施工を手がけていたが，採算の悪化で倒産した。

　8月にゼネコンの大都工業が負債総額1,592億円で倒産した。同社が45％出資するゴルフ場開発会社が経営難に陥ったうえ，本業も悪化して，会社更生法の適用を申請した。

　9月に中堅スーパーのヤオハンジャパンが，負債総額1,600億円で倒産した。ヤオハンは，積極的な海外展開を行ったが，国内外での過大投資が倒産の原因となった。

　12月には，ゼネコンの日本国土開発が負債総額4,000億円で倒産した。同社もバブル期に手がけた多くのゴルフ場が不良債権化し，経営破綻の原因となっ

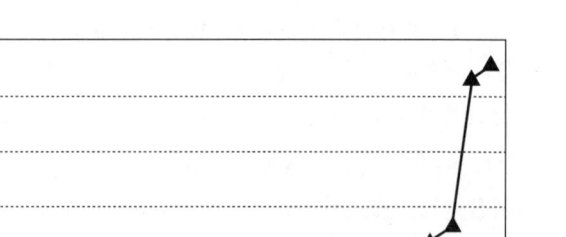

図 5-10 倒産企業の負債総額

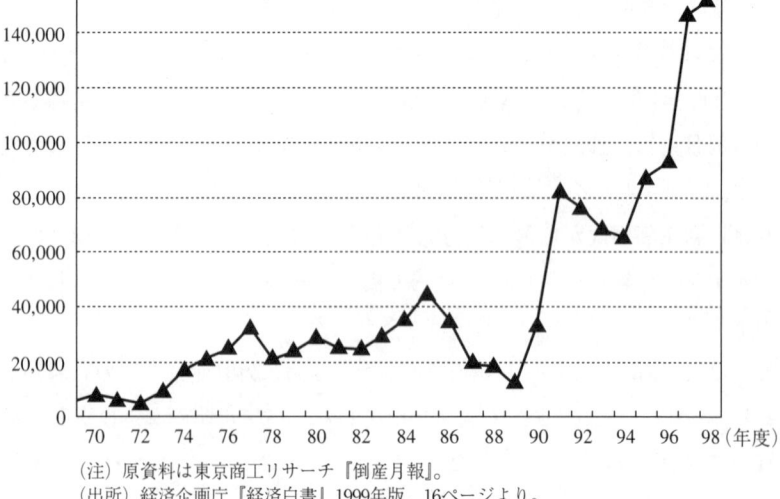

(注) 原資料は東京商工リサーチ『倒産月報』。
(出所) 経済企画庁『経済白書』1999年版、16ページより。

た。さらに、食品商社の東食が負債総額6,397億円で倒産した。経営が行き詰まった大きな要因は、東食ファイナンスの財テクの失敗であった。

98年には、6月に第一不動産系列のノンバンク、第一コーポレーションが負債総額4,458億円で特別清算されることになり、8月に旧大倉財閥グループの中堅商社、大倉商事が負債総額3,000億円で自己破産を申請した。やはり、バブル期に拡大した不動産事業が失敗の主因であった。

9月には、日本長期信用銀行系のリース業最大手である日本リースが会社更生法を申請した。負債総額は約2兆2,000億円で過去最大規模の倒産となった。長銀処理をめぐる与野党協議のなかで関連ノンバンク向け債権放棄が困難となり、日本リースは会社更生法の申請に追い込まれた。これもまた、破綻の主因はバブル期に関連する不良債権であった。

かくして、平成不況が進行するなかで、不動産会社、ゼネコン、ノンバンク、さらには財テクに失敗した一般企業の大規模倒産が多発し、負債総額も激増し

表 5-7　金融機関の破綻

破綻年月	金融機関名
1991年10月	東洋信用金庫
1993年9月	釜石信用金庫
1994年12月	東京協和信用組合
	安全信用組合
1995年7月	コスモ信用組合
8月	木津信用金庫
	兵庫銀行
12月	大阪信用組合
1996年10月	太平洋銀行
11月	阪和銀行
1997年4月	日産生命
10月	京都共栄銀行
11月	三洋証券
	山一証券
	北海道拓殖銀行
	徳陽シティ銀行
1998年10月	日本長期信用銀行
12月	日本債券信用銀行
1999年4月	国民銀行
5月	幸福銀行
6月	東京相和銀行
	東邦生命
8月	なみはや銀行
10月	新潟中央銀行
	北兵庫信用組合

(注) ここでの破綻年月は，破綻申請，業務停止命令等の年月。
(出所)『日本経済新聞』より作成。

た(図 5-10参照)。

2　金融機関破綻の多発

　さらに，平成不況で特筆すべきことは，表 5-7 に見られるように，金融機関の破綻が多発したことである。最初は問題を抱えた弱小金融機関が破綻したが，95年ころから本格的な金融機関の破綻が始まり，97年には大型金融機関まで破綻するに至り，金融危機がピークに達した。
　すでに見たように，91年10月に，東洋信用金庫が料亭「恵川」事件で多額の

債務をつくって事実上解体された。

92年は，4月に東邦相互銀行が来島どっく関連等の不良債権を抱えて破綻し，伊予銀行に吸収合併された。

93年には，9月に釜石信用金庫が地域経済の停滞によって多額の不良債権を抱え，清算されることとなった。預金保険機構が過去最大の260億円，全信連が65億円を贈与した。11月には，大阪府民信用金庫がイトマンがらみの不正融資で破綻して信用組合大阪弘容に吸収合併された。

94年には，12月に東京都内の東京協和信用組合と安全信用組合が乱脈経営で破綻した。両信組はイ・アイ・イ関係等，多額の不良債権を抱えて破綻したが，日銀と民間金融機関が共同出資して設立した「東京共同銀行」によって破綻処理されることになった。このころから，金融機関の本格的な倒産が始まった。

95年には，7月に東京都が都内信用組合最大手のコスモ信用組合に業務停止命令を出し，8月に大阪府が木津信用金庫に業務の停止命令を出した。また同月末には，武村正義蔵相が，兵庫銀行が回収不能の不良債権7,900億円を抱えて破綻していることを明らかにし，清算することを発表した。その資産は新設のみどり銀行に受け継がれた。武村蔵相は，住専を除いて「個別金融機関の経営問題の処理のヤマは越した」という楽観的な見解を表明した。しかし，実際には，この時期から，本格的な金融機関の処理が始まったと言ってよい。

96年には，10月に経営破綻のため太平洋銀行が解散した。太平洋銀行は，前身の第一相互銀行時代に旧最上恒産向け不正融資が表面化し，巨額の不良債権を抱えて経営が行き詰まった。11月には，多額の債務超過に陥った阪和銀行に大蔵省が業務停止命令を出した。

97年になると，生命保険会社や証券会社も含めた金融機関の破綻が堰を切ったように表面化してきた。4月に，大蔵省が，中堅生命保険会社の日産生命に業務停止命令を出し，破綻処理することを表明した。日産生命は約2,000億円の債務超過で経営が破綻しており，生保に対する業務停止命令は戦後初めてであった。

10月には，第二地方銀行の京都共栄銀行が自主再建を断念し，幸福銀行に健

第5章　平成不況　143

全資産を譲渡し，清算することを決めた。

　11月になると，準大手証券会社である三洋証券が会社更生法を申請し，事実上倒産した。三洋証券は88年に世界最大のトレーディングセンターを建設し，拡大路線を突っ走ったが，バブルの崩壊で経営が悪化し，株価が100円を割り込み，市場から資金が調達できなくなって倒産に追い込まれた。この三洋証券の倒産は，国内の短期金融市場でもデフォルト（債務不履行）が発生するということを市場関係者に認識させることとなり，金融危機が強まった。

　続いて，大手証券の山一証券と都銀の北海道拓殖銀行が市場で資金調達ができなくなり，相次いで破綻した。山一は，2,000億円を超える簿外債務が表面化するとともに，「飛ばし」の疑惑も浮上して，破綻に追い込まれた。拓銀は，10月にアメリカの格付け機関からダブルBの「投機的」格付けに引き下げられ，邦銀のなかでも最低の評価を受けており，預金の流出が加速し，短期金融市場からの資金調達も困難となり，破綻した。

　さらに同月には，第二地銀の徳陽シティ銀行が預金流出や短期金融市場からの資金調達難から破綻に追い込まれた。その資産は，第二地銀の仙台銀行等に分割譲渡された。

　「大き過ぎてつぶせない」と言われた都銀や4大証券の一角が破綻する事態となり，日本の金融システムに対する信頼が一気に崩れ，市場関係者は疑心暗鬼に陥った。同時に，大蔵省に対する信頼も地に落ち，戦後の護送船団的金融システムが総崩れとなった。このころからおよそ1年間は金融平成恐慌のクライマックスとなった。

　98年には，10月に日本長期信用銀行が破綻し，金融再生法第36条に基づく特別公的管理（一時国有化）となり，46年の歴史に幕を閉じることとなった。日本経済の成熟とともに長期信用銀行の存在意義は希薄化したが，長銀の破綻は乱脈経営と改革努力の欠如によるところが大きかった。戦後初めての金融機関の国有化のケースとなった。預金と金融債は全額保護された。12月には，長期信用銀行に属する日本債券信用銀行が破綻し，一時国有化されることとなった。

　なお，この2つの長期信用銀行の処理に関しては，不良債権隠しに大蔵省が

関与したとの疑惑があり，大蔵省の金融行政の責任が問われた[10]。

99年には，金融ビッグバンの終了を目前にして，金融再生法による金融機関の整理・統合が進められるようになった。4月に，第二地銀の国民銀行が，金融再生委員会から98年9月期に債務超過であると認定され，破綻処理されることとなった。

5月には，幸福銀行の自己資本比率が早期是正措置の定める4％(国内業務)を大きく下回る0.5％程度にすぎないことが判明し，同行に初めて早期是正措置が発動され，破綻処理されることになった。

金融監督庁は，98年秋から地銀，第二地銀の一斉検査を実施し，自己資本比率が国内基準の4％を下回ることが確実になった時点で，早期是正措置を発動し，資本充実策等の提出を命じるようになった。

6月には，東邦生命が2,000万円の債務超過に陥り，金融監督庁から保険業法に基づく業務の一時停止命令を受けた。同社には，約150万人の保険契約者がいたが，貯蓄性の高い商品については，保険金が減額される可能性が高い。

また同月には，第二地銀の東京相和銀行が金融再生委員会に破綻処理を申請した。同行は99年3月期決算で自己資本400億円，自己資本比率2.42％と発表していたが，金融監督庁は同行がすでに98年9月末時点で約1,200億円の債務超過に陥っていた検査結果を通知し，同行に早期是正措置を発動した。

8月には，第二地銀のなみはや銀行が金融再生委員会に破綻処理を申請した。99年3月期で1,000億円を超える債務超過に陥り，自力再生は困難と判断した。同銀行は，経営不振に陥った旧福徳銀行と旧なには銀行が98年10月に合併して発足したが，経営の改善を図れず，10カ月で破綻した。

10月には，金融再生委員会が新潟中央銀行を破綻認定した。また，同月に，クレスベール証券のプリンストン債による損失のために北兵庫信用組合が破綻した。

戦後では例を見ない，このような金融機関の破綻の多発は，金融機関がバブル期に行った無謀な不動産投資等の失敗に主な原因があった。多くの金融機関において，近代的金融理論とチェック機能が欠如していた。また，大蔵省を中

表5-8 日本の貿易の円建比率

(単位：%)

	1980年	85	90	93	96
輸 出	29.4	39.3	37.5	42.8	35.9
輸 入	2.4	7.3	14.5	18.2	20.5

(注) 93年と96年は3月の数値。
(出所) 大蔵省『国際金融年報』より作成。

心とする戦後の護送船団的な金融行政が，金融機関の安易な経営体質を醸成したことも否定できない。そして，金融機関の巨額の不良債権と経営破綻の多発が，平成不況を深刻かつ長期化させた最大の原因となった。

日本版金融ビッグバンは，日本の金融機関の競争力や健全性の育成を主な目標の1つとしており，財務内容の悪い金融機関の淘汰はさらに進むものと思われる。

Ⅵ 急激な外為相場の乱高下

平成不況のなかで，円相場はきわめて複雑な動きを辿った。景気が下降し，株価が下落を続けたにもかかわらず，円相場は乱高下を繰り返しながらも，急騰していった。96年に軟調となり，97年に平成金融恐慌の色彩が濃厚になるなかで急激な円安に転じ，99年後半には再び円高傾向となった。

91年は，貿易黒字が1,030億と初めて1,000億ドルの大台を突破して過去最高となり，経常収支の黒字も729億ドルを記録し，前年のほぼ2倍に激増した。

同年には，円建て比率も過去最高となった。東南アジアやヨーロッパとの貿易が拡大し，アメリカ向けの比重が低下したのが直接の原因であった。円が決済通貨としての地位を高めて，91年の輸出決済に占める円建ての比率は約40％に上昇した。しかし，輸入の円建て比率は15.6％に上昇したものの依然として低い水準である。円建て比率が上昇しているとはいえ，日本の生産額の世界経済に占める割合からみても，円がアメリカのドルに代わって，基軸国際通貨に

なることは考えにくい(表5-8参照)。

　93年度には、貿易黒字が前年度比で10％増の約1,220億ドルとなり、過去最高を更新した。出超額では、アジア向けが559億ドルで、初めてアメリカ向けの511億ドルを上回った。80年代後半の円高時に対外進出した日本企業が現地生産向けの部品輸出を増やしたのが大きな要因である。

　85年のプラザ戦略以降、ドルが大幅に下落し、円が大幅に上昇したが、FRBの調査リポートによると、85年から92年までの間にアメリカの輸入製品の量はアメリカ国内消費の3倍以上であり、80年から85年までの間の3.5倍と大きな違いがなかったと報告している[11]。つまり、ドル相場の従来の変化では、アメリカの輸入は抑制できない状況にある。実際、アメリカは、91年を除き、84年から15年以上も毎年1,000億ドル前後の経常収支の赤字を累積させている。

　このような国際収支のインバランスの下で、円相場が傾向的に上昇していった。92年の外為相場も、90年、91年と同様に、年初は軟調であったが、秋口には円高に転じた。9月に、ポンドやリラが急落して欧州通貨危機が広がるなかで、28日に円相場が変動相場制以後はじめて119円台に上昇し、4年9カ月ぶりに史上最高値を更新し、30日には118円台まで上昇した。しかし、10月以降は、クリントンが大統領に選出されて、120円台で推移した。

　93年には、8月17日に100円40銭に円相場が上昇し、変動相場制に移行してから20年後に、1ドル＝100円時代になった。その後、円安に振れ、12月27日に111円の円安で引けた。

　94年は、2月の日米首脳会談で包括経済協議が物別れに終わったのをきっかけに円高が進み、4月末に100円に接近した。6月27日には、東京市場で終値が戦後はじめて99円93銭に突入し、2ケタ時代になった。株価は円高を嫌って、急落した。11月2日には96円11銭まで上昇し、同年の最高値を付け、年末には99円93銭で引けた。

　95年は、年初の100円台から4月19日には79円75銭に急騰し、80円を突破して戦後最高値を更新した。7月まで80円台の相場が続いたが、7月7日に金融緩和策が実施されたのをきっかけに相場が反転した。8月2日に大蔵省が「円

高是正のための海外投融資促進政策」を発表したり，日米協調介入などが実施されたこともあって，9月には100円台まで下落した。

　96年は，105円に始まり，2月に103円台を付けたが，景気の先行不安や金融機関の経営不安などが影響して，全体として相場は円安基調に転換した。12月中旬に自民党が消費税の引き上げを決めたため，先行き不安から株価が下落し，円も全面安の展開となった。この年の外為市場は同年最安値の115円台で終わった。

　97年も円安が進行し，116円で始まった円相場は129円で引けた。5月には通貨当局が円安牽制発言を繰り返し，一時110円台まで急伸する場面もあったが，日本の不況とアメリカの好況との格差が広がったうえに，大型金融機関の破綻を伴う金融システム不安が重なり，円安が進行した。この年は，アジア通貨危機が発生したが，その1つの要因として，アメリカのヘッジファンドが注目された。

　98年は，4月に改正外為法が実施された。年央にかけて円が急落する展開となった後，年末に反転するという急激な乱高下の年であった。不況の深刻化を背景に円が売られ，132円で始まった円相場が，6月8日の東京外為市場で約7年ぶりの140円台の円安となった。8月11日には147円の最安値まで下げたが，9月の金融緩和措置の実施を転機に反騰して，10月8日には111円台まで上昇し，年末には115円で終わった。なお，同年4月の改正外為法の施行は，外貨預金や外債投資を増加させ，円安要因として作用した。

　99年の前半には，円安が進んだが，その後，円高に転じた。日本政府は，円安誘導で景気浮揚を狙ったが，11月末には101円台まで上昇した。安値は5月20日の124円であった。

　日本の巨額の貿易黒字とアメリカの巨額の貿易赤字という対外不均衡はいっこうに解決されず，円高圧力が依然としてくすぶっている。他方で，日本経済は長期かつ深刻な平成不況から脱出できずに苦しんでいる。このような状況が続くなかで，円相場は，その時々の内外の諸情勢の影響を受けつつ，ボラタリティー（不安定性）を強めている。

図5-11 円の対ドル相場の推移

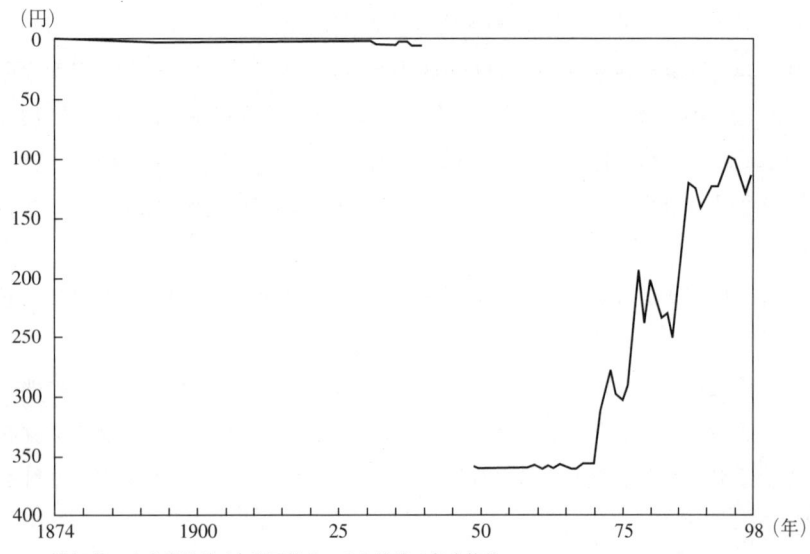

（注）第二次大戦以前は年間平均値，それ以降は年末終値。
（出所）日本銀行『日本銀行百年史』資料編，『経済統計年報』，『金融経済統計月報』より作成。

　なお，円相場の歴史を見ると，円が誕生した1874年には，円とドルの金の含有量が同一であったため，1ドル＝1円であった。しかし，戦時体制が強化されるなかで，金本位制度が停止されて通貨が増発され，通貨が減価し，太平洋戦争の火蓋が切られる前の1940年には，円相場は1ドル＝4円台に下落した。

　しかし，円相場に決定的な打撃を与えたのは，第二次大戦であった。円相場は，戦争による日本経済の疲弊と戦後インフレーションによって大暴落した。49年のドッジ・ラインで1ドル＝360円というセントラル・レートが決められ，円は劇的な円安相場で外為市場に復帰することとなった。その後，日本経済は高度成長を実現し，その地位を高めたが，71年にニクソン・ショックが生じるまで，このレートが維持された。変動相場制への移行が始まると，円相場が急速に上昇していった。外為相場の激変は実体経済に対する影響が大きいために，内外の金融当局が様々な形で相場の調整を図っている。しかし，長期的に見れば，変動相場制の下で乱高下しつつも，日本経済の成長を反映して，円相場の

上昇傾向が見られると言ってよい(図5-11参照)。

Ⅶ 政，官，財の腐敗

バブルが崩壊する過程で金融業界の不祥事が多発したが，平成不況が進行するなかで，政界，官界，財界に及ぶ不祥事が次々と発覚し，その腐敗が問題となってきた。

92年に，阿部文男元北海道・沖縄開発庁長官が共和から8,000万円のわいろを受け取った容疑で逮捕された。共和をめぐる詐欺事件の捜査が，政界汚職事件へと発展した。これは，阿部元長官が，89年から90年の長官在任期間に，北海道のリゾート開発に絡んで共和からわいろを受け取った事件であった。この背景として，国の低利融資や開発規制の緩和を可能としたリゾート法をあげることができる。

また，同年には，東京佐川急便事件が発覚し，同社から5,300億円が稲川会関係の企業や仕手筋の平和堂不動産グループなど，東京佐川急便の周辺企業に流れたことが判明した。

93年3月には，東京佐川急便事件の中心人物の一人であった金丸信元自民党副総裁が，割引金融債等を使った脱税容疑で逮捕された。総額18億5,000万円の所得を隠し，約10億4,000万円を脱税した容疑であった。同副総裁は，中曽根政権以来ほぼ一貫してキングメーカーとなり，自民党のオピニオンリーダーになってきた。山梨県建設業協会は選挙のたびに少なくとも5,000万円のヤミ政治献金を届けていたという[12]。

金丸事件は，『朝日新聞』社説が言うように，「数億円という額は一般の国民にとって，目のくらむような大金である。それを軽々と脱税できる政治家とは何なのか。また，それを実力者としてあがめ，政権獲得のために辞を低くせざるをえない政治とは何なのか」[13]という疑問を国民のなかに強めた。また，こうした人物が日本の政治を動かしていたことに対して国民の不満は行き場のないところまできていた。

ところが，金丸事件が追及されるなかで，ヤミ献金がらみで，90年度と91年度の両年度で約32億円の使途不明金が大手総合建設・鹿島にあることが判明した。また，同期間に清水建設に62億4,000万円，大成建設に55億8,000万円の使途不明金が判明した。

　6月には，石井亨仙台市長が公共事業をめぐる収賄，本田茂ハザマ会長，同加賀美彰社長，上野晃司清水建設副社長らが贈賄の容疑で逮捕された。7月には，竹内藤男茨城県知事が公共事業に関連するハザマからの収賄容疑で逮捕された。

　9月には，本間俊太郎宮城県知事が公共事業の発注にからんで逮捕された。10月には宮城ルートで大成建設橋本喬副社長が逮捕され，また茨城ルートで清山信二鹿島建設副社長が逮捕された。かくして，一連のゼネコン汚職へと発展していった。

　ゼネコン汚職が続くなかで，国民の政治不信はますますつのっていったが，7月の総選挙では自民党の一部が分裂し，新生党，日本新党などが躍進し，社会党も惨敗した。その結果，長期の保守体制であった55年体制が崩壊し，8月には非自民・非共産の細川連立内閣が発足した。翌94年4月には，ついに石川鹿島会長も日商会頭を辞任した。

　すでに見たように，65年以降は，景気対策のために，長期国債が発行され，公共事業の拡大政策が推進されてきた。不況でも儲かる業種として大手ゼネコンは巨利をむさぼってきた。また，この業種はバブル期の建設ブームの恩恵をも得てきた。しかし，その裏では，財界と政治家の癒着・腐敗が進行していた。日本の長期の保守政治が続くなかで，建設業界では談合が広く行われており，財界も政治家も腐敗に対して麻痺状態となっており，55年体制は倒れるべくして倒れた。

　95年12月に，旧東京協和，旧安全信用組合の乱脈融資事件の捜査のなかで，元労働大臣の山口敏夫代議士が逮捕された。94年に両信金から実姉のゴルフ場経営会社，むさしの厚生文化事業団に対して行われた約27億円の追加融資に関して，両信金の高橋理事長，鈴木理事長，実姉らと共謀して両信金に損害を与

えた背任容疑であった。

　また，98年4月には，金融機関から過剰接待を受けたとして，大蔵省の職員112人が処分を受けた。杉井孝審議官，長野厖士証券局長が辞任し，32人が懲戒処分となった[14]。

　また，大手企業による総会屋への不正な利益供与事件が次々に発覚した。かかる事件の背景には，株式の相互持合いに基づく日本独特の企業システムが株式会社のチェック機構を形骸化している事情がある。コーポレート・ガバナンスの視点からだけでなく，21世紀の証券市場の活性化にとっても，かかる問題が改善されねばならない。そのため，会計基準の国際標準化や監査役や公認会計士の業務がいっそう重要になってきている。

　かくして，バブルの崩壊によって生じた平成不況は，戦後日本が抱える諸問題を浮き彫りにし，社会・経済構造の抜本的な改革を推し進める決定的な契機となった。金融行政においては，大蔵省にその権限が集中していることが問題となり，その権限が分散されることになった。他の諸改革も進んでいるが，明らかとなった問題点が改善されることが望まれる。

1)　経済企画庁は，最近になって，「バブル崩壊の10年間」を再検討し，不良債権問題の処理の遅れの原因として，「『起きると困ることは起きないことにする』という意識が官民双方に強かったこと」，「横並び重視の意思決定の下で処理の先延ばしが行われてきた」こと，「情報開示のルールや会計原則も現実を直視しないで済むようなものであった」こと，を指摘している(経済企画庁『日本経済の現況〔1999年版〕』大蔵省印刷局，1999年，177-178ページ)。なお，同書は，「資産価格の変動は，バブル崩壊後の景気後退期には，かなり大きな成長引き下げ要因となった」ことも認めている(同上書，125ページ)。
2)　*Financial Times,* May 16/May 17, 1992.
3)　金融機関の不良債権に関するディスクロージャーが不十分であり，そのために不良債権処理が遅れたことは言うまでもないことであるが，最近になって官庁の一部からもその指摘がされるようになった(同上書，136ページ)。
4)　環境庁「酸性雨対策検討委員会」は，88〜92年の調査結果として，5年間の平均値は4.8で，「依然，欧米と同程度のオレンジ果汁並の酸性雨が降っていることが分かった」と発表した。日本の酸性雨がヨーロッパ並みになり，樹木を枯死させている調査結果が判明した。樹木への酸性雨被害の可能性を同庁が公式に認めたのはこれが初めてである。また，日本海側の観測結果について，

中国, 韓国の大気汚染が季節風で運ばれてきている可能性を具体的に言及した。『毎日新聞』94年7月5日付。
5) *The Economist*, September 9-15, 1992.
6) Lester C. Thurow, *Japan's Economic Recovery*, 1998.（山岡洋一・廣瀬裕子訳『日本は必ず復活する』TBSブリタニカ, 1998年), 邦訳48ページ。
7) 経済企画庁『経済白書』1999年版, 大蔵省印刷局, 1999年, 1ページ。
8) 『日本経済新聞』1994年7月7日付。
9) この問題では, 大蔵省が農水省と密約をかわしており, これを根拠に, 農協側は債権放棄に抵抗した。
10) 国会で問題になり, 宮沢大蔵大臣は, 当時としてはやむをえなかったと答弁しているが, 大蔵省の金融行政に問題があったことは否定できない。
11) Thomas Klitgard, 'The Dollar and U.S. Imports after 1985' *Economic Review* (Federal Reserve Bank of New York), Vol. 18, No. 3, 1993.
12) 『朝日新聞』1992年3月8日付。
13) 『朝日新聞』1993年3月7日付社説。
14) 不祥事については, 『日本経済新聞』, 『朝日新聞』のほか, 『朝日年鑑』(朝日新聞社)各年版を参照した。

第 6 章

バブル経済の再検討

　先の諸章においてバブル経済の実態とその結果について見てきたが，本章では，改めてバブルの概念やバブル経済について考えるとともに，またバブル経済はいかなる教訓を残したのかということについて検討することにしたい。

　日本のバブル経済に関する著作がいくつか発表されているので，これらの研究についても言及し，また1929年大恐慌と30年代不況の教訓についても若干の検討を行い，日本のバブル経済と金融経済の特質や問題点について見ることにしたい。

I　バブルの概念

　経済用語としての「バブル」という言葉は，日本においては比較的最近になって多用されるようになった言葉である。ちなみに，野口悠紀雄著『バブルの経済学』(日本経済新聞社，1992年)によれば，『日本経済新聞』のなかでバブルという言葉を含む記事は，85～88年までは毎年1ケタ台であったが，89年になって11件，90年に194件，91年には2,546件というように激増し，90年代になってからバブルという言葉が広範に使用されるようになった[1]。経済学の分野でも，日本では90年代までは，バブルという言葉は，それほど使用されなかった。むしろ，「資産インフレ」とか「金融の肥大化」というような言葉が使わ

れることが多かった。欧米では，幾度かはなばなしいバブルを経験したこともあって，専門書でもバブルという言葉が少なからず使用されている。

ところで，この「バブル」という用語はどのような概念として用いられているかという点では，必ずしも明確な見解の一致があるとは言えない。しかし，「バブル」という言葉によって，端的に表現されうる経済事象があることは否定できない。

野口悠紀雄氏は，「『バブル』は曖昧な概念ではなく，少なくとも形式的には，明確な定義のあるものなのである」と言い，「『バブル』とは，資産価格のうち経済の実体から離れて上昇した部分をいう」[2]と述べている。また，「実際の資産価格とファンダメンタルズ価格との差は，『バブル（泡）』と呼ばれる。つまり，『バブル』とは，現実の資産価格のうち，ファンダメンタルズで説明できない部分を指す」[3]とも述べている。また，宮崎義一氏も，「信用供与の急増に裏付けられながら発生するファンダメンタルズ価格を超えた資産価格の高騰こそが"バブル"である」[4]と述べている。

このような見解は，バブルの概念をうまく表現しているようにも見えるが，「ファンダメンタルズに基づく価格」とは何かを問えば，ただちに疑問に突き当たる。つねに投機がかかわり，時価から算定される株式や土地などの資産価額について，そもそも「ファンダメンタルズに基づく価格」なるものが存在するのかどうか，はなはだ疑問である。たとえば，60年代後半には，年平均の日経平均株価はおよそ100～400円の幅で変動し，70年代後半には200～700円の幅で変動し，80年代前半には600～1,700円の幅で変動した。「ファンダメンタルズに基づく価格」を推計する簡単な例として，GDPの成長率と比較する場合も多いが，GDPの成長とは必ずしも対応していない。地価の変動については，もっと複雑である。かくして，野口氏自身も「『ファンダメンタルズ価格』の測定が難しい」ために，「現実のデータでバブルがどの程度あるかを推定するのは，極めて難しい」[5]ことを認めている。また，1993年度の『経済白書』も「経済的ファンダメンタルズから乖離した価格の変動がバブルであると定義すると，定義的にバブルの発生を経済的条件によって説明することが不可能にな

ってしまうという論理的矛盾がある」[6]と指摘している。さらにまた,「ファンダメンタルズに基づく価格」を用いたバブルの説明は,名目GNPの成長率と比較される場合などに端的に言えることであるが,資産価格は名目GNPの成長率と対応して上昇している限り,バブルは発生せず,「正常な」価格と認めることになり,異常に高いといわれる日本の地価を是認することに帰着するという難点がある。

　では,バブルという概念の意味はどのように考えることができるであろうか。ガルブレイスなどの外国の経済研究者は,投機の過熱によって資産価格等が高騰した場合に,バブルが発生したと表現する場合が多い。このような用法では,比較的短期(数年程度)のタイム・スパンで比較検討した見方となっており,あえて「ファンダメンタルズに基づく価格」を定量化して,それとの比較でいくばくの量のバブルが発生したと述べるわけではない。経済学者のなかには,これでは常識的すぎて,経済用語としては不十分だと考える向きがあるかもしれない。しかし,専門用語はできるだけ,日常用語と一致したほうが理解しやすい。実際に,今日の日本でもこういった意味で使われる場合が多いと思われる。かくして,筆者自身もこのような意味で「バブル」という概念を使用することにしたいが,もう少し詳しく言えば,次のように言える。

　資産価格は,実際の取引で成立した時価を,実際には取引されていない部分も含めた資産全体に適用した架空の価格であり,実際の取引が急増すれば,急騰する。しかし,それは,資産の多くが短期間に売りに出されれば,時価評価額が急落してしまう特殊な価格である。すなわち,投機が過熱し,資産価格が過去の趨勢と比較して異常に高くなっている場合には,バブルが発生していると言いうる。換言すれば,バブルは,投機の過熱によって急騰した資産などの時価総額の一部であると言えよう[7]。また,本書では,このような意味でバブルが生じ,経済の各方面にバブルの影響が及んでいる状態をバブル経済と呼ぶことにしたい。

Ⅱ　バブル経済の原因

　バブル経済のさなかにありながら，日本ではバブル経済という認識が希薄であったときに，ビル・エモットは『日はまた沈む』(原書は1989年)のなかで次のように指摘した。「チャールズ・マッケイがいま生きていたら，日本に題材を求め，東京の金融市場が群衆の狂気の新たな見本となる事態に備えることだろう」[8]。彼は，都銀などの金融機関の貸付の多くが不動産投資などの投機にまわっており，危険なことを指摘した。すなわち，彼は，当時の日本の経済がバブル経済であることをいち早く指摘した。また，彼は「暴落がはじまってしまえば，日本政府と金融機関が市場を支えることはまずできそうにない」とも述べたが[9]，事実はこの通りになった。

　クリストファー・ウッドも，いち早く日本のバブル経済に着目して『バブル・エコノミー』(原書は1992年)を著したが，彼はバブル経済の原因は85年9月のプラザ会議にあるとし，アメリカが日本とドイツに緩和を求めたとき，「日本銀行は，独立心の強いドイツ連邦銀行と比べて，ずっと速やかに，このプレッシャーに反応し」[10]，プラザ会議以降，長期の低金利を続け，ユーロ市場でワラント付ユーロドル債を起債し，そのドル債をスワップして円に戻し，ただ同然で資金を手に入れ，前代未聞の流動性ブームに火をつけた，と指摘した。ブームの中心には銀行がおり，日本の銀行は上昇相場を利用して銀行資本を拡大し，貸出を増やし，銀行のお気に入りの担保(土地と株)の評価額を押し上げ，それらを担保にさらに多くのカネを貸し出した，と指摘した。

　しかし，「日本は石油をはじめとする多くの天然資源を買うために，輸出しなくてはならない。また，それらの資源が輸送されてくる航路の安全をアメリカの軍事力に頼っている。日米関係で，切り札を持っているのは日本ではない」と述べて，日本経済のネックを冷静に指摘し，日本のバブル経済は，この脆弱さと，対米関係がもたらすリスクを念頭において考えなくてはならない，と述べた。さらに，「バブル経済は戦後日本の経済運営のもっとも派手な失敗である」と指摘し，近い将来の見通しは大方の予想よりもはるかにきびしくなるだ

ろうと指摘した[11]。

　また，日本のバブル経済について，次のような評価を下した。「86年11月には，既に景気は底打ちしていたのである。しかし，二度目の金融緩和政策に当たって，日銀は役所の常として，国内経済の中の解放されたエネルギーの勢いを甘く見るという致命的な誤りを犯した。その結果，空前の国内景気が起こった。しかし，それは，日本の金融システムの特異性と不動産取引を規制する時代遅れの法律によって，いかんともしがたいほど歪められた景気だった」[12]。バブル経済がはじけた後には，このウッドの指摘が正鵠を射たものであることが判明した。

　野口悠紀雄氏は先に述べたように，「ファンダメンタルズに基づく価格」を地価と株価について計算し，80年代後半には低金利政策のもとで明らかにバブルが存在しており，バブルを完全につぶすことによって経済の展望が開けると指摘した[13]。野口氏も，「ガルブレイスがいくつかの著作で強調しているように，バブルを引き起こす投機的取引の多くは，借入によって行われる。1980年代後半の日本でもそうだった。これは，金融機関をめぐる資金の流れの変化から読みとることができる」[14]としている。

　また，野口氏は次のように指摘している。為替レートについては，本来，生産者（とくに輸出業者）と消費者とで，利益が異なるはずであり，前者は円高によって被害を受けるが，後者は輸入物価の低下によって実質所得が増大するので円高は本来望ましいが，規制やマーケットの不完全さのために，利益が消費者に還元されず，円高の経済的な効果はもっぱら輸出産業に損害を与えることだけになった。「このために，円高抑制が国論となった。本来であれば生産者，特に輸出産業の側の論理と，消費者の側の論理のバランスがとれた経済政策が行われて然るべきだった。」[15] 円高抑制が国論となったかどうかは疑問だが，利下げの国際協調に関して，輸出産業の側の論理が優先されて，消費者の側の論理が軽視ないし無視された点は，野口氏の批判する通りである。

　以上において見てきたように，バブルが投機の行き過ぎとして生じたことはほぼ見解の一致をみている。しかしながら，投機がいかにして生じたかという

表 6-1　公定歩合の推移

年　月　日	%
1970.10.28	6.00
71. 1.20	5.75
5. 8	5.50
7.28	5.25
12.29	4.75
72. 6.24	4.25
73. 4. 2	5.00
5.30	5.50
7. 2	6.00
8.29	7.00
12.22	9.00
75. 4.16	8.50
6. 7	8.00
8.29	7.50
10.24	6.50
77. 3.12	6.00
4.19	5.00
9. 5	4.25
78. 3.16	3.50
79. 4.17	4.25
7.24	5.25
11. 2	6.25
80. 2.19	7.25
3.19	9.00
8.20	8.25
11. 6	7.25
81. 3.18	6.25
12.11	5.50
83.10.22	5.00
86. 1.30	4.50
3.10	4.00
4.21	3.50
11. 1	3.00
87. 2.23	2.50
89. 5.31	3.25
10.11	3.75
12.25	4.25
90. 3.20	5.25
8.30	6.00
91. 7. 1	5.50
11.14	5.00
12.30	4.50
92. 4. 1	3.75
7.27	3.25
93. 2. 4	2.50
9.21	1.75
95. 4.14	1.00
9. 8	0.50

(出所)　日本銀行『経済統計年報』より。

点については，さまざまな見解がある。ウッドや野口氏の説明では，85年のプラザ合意とその後の国際協調の結果として，超低金利政策が長期にわたって続けられたことが，資産に対する投機を過熱させ，バブルを膨張させたということになる。この点に関しては，他の多くの論者も同様の指摘をしている。ただし，この見解もそれだけでは不十分なものである。なぜならば，たんに超低金利政策が実施されたことが投機を過熱させ，バブルを膨張させたというのであるならば，1.75％という93年9月以降の超低金利下でもバブルを膨張させたはずだからである(表6-1参照)。

また，宮崎義一氏は，『複合不況』(中央公論社，1992年)のなかで，バブルの発生の主たる要因として，金融の自由化をあげている[16]。投機は借金をテコにしてスパイラル的に膨張していくのだから，金融自由化によって資金調達が容易になったことが，投機を膨張させ，バブルを発生させていったことは否定できない。しかし，金融の自由化は，日本ならびに世界の経済構造が変化したなかで，生ずるべくして生じた側面もあり，金融の自由化が実施されれば，バブルが急膨張していくという必然性はない。他の先進諸国でも金融自由化が推進されたが，日本のようにバブルが大きく膨張し，バブル崩壊後の不況に苦しんでいる国はない。日本と同様に利下げ圧力を受けた西ドイツについて見ても，基本的に，バブルの発生は防止された。しかも，金融自由化が主要な原因であるならば，金融自由化の流れが不可避となっている今日，バブルは恒常的に発生し，膨張していくという結論になる。しかし，今の日本で，バブルが膨張していると考える者は少ないであろう。

すなわち，超低金利政策や金融の自由化が，80年代後半の日本において，バブルを膨張させる1つの要因となっていたことは事実であるが，それだけではバブルを発生させる要因としては十分ではなかったということになる。他にもバブルを生み出した大きな要因があったはずである。それは，当時の日本の経済状況であろう。すなわち，戦後，追い付け，追い越せと経済大国を目指してきた日本が，世界の大国アメリカを追い抜いて世界一の債権大国になり，内外で多くの資産を蓄積するようになった状況のなかで，日本の投資家だけでなく，

世界の投資家が日本経済を過大評価し,資金を日本市場に集中させていったためである。すなわち,80年代の日本には多くの企業や個人が資産価格の値上がり期待を抱くに十分な状況があり,このことが投機を過熱させてバブルを生み出し,膨張させるに至った基本的背景であったと言いうるであろう。

この点では,「金利水準や金融の状態よりも,社会の全体的なムードがどのようなものであったかということのほうがはるかに重要である。大規模な投機が発生するには,世の中が自信と楽観ムードに満ちて」[17]いることが必要だ,というガルブレイスの指摘が的を射ていると思われる。また彼は,「株価が上昇すれば,実際に値上がり益が発生することは間違いない。その事実を目のあたりにすれば,投機に手をそめる人間の数がどんどん増えていくのは当然である」[18]と投機のスパイラルの仕組みを指摘している。

このような状況のなかで,バブルをバブルだとは認識しない,あるいはバブルだとは気づかない政府と通貨当局が,誤った超低金利政策を長期にわたって実施し,バブルの膨張を抑制しなかったことが,異常なバブル経済を招来したのである。一部には,2.5％の超低金利は国際協調のためだという見方もあるが,もしそうであるならば,主体性のない外交を行った政府の姿勢が日本経済を大混乱に陥れたことになり,その責任が問われてしかるべきであろう。また,株式の相互持合いが顕著な証券市場や土地担保融資が慣例化している金融市場のなかで,無謀な財テクが広範に展開されたことが,バブルを異常に膨張させる大きな要因の1つとなったことは否定できない。

Ⅲ　バブル経済の生成と崩壊

管理通貨制度のもとでは,中央銀行の保有金量を超えて大量の通貨が発行できる。管理通貨制度のもとで通貨が増発されると,通貨価値がいわば希釈され,その価値が低下(減価)してゆき,インフレーションの原因となる。この意味では,管理通貨制度もしくは兌換停止が,インフレーションの前提条件となっている。しかし,バブルは,管理通貨制度もしくは兌換停止を前提条件とするも

のではなく，金本位制度のもとでも発生する。バブルの前提条件は市場経済である。市場経済のもとで，投機的要因が生まれると，投機市場にカネが集中し，その市場が膨張してゆき，どれだけのカネが集中するかによって，バブルの程度が異なる。この意味では，通貨量が中央銀行の保有金量に規定されない管理通貨制度または兌換停止の場合の方がバブルを大きく膨張させうると言えよう。

　すでにこれまでの諸章で，具体的な事実に基づきながら，バブル経済の実状を時系列的に検討してきたが，ここでは改めて，バブルの生成と崩壊について確認をしておくことにしたい。

　80年には，日本の対外純資産は115億ドルで，1,063億ドルのアメリカの10分の1にとどまり，イギリスやドイツにも及ばなかった。しかし，84年には，アメリカの対外純資産が一気に22億ドルの赤字に転落したのとは対照的に，日本の対外資産は85年に1,298億ドルに急増し，世界第一位になった。また，85年には，経常収支の黒字も約500億ドルとなり，84年から1,000億ドルを超える赤字を出し始めたアメリカとは対照的に経済大国のイメージを強め，世界から驚異の目で見られるようになった。

　また，スタグフレーション後の世界的な金融緩和の流れのなかでも，日本の公定歩合は2.5％という最低水準にあったうえに，経済の実態も比較的によかったので，日本の株式市場に資金が集中してきた。エクイティ・ファイナンスが80年代後半に急増し，89年には国内から約14兆円，海外市場から約11兆円もの資金が調達された。

　86年からエクイティ・ファイナンスが急増するが，国内市場では，同年から転換社債，87年から有償増資が増え，海外市場では，主としてワラント債が急増した。内外市場でのエクイティ・ファイナンスによる資金調達額は，85年には5兆円に満たなかったが，89年には25兆円近くと5倍に激増した。これを見ても，株式市場での資金調達が異常に大きな額であったことがわかる。

　他方で，80年代後半には，株式投信，特金・ファントラが激増した。株式投信は84年末に7兆円であったものが89年末には41兆円と6倍近くに膨張した。

また，特金・ファントラも85年3月に5兆円だったものが，90年3月には37兆円に激増した。機関投資家，個人投資家，外人投資家などが株式投資を増やすことによって株価を押し上げていった。また，企業はエクイティ・ファイナンスで調達した資金の多くを特金・ファントラで運用したが，こうした企業の財テクは株式市場で調達した資金を再び株式市場に回帰させ，株価をいっそう騰貴させていった。こうしたメカニズムによって株価が暴騰していったのである。

かくして，株価収益率(東証)が80年には20倍であったのが，85年には35倍に上昇し，89年には70倍までに上昇した。他の先進国では，10倍程度であり，いかに日本の株価が暴騰していたかを示している。しかし，以前の投資尺度は古くさくなったとして，この暴騰した株価を合理化するために，いろいろな投資尺度を提案する試みすら行われた。もっとも，バブルが崩壊し，投機熱が冷めるとそのような理論を信じようとする人はまれになった。だが，80年代後半には，野村証券など大手証券会社が推奨販売と回転売買を広範に展開するなかで，いっそう株価が上昇し，投機が投機を呼んでいった。欧米の主要国の利回りが2～4％であるのに，日本では86年から1％を割り込み，日本の株式投資が値上がり差益の獲得を目的としたものとなり，著しく投機的な市場となっていった。

また，不動産貸出も80年代後半に急増した。全国銀行の不動産業に対する貸出は，83年には11兆円台であったのが，86年には23兆円台になり，88年に31兆円台，89年に40兆円台と急激に増大した。90年の不動産業への貸出は84年の貸出の約3倍に激増した。また，銀行の貸出全体のなかで不動産業向け貸出は，83年には6％台であったものが，87年から10％を超え，89年には11％台に上昇し，金融機関が不動産業向け貸出を激増させていった。さらに，ノンバンク，農協系金融機関等が不動産業向け貸出に傾斜していった。その結果，3大都市圏では85年から90年にかけて住宅地が2～3倍に暴騰し，6大都市圏の商業地は84年の5倍近くまで暴騰した。

超低金利政策によって預金金利が極端に低くなるなかで，株式と不動産に資

金が集中し，株価と地価の暴騰を招来したのである。日本が世界最大の債権国になり，経済大国になったことが，投資家の投資意欲をいっそうかき立てた。日々高騰していく株価や不動産価格を見て，資金を都合できる者は買わずにはいられない衝動に駆り立てられた。これまで株式や不動産投資に縁がなかった企業や個人が積極的に参加するようになり，投機はいっそう投機を呼んでいった。金融自由化が行われ，内外でのエクイティ・ファイナンスの認可が，他の金融的術策とともにバブルをいっそう膨張させた。このような諸要因が結びついて80年代後半には，資産価格が暴騰に次ぐ暴騰を続け，バブルがスパイラル的に膨張していったのである。

しかしまた，日本の株式市場では，株式の相互持合いが恒常化していたり，株主軽視の低配当政策がキャピタルゲイン狙いの株式投資を醸成しているといった問題があった。このような特殊な日本の株式市場で財テクが急激に進行したために，いっそう激烈な株価の暴騰を招いたのである。株価収益率をみても，日本の株価は高すぎたのである。また，日本の経済大国化に伴って東京が国際金融都市となり，また東京一極集中の現象が進んで，東京のオフィス需要が拡大し，東京の商業地が暴騰し，それが周辺部に広がって，次第に6大都市の地価を暴騰させていった。勤労者が一生働いても買えないほどに住宅価格が暴騰していくのを見て，少しでも早めに狭い住宅でも購入しようと，分譲広告が出ると多くの市民が殺到した。貧困な住宅政策のもとで，一般市民の実需も増大した。こうした状況のなかで，企業や個人が不動産投資を加速させ，金融機関の投機的な土地担保融資が不動産価格の暴騰を資金的に支えたのであった。

80年代後半の日本のバブルも20年代後半のアメリカのバブルも，その発生の基本的仕組みは，投機の過熱によって生じたという点で大差はなく，資金調達と投資形態に違いがあるにすぎない。むろん，経済の実態や国際的環境の違いは無視できない。

かくして，ガルブレイスが指摘するように，バブルは繰り返されたのである。暴落の前に金融の天才がいるとガルブレイスは言ったが[19]，実際にバブルはさまざまな手法で作り出された。なかでも，エクイティ・ファイナンス，特

金・ファントラ，株式投信，金融機関の不動産業向け融資の急増が，投機の過熱と相まって株価や不動産価格を急騰させ，バブルを発生させ，膨張させていったと言えよう。しかし，いったん崩落が始まると，歴史が示すように，長期の，深い落ち込みが進行することになり，誰にも止められなくなった。実際に，他の先進諸国の株価は史上最高値を更新しているが，幾度も総合経済対策を繰り返したり，株価維持政策を実施しているにもかかわらず，日本の株価は崩落が始まってから10年目を迎えても，ピーク時の半値付近にあるにすぎない。地価も，超低金利の金融支援や不良債権買取会社の設立など，大がかりな救済措置がとられているにもかかわらず，多くの地域で下落が続いている。

ところで，なぜ90年の年初にバブル経済の崩壊が始まったのかという点について明快な答えを見出すのは容易ではない。

しかし，バブルの膨脹を支えてきた投機の過熱を冷やす要因が出現し，顕著になってきた結果として，バブルが瓦解したことは明らかである。投機の過熱を冷やす要因としては，金利の上昇，景気の低迷，政治経済上の不安要因などいろいろな要因が考えられる。

今回の場合は，第一に，89年に5月，10月，12月と3度にわたって，合計2％の公定歩合の引き上げが実施され，89年の最後の数日間は4.25％という金利水準にまで上昇していたことを指摘できる。株価が膨脹しきっていたところへ，これだけ金利が引き上げられたために，いつ株式市場から資金が逃げ出してもおかしくない状況になっていた。3度目の引き上げは12月25日であり，年末・年始の休暇は敏感な投資家の心理を冷やすのを促したとも考えられる。

第二は，新規住宅建設の需要がすでに89年にはマイナスに落ち込んだり，鉱工業生産の増加率もピークを超えており，景気がそれだけ脆弱になっていたことがあげられる。すなわち，景気循環的側面からみても，89年末には景気はピークを超えており，景気の足どりは弱っていた。このことは，敏感な投資家にとっては，経済の先行きを楽観視できない大きな要因として作用し，金利の大幅上昇とともに，投機熱を冷却させる要因となったと考えられる。

第三に，内外の政治経済情勢の激変があげられる。国内的にはバブル期を象

徴するリクルート事件が政界に波及して89年末には国民の不満は高まっており，国際的には89年半ば以降のソ連・東欧や中国を取り巻く国際政治情勢の激変によって内外投資家の不安が増しており，こうした要因が社会的な楽観ムードに水をさしたことを指摘できる。

　これらの諸要因が，内外投資家の日本の株式市場に対する先行き不安を増大させ，90年初頭に資金の逃避を激増させ，バブルの崩壊を導いたものと考えられる。89年末から90年初頭には，バブルが崩壊する諸要因が成熟しており，年が変わった90年から売りが続出し，崩壊となっていったと言ってよいであろう。

Ⅳ　1920年代のアメリカのバブル経済とその崩壊

1　20年代のアメリカのバブル経済

　バブルは繰り返し発生する。古くは1630年代半ばに生じたオランダのチューリップ価格の暴騰や，1720年の「南海泡沫(South Sea Bubble)」事件等をあげることができるが，今世紀において世界の注目を浴びたのは1920年代のアメリカのバブルとその崩壊であった。日本のバブル経済の理解を深める意味で，従来の研究を参考にして，アメリカの1920年代の金融ブームを簡単に振り返ってみよう。

　ガルブレイスの『大恐慌』は，1920年代のアメリカのバブル経済とその崩壊の結果生じた大不況に関する研究として定評があるが，この著書のなかで彼は次のように分析している。アメリカの1920年代は非常によき時代であり，生産と雇用は上昇の一途をたどり，物価は安定していた。多くの人々がかつてない富を享受し，アメリカ資本主義は活気にあふれる時代を迎えていた。

　20年代半ばのフロリダでは，コーラルゲーブルズ，マイアミ，パームビーチに至る東海岸，ガルフ沿いの街々などで，投機ブームの古典的な要素をすべて備えた一大不動産ブームが巻き起こった。フロリダの不動産ブームは20年代のブームの先駆けとなり，アメリカの中流階級の間では富裕になるという信念や，

株式市場において手軽に儲けられるという信念が日増しに強まった。24年の後半に生じた株式の上昇基調は，25年にはさらに勢いを増した。24年5月末に106であったニューヨーク・タイムズ工業株25種の平均株価指数は翌25年12月末には181に達した。26年に株式市場は一種の調整期を迎え，10月に発生したハリケーンがフロリダ・ブームを一掃した。しかし，回復は早く，年末の株価はほぼ年初の水準に戻った[20]。

当時の社会状況をフレデリック・アレンは次のように述べている。20年11月の大統領選挙の開票速報を伝えるために最初のラジオ局が開局し，ラジオがアメリカ人の日常生活を大きく改変し，ラジオの年間販売額は22年に6,000万ドルであったものが，29年には8億4,254万ドルとなり，1,400％もの激増となった。また，大量生産によって自動車産業が隆盛となり，27年末にA型フォード車が発売され，国道沿いの村々にガソリン・スタンド，ホットドッグ・スタンド，喫茶店，旅行者休憩所などが繁盛した。アメリカ国民は好景気によって大きな自信を持ち，20年代半ばにフロリダで不動産ブームが生じた。土地ブームは，最後の段階で都市に集中し，高層建築熱が高まり，29年にはマンハッタンにエンパイア・ステート・ビルディングが完成した[21]。

当時のアメリカは，国際収支でも黒字国であり，新時代の最先端を行く経済大国となった。ガルブレイスは以下のように説明している。

イギリスは25年に第一次大戦前の旧平価で金本位制に復帰し，ポンド危機に苦しんでおり，26年にはゼネストが勃発した。27年春にイングランド銀行総裁のモンタギュー・ノーマンらが，金融緩和の要請でアメリカを訪れた。連邦準備制度理事会はこれを受け入れ，ニューヨーク連銀の再割引率を4％から3.5％へと引き下げた。この日を境に，投機がいっそう過熱し，28年には投機的狂宴の本来の姿が現れた。

28年の1年間で，タイムズ平均工業株価は245から331へと上昇した。ニューヨーク証券取引所での売買高は27年に5億7,699万株を記録し，28年には9億2,055万株を達成し，証拠金取引が異常に急膨張した。目先の株価の値上がり以外には，資産所有に伴うさまざまな点は問題にされなくなった。株所有者の

唯一の関心事は，株価が上昇してキャピタルゲインを得られるということであった。

こうしたなかで，29年2月2日に連邦準備制度理事会は，投機的貸付を目的に連邦準備銀行の再割引制度を利用してはならないと通達した。2月7日にはイングランド銀行が銀行金利を4.5％から5.5％に引き上げるというニュースが伝えられ，株価が急落した。8月には連邦準備制度理事会が再割引率を6％に引き上げた。しかし，29年には人々の株式購入意欲は驚くべきものとなり，さらに株価を高騰させた。とはいえ，28〜29年の株式発行ブームがまったく投機的なものに終始したというわけではなく，一般的な事業のための資金調達にとっても好機であった。投資家は喜んで資本を供給した。誰もが繁栄は永遠に続き，拡大し続けるという夢を抱いていた。投資信託は20年代末期の投資ブームを支え，当時の株式需要を満たした。

しかし，20年代のアメリカといえども，既存企業が必要とする実物資本には限度があったし，また新たに誕生した企業が必要とする実物資本にも限度があった。ところが，投資信託という金融的術策によって，必要な量の何倍もの実物資本が供給されるという状態になった[22]。

かくして，不動産，株式市場の投機が過熱し，消費の拡大とともに設備投資がスパイラル的に増大するという現象が20年代後半のアメリカに生じたのである。このガルブレイスの説明は，まるで80年代後半の日本のバブル経済を分析しているのではないかという錯覚に陥るほどである。ただ，80年代後半の日本のバブル経済では投資信託だけでなく，エクイティ・ファイナンスや特金・ファントラなどが主要な金融的術策であり，流通通貨量もはるかに大きなものであり，金融機関の不動産業向け貸付がはるかに巨額なものであった。それだけに日本のバブルのツケはいっそう深刻である。

2　29年大恐慌と30年代不況

しかし，やはりアメリカの20年代のバブルも永遠には続かなかった。29年9月上旬に20年代の強気相場も転換点を迎えた。ガルブレイスは言う。

図 6-1　29年恐慌時の株価

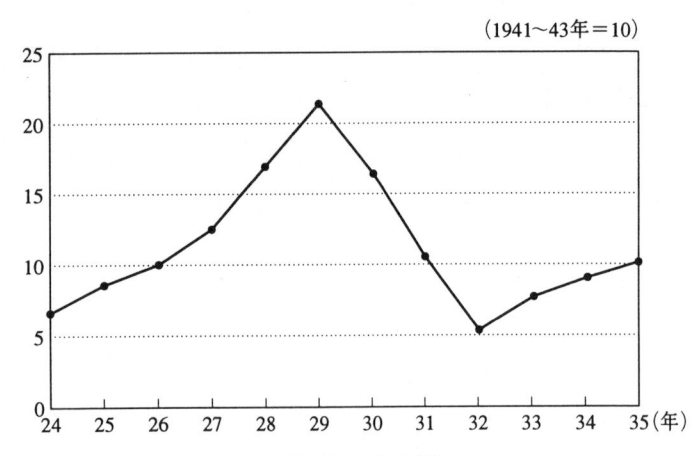

(1941～43年＝10)

（注）スタンダード・プア通常株価指数（工業株）。
（出所）U. S. Department of Commerce, *Historical Statistics of the United States*, 1975より作成。

　29年の秋までにアメリカ経済はすでに不況局面に入り込んでいた。6月には工業生産指数と工場生産指数のいずれもがピークから，下降に転じていた。10月時点では，連邦準備制度の工業生産指数も，4カ月前の126から117に落ち込んでいた。住宅産業も，29年には一段と落ち込んだ。そこに，株式相場の落ち込みが加わった。9月に株価が下げ始め，10月21日の月曜日には大暴落となった。朝からティッカーが遅れ，正午の時点で一時間遅れとなり，どれほど株価が下がっているのか知る術がないというありさまになった。しかし，翌日には若干の戻しがあり，今回の下げもこれまでのような調整局面の1つにすぎないと市場は考え始めた。ところが，23日には相場は回復するどころか，415から384へと大きく下落し，6月時点の水準に戻った。

　しかし，大恐慌の記録においてしかるべき位置を与えられる最初の日は10月24日の暗黒の木曜日であった。秩序の混乱ぶり，人々の不安感，全般的な動揺の度合いということからそうであった。11時半には，市場は見境のない恐怖のるつぼと化し，まさしくパニック状態となった。

図 6-2 アメリカのGNP成長率

(出所) U. S. Department of Commerce, *Historical Statistics of the United States*, 1975より作成。

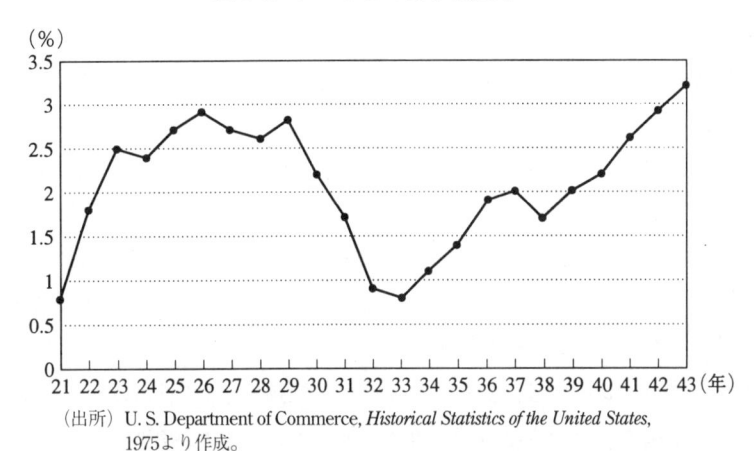

　29年の株式大暴落に関する最も驚くべき点は，最悪であると思われた局面が，さらに次の悲劇へとつながっていったことであった。29日はニューヨーク株式市場の歴史上，最も破滅的な1日であった。この日には，それまでの悪しき日に起こった悪しき出来事がすべて揃った。大量の売り注文に対して，まったく買い手がつかないという事態が繰り返された。タイムズ平均工業株価は43ポイント低下し，素晴らしい過去12カ月の上げ幅が一気に消え去った。11月6日にも株価は胸の悪くなるような下落となり，経済のファンダメンタルズがおかしくなり始めた。出荷量が前年比で大きく落ち込んでいたし，鋼材の市況も著しく低下していた。瓦落現象が商品市場にも波及し始め，11月11日から13日にタイムズ平均工業株価はさらに50ポイント下落した(図6−1参照)。

　かくして，29年の大恐慌に続いて30年代の大不況が訪れた。低迷の程度は年によっていろいろであったが，その後10年間にわたって不況局面が続いた。33年の時点で，GNPは29年の3分の2のレベルまで落ち込み，37年に29年の生産水準を回復したが，それも束の間ですぐまた後退が始まり，41年まで生産額が一貫して29年の水準を下回った(図6−2参照)。30年から40年の10年間を通じて，失業者数が800万人を下回ったのは37年だけであり，33年には1,300万人

近くが失業し，4人に1人が職を奪われた。38年になっても，なお5人に1人は失業者であった[23]。

20年代のアメリカのバブルとその崩壊の結末がいかに深刻であったかということは，以上の叙述によって歴然としている。なお，ガルブレイスは29年の株価の大暴落について，次のように指摘している。「29年秋の大暴落はそれに先行した投機ブームの必然的な帰結であった。当面の株価上昇に関する投資家の信頼感は，早晩，弱まる運命にあった。……過去における投機の狂宴は，すべてこうして終焉を迎えた。29年においても同様であった。今後においても，またしかりであるはずだ」[24]。

また，ガルブレイスは，20年代に生産性が飛躍的に発展したが，賃金の伸びは低く，景気拡大は設備投資に依存するところが多く，29年時点でマクロ経済は健康体ではなく，ウォール街が繰り返し出したパンチに持ちこたえられるような状態ではなかったと指摘している。バブルの要素が29年恐慌を激烈なものにし，30年代不況を長期化させた大きな要因であったことは疑いないであろう。

V　バブル経済の教訓

80年代後半の日本のバブル期には，経済成長の過度な追求，その結果生じた通貨供給量の膨張，株式や不動産市場での投機の過熱，金融機関の投機的過剰融資等がバブルを劇的に膨張させる経済的な要因として存在した。また，世界最大の債権大国への成長が内外の企業や個人の投機的取引の過熱を引き起こした。その結果，激烈なバブルの膨張が生じた。消費が拡大し，企業の設備投資が拡大し，ますます消費と生産が拡大していった。個人も企業も借入れを増やし，そして，人々はバブル経済に酔った。しかし，バブルは所詮消え去るものであり，投機熱が冷え始めるとバブルは劇的に崩落した。その結果，バブルの膨張に乗って財テクに深くのめり込んだり，設備投資を拡大してきた企業には大きな負債が残り，過剰設備を背負い込む企業が続出した。また，財テクに失

敗し，痛手を負った個人も多い。しかし，バブルを膨張させた最大の機関たる金融機関が最大の負債を背負うことになった。

　現実の経済のなかで，人々の所得は限られており，消費も限られている。バブル経済は，人々にそのことをしばらく忘れさせた。しかし，借金はいつか返済されねばならない。バブル経済の崩壊は，節度なき消費行動や投資行動がいかなるツケをもたらすかということを人々に教えた。しかし，清貧のみが望ましいというわけではない。勤労所得を向上させ，国民の生活を豊かにする秩序ある経済成長を実現すべきなのである。そのためには，日本の会社中心主義，成長第一主義が変革される必要がある。

　現在，日本の不況は，戦後もっとも長期の深刻な不況になっており，いつ不況から脱出できるのか明らかではない。日本の80年代後半の状況が20年代のアメリカの状況と酷似していただけでなく，日本の金融機関がこぞって不動産担保融資にのめり込んでいたために，事態はいっそう深刻になっている。巨額の不良債権が金融機関の経営を悪化させ，多くの金融機関を破綻に追い込んだ。ノンバンク，金融子会社の倒産・閉鎖は枚挙にいとまがないほどである。さらに，第一次産業にかかわる農協系金融機関の打撃も大きい。しかも，バブル期には，モノづくりよりも金融取引において容易に巨利が獲得でき，人々のモラール（勤労意欲）が低下した。それだけではなく，カネに目がくらんで人々のモラルも低下し，堅い業種と思われた銀行が軒並み不祥事を引き起こした。これに証券会社の不正取引が加わって，金融不祥事が社会問題となった。

　金融不祥事を防止するための措置（審査の強化，法整備等）が徹底されるべきことは当然のことであるが，国民経済に多大な悪影響を及ぼしている金融機関の経営姿勢が変革されねばならない。自己責任原則を徹底させ，今後，金融機関がバブル経済期に行ったような無責任な投資行動を行わないように，経営のあり方や制度が改善される必要がある。

　また，政・官・財の癒着・腐敗が深刻な状況になっていることが露見した。こうした腐敗の構造は，日本の金融システムが非近代的なシステムであるばかりでなく，日本の政・官・財も非近代的なものであったことを白日のもとに

さらけ出した。こうした国家中枢にかかわる重大な欠陥は，歴史的に見ても，既成政権の維持を突き崩すことになる。現実にも，長期間政権の座にあった自民党単独政権が崩壊した。

現代資本主義において，市場経済の長所を生かすためには，諸利益に中立的な中央銀行が政府や金融機関，企業等から独立して，適正な金融政策を行うことが必要である。平成不況のなかで，やっと日本銀行法が改正され，日本銀行の独立性が強化された。諸利益に中立的な中央銀行が，諸経済主体の利益追求から独立して，健全かつ公平な政策運営を実施し，種々の問題となる経済現象の生成を抑制することが大切である。また，護送船団的な金融システムを近代的な金融システムに改革することが必要である。これらの点については，以下の章で検討することにしたい。

1) 野口悠紀雄『バブルの経済学』日本経済新聞社，1992年，27ページ。
2) 同上書，22ページ。
3) 同上書，57ページ。
4) 宮崎義一「続篇　複合不況」『中央公論』1993年1月号臨時増刊号，130ページ。
5) 野口，前掲書，57ページ。
6) 経済企画庁『経済白書』1993年度版，121ページ。
7) 「マネー問題研究会」は，バブルの再検討のなかで，「ストックの時価総額など，人間の頭の中で計算される架空の概念でしかない。具体的につかもうとしてもつかめない価値である。水の中に発生したバブル(泡)と同じである。その意味で，時価総額という概念こそバブルの定義にふさわしい。そこで時価総額をバブルと定義しよう」と述べている(『日本経済新聞』1992年9月26日付)。著者の理解もこの理解に近いが，「時価総額という概念」そのものがバブルだと定義するならば，バブルは慢性的に存在しており，バブルという用語を使用するメリットが希薄化してしまう。時価総額自体にバブル的要素が含まれることは否定しがたいが，投機の過熱によって急騰した時価総額の一部をバブルと呼んだ方が適切であろう。
8) Bill Emmott, *The Sun Also Sets*, 1989.（鈴木主税訳『日はまた沈む』草思社，1990年），邦訳，165ページ。
9) Emmott, 同上訳書，185ページ。
10) Christopher Wood, *The Bubble Economy*, 1992.（植山周一郎訳『バブル・エコノミー』共同通信社，1992年），邦訳36ページ。

11) Wood, 同上訳書, 33ページ。
12) Wood, 同上訳書, 37ページ。
13) 野口, 前掲書, 43ページ。
14) 野口, 同上書, 117ページ。
15) 野口, 同上書, 140ページ。
16) 宮崎義一『複合不況』中央公論社, 1992年。
17) John K. Galbraith, *The Great Crash 1929,* 1979. (牧野昇訳『新訳 大恐慌』徳間書店, 1988年), 邦訳260ページ。
18) Galbraith, 同上訳書, 287ページ。
19) John K. Galbraith, *A Short History of Financial Euphoria: Financial Genius is Before the Fall*, 1990. (鈴木哲太郎訳『バブルの物語』ダイヤモンド社, 1991年), 邦訳37ページ。
20) Galbraith, 『新訳 大恐慌』前掲訳書, 34-42ページ。
21) Frederick L. Allen, *Only Yesterday*, 1931. (藤久ミネ訳『オンリー・イエスタデイ』筑摩書房, 1986年)
22) Galbraith, 『新訳 大恐慌』前掲訳書, 43-88ページ。
23) Galbraith, 同上訳書, 149-258ページ。
24) Galbraith, 同上訳書, 259-260ページ。

第 7 章

日本の金融制度と金融行政

　本章では,現代日本の金融経済をより深く理解するために,改めて戦後日本の金融制度と金融行政について検討し,その特質や問題点について考えてみることにしたい。そのさい,戦前の金融制度や金融行政についても,必要な範囲で言及することにした。

　戦後日本の金融制度は護送船団方式と呼ばれ,金融機関は手厚く保護されてきた。しかし,金融をとりまく経済環境が変化するなかで,金融界の内外から規制緩和が求められ,92年6月に金融制度改革法が成立した。

　だが,この金融制度改革法は金融業界の妥協の産物といっても過言ではなく,過渡的性格の強いものであった。そのため,金融ビッグバンが実施されることになる。ここでは,ビッグバン以前の状況について検討する。

　なお,アメリカの金融制度改革についても略述した。

I　戦前の金融制度

　1882(明治15)年の日本銀行条例によって,日本銀行が日本の中央銀行(central bank)として創設された。当時は,100行を超える国立銀行が各地にあって独自の紙幣を発行していたほか,封建勢力の鎮圧と産業の育成のために政府も紙幣を発行しており,不換紙幣の増発によるインフレーションが激化して

いた。大蔵卿の松方正義は，紙幣の整理を行って各地の国立銀行が持っていた通貨発行権を日本銀行に集中して，通貨価値の安定を確保し，資本主義発展の金融的基盤を確立しようとした。松方は，日本銀行を官営的性格の強いものにし，政府の指揮監督権を優先させた。すなわち，日本銀行条例の第13条で「政府ノ都合ニ依リ日本銀行ヲシテ国庫金ノ取扱ヒニ従事セシムヘシ」と規定した。

中央銀行としての日本銀行が官営的性格が強く，政府からの独立性が確保できなかった理由として，吉野俊彦氏は，日本の資本主義が後進的であったことのほか，81(明治14)年の政変でイギリス型議会主義を主張する大隈重信が内閣から追放され，岩倉具視や伊藤博文らの主張するドイツ型君主主義が憲法に採用されることが決定的になったことを指摘している[1]。ドイツ型君主主義の政治制度のもとで，金融制度においても政府の優越性が定められたのであった。

1897(明治30)年には貨幣法が制定され，日清戦争の賠償金を利用して金本位制を実施し，金融制度の整備が図られた。しかし，第一次世界大戦中の1917(大正6)年に金輸出が禁止され，その後30(昭和5)年1月に金輸出が解禁されたものの，昭和恐慌が深刻化する結果となり，翌年末には金輸出が再び禁止され，金本位制は比較的短期に終わった。

経済の低迷と政治の混乱のなかで，36(昭和11)年に2.26事件が起きて軍部が政治力をいっそう強めた。37(昭和12)年には日中戦争が始まり，38(昭和13)年に国家総動員法が公布され，戦時体制がいよいよ強化された。ついに41(昭和16)年には日本軍が真珠湾を攻撃し，太平洋戦争に突入した。翌42(昭和17)年には日本銀行条例と兌換銀行券条例等が廃止され，日本銀行法が制定された。この日本銀行法の典拠となったのは，1939(昭和14)年にナチスによって制定されたドイツ・ライヒスバンクに関する法律であった[2]。日本銀行法は，日本銀行を特殊法人にし，国家経済総力の発揮を図ることをその第一の目的とする国家主義的色彩の強いものであり，政府，大蔵大臣の日本銀行に対する優越性がいっそう強化された。すなわち，日銀法は，その目的を「日本銀行ハ国家経済総力ノ適切ナル発揮ヲ図ル為国家ノ政策ニ即シ通貨ノ調節，金融ノ調整及信用

制度ノ保持育成ニ任ズルヲ以テ目的トス」(第1条)と定めている。また，その運用については「日本銀行ハ専ラ国家目的ノ達成ヲ使命トシテ運営セラルベシ」(第2条)としている。さらに「主務大臣ハ日本銀行ノ目的達成上特ニ必要アリト認ムルトキハ日本銀行ニ対シ必要ナル業務ノ施行ヲ命ジ又ハ定款ノ変更其ノ他必要ナル事項ヲ命ズルコトヲ得」(第43条)として，大蔵大臣の業務命令権を定め，「日本銀行ノ役員ノ行為ガ法令，定款若ハ主務大臣ノ命令ニ違反シタルトキ若ハ公益ヲ害シタルトキ又ハ日本銀行ノ目的達成上特ニ必要アリト認ムルトキハ総裁及副総裁ニ付テハ政府，理事，監事及参与ニ付テハ主務大臣之ヲ解任スルコトヲ得」(第47条)として政府や大蔵大臣による日銀役員の解任権を定めている。また，法律的にも兌換が停止され，不換制，あるいは管理通貨制度に移行した。

　以上のように，戦前の日本の金融制度は，中央銀行たる日本銀行の独立性が認められず，政府の指揮監督下で金融業務を遂行する制度となっており，政府の殖産興業政策と富国強兵政策に利用された。その意味では，日本の金融システムはイギリスやアメリカに見られるような近代的な金融システムには程遠いものであり，明治政府の官僚機構に深く組み込まれており，中央銀行の独立性も確保されなかった。かくして，日本が日中戦争，太平洋戦争へと突き進むなかで，戦時金融体制が容易に構築されていった。それは資金を効率的に軍事産業に配分できる，政府主導の金融システムであった。また，銀行の競争を抑制し，経営の安定を図るために，一県一行主義が目指された。

II　戦後の金融制度

　45年8月に日本は連合軍に無条件降伏し，GHQの指導のもとに，財閥解体，農地改革，労働運動の育成が推進されるとともに，日本国憲法，労働三法，独占禁止法，教育基本法等の整備が図られ，民主的制度改革が試みられた。しかし，金融に関しては，49年に日本銀行法が一部改正され，政策委員会が日銀に設置され，公定歩合の決定や変更がここで行われることになったこと等の制度

改革が行われただけであり、戦時下の42年に公布された日本銀行法の根幹部分はまったく改革されずそのまま残された。48年に持株会社整理委員会が銀行には集中排除法を適用しないと発表し、銀行に関しては手がつけられなかった。

かくして、戦前の金融制度がもつ問題点については根本的な改善が行われないまま、戦後の金融制度は関連法案や行政指導を通じて、一定の変更が行われるにとどまった。

47年に証券取引法が公布され、その第65条はGHQの要求によってアメリカの1933年の銀行法（グラス・スティーガル法）の銀行・証券分離主義を採用し、銀行業務と証券業務の兼営を禁止した。グラス・スティーガル法は、アメリカの29年大恐慌の経験から生まれたもので、銀行業務をリスクが大きい証券業務から分離し、金融システムの安定化を図ったものであった。

また、資金不足のなかで、52年には長期信用銀行法が施行され、長期にわたる資金拘束を受ける長期資金の供給は長期信用銀行に特化し、短期資金の取扱いは普通銀行にゆだねる、長短金融の分離が実施された。

金融の機能分離の見地から、大蔵省は昭和30年代に行政指導によって銀行業務と信託業務の分離も図った。しかし、立法措置でないため、分離を嫌った大和銀行などのように、兼営を行う銀行もあった。

金利規制については、戦後はじめて公的規制が導入された。戦前には、18（大正7）年に成立した6大都市の銀行間での預金金利協定等によって自主規制が行われていた。しかし、戦後には、47年12月に公正取引委員会が銀行の金利協定を独占禁止法違反と審決し、同協定の廃止を命令し、金利の自主規制は終わり、同月に臨時金利調整法が公布施行された。同法は、物価の安定に資するためという理由で提案されたが、実際には、低金利の設備投資資金の供給と、金融機関の経営の保護という性格が強かった。すなわち、戦後インフレーションが鎮静化した後も、同法は存続した。

さらに、49年に外国為替及び外国貿易管理法が公布施行され、資本取引が原則的に禁止され、国内の金融市場は国外の金融市場から分断された。これによって、日本の金融システムは一種のクローズド・システムとなり、そのもとで

の経済の再建と発展が追求された。

かくして,戦後の日本の金融制度は金融機関に対する保護的色彩が強く,護送船団方式と呼ばれ,日本経済が脆弱であった戦後復興の時期には経済の安定に寄与し,55年に始まる高度経済成長期には,いわゆる間接金融方式のもとで大企業を中心に設備投資資金を供給するとともに,金利規制によって金融機関の経営を保護し,金融システムの安定化に寄与してきた。しかし,その結果として,資金が大企業へは流れるが,中小企業には流れにくくなって資金の偏在が生じたり,預貯金金利が低く抑えられるといった問題が生じた。こうしたなかで,銀行の「不倒神話」が成立することとなった。

Ⅲ アメリカの金融制度改革

アメリカの金融制度は1929年大恐慌に続く30年代の大不況の時代に大幅な改革が行われ,この30年代に成立した金融制度が1980年の金融制度改革の時期までのアメリカの金融制度の枠組みを特徴づけるものとなった。

1933年の銀行法(Banking Act of 1933),1935年の銀行法(Banking Act of 1935),1933年の証券法(Securities Act of 1933),1934年の証券取引法(Securities Exchange Act of 1934)等がその法的基礎をなしている。グラス・スティーガル法と呼ばれる33年の銀行法は包括的なものであり,次のような内容が規定されている。①要求払預金に対する付利禁止と貯蓄性預金の金利上限規制,②銀行業務と証券業務の直接的兼業禁止,③連邦預金保険制度の設立,④連邦準備局の権限の強化,⑤国法銀行(national bank)の州内支店設置の認可,等である。さらに,35年銀行法では,33年銀行法で暫定的に設置された連邦預金保険公社(FDIC)が常設機構にされ,連邦準備局が今日の連邦準備制度理事会(FRB)に改められ,セイフティ・ネットと中央銀行の独立性が一段と強化された。また,33年の証券法と34年の証券取引法は証券業の規制を連邦レベルで行うものであるが,34年の証券取引法によって全国レベルで活動を行う証券取引委員会(SEC)が設置された[3]。

こうした法改正の主たる目的は，一方では銀行の過当競争を制限して銀行経営を保護するとともに，銀行，非銀行金融機関の双方に対する連邦準備制度の規制権限を強化することによって金融制度の安定性を確立することであり，他方では連邦預金保険公社によって預金者を保護し，金融制度に対する預金者の信頼を確保することであった。かくして，アメリカの金融制度は，金利規制，銀行と証券の業態規制，州際業務規制，連邦預金保険制度を大きな柱とし，具体的には，次のような規制が行われることになった。①レギュレーションQにより貯蓄預金および定期預金に支払う金利に上限を定め，また要求払預金に対する利子支払も禁止した。②銀行の資産取得能力を制限し，銀行に対して株式等の投機的性格をもつ証券の保有を禁止した。③国法銀行の連邦預金保険公社への加盟を義務づけた（連邦預金保険は最終的にはすべての預金金融機関に門戸が開かれることとなった）。④銀行持株会社は，州内において銀行子会社と証券子会社を設立することにより銀行業と証券業を分離することとした。

　このようなアメリカの金融制度は60年代半ばまでは経済の発展に寄与してきたが，60年代の半ばになると，こうした金融制度に問題が生じてきた。65年に市場金利が上昇し始め，レギュレーションQによって設定された預金金利の上限を著しく上回り，市場金利の上昇は金融機関からの預金流出（ディスインターミディエーション）を発生させた。企業は自由金利のユーロ市場を利用したり，CP(Commercial Paper)の発行によって資金調達を行った。70年代になると，資金はより高い利回りを求めて，MMMF(Money Market Mutual Fund)等の直接金融市場に移動した。この直接金融市場への資金のシフトは，銀行にとって深刻な事態となった。そこで，金融制度改革が検討されることとなった。しかし，実際には金融改革はスムーズに進まず，「1980年金融法」（正式には「1980年預金金融機関規制撤廃・通貨量管理法(Depository Institutions Deregulation and Monetary Control Act of 1980)」）の成立によってやっと着手されることとなった。この「1980年金融法」は，①すべての金融機関に預金支払準備率を課すこと，②預金金利規制を6年間で撤廃していくこと，③NOW勘定等を金融機関に認めること，④連邦預金保険制度の付保上限の引き上げ，等

を内容とするものであった。すなわち,「1980年金融法」は,金利規制と業務規制を緩和し,競争の促進を図るとともに,ディスインターミディエーションに対する銀行等金融機関の対応手段を認めた。その一方で,連邦準備制度の権限を強め,金融制度のセイフティ・ネットを強化した。

さらに,アメリカ財務省は,金融制度改革のいっそうの推進のために,91年2月に金融制度改革の提言を行った[4]。これは,銀行をより健全かつ競争力のあるものにするために,時代遅れの法律を刷新し,アメリカの銀行制度を近代化しなければならないとして次のような項目を掲げた。①自己資本の役割を強化し,自己資本の充実度に応じた監督,預金保険料,業務範囲を規定し,銀行に自己資本基盤を確立・維持するインセンティブを与え,銀行をより魅力的にすること。②過度に広範な預金保険を是正し,預金者以外の債権者の保護を廃止し,リスクに応じた預金保険料とすること。③持株会社に対し,3年後に完全な銀行業務の全国展開を認めること。④銀行,証券,保険子会社を同時に保有できる金融サービス持株会社を認可し,事業法人も金融サービス持株会社を保有できること。⑤現行の4当局体制(FRB,通貨監督庁[OCC], FDIC,貯蓄機関監督庁[OTS])をFRBと連邦銀行庁(FBA)の2当局体制に簡素化し,銀行持株会社と傘下銀行を同一当局の監視下におき,FRBはすべての州法銀行とその持株会社を監督し,財務省の傘下に新たに設けられる連邦銀行庁がすべての国法銀行とその持株会社を監督すること。⑥FDICは預金保険ならびに破綻機関の整理に専念すること。⑦連邦預金保険制度を強化すること,等である。

この財務省の提言は,アメリカの金融制度を大幅に自由化する法案として論議を呼んだ。しかし,図7−1に見られるように,銀行の倒産が多発するなかで,過度の規制緩和を疑問視する見方が多くあり,連邦準備制度内部からも,この財務省案が銀行に新たな投資機会を与えて銀行の体力を強化するものではないし,また連邦預金保険公社の損失を軽減して納税者のリスクを少なくするものでもないという批判が出た[5]。結局のところ,議会の承認を得ることができず,むしろ預金保険制度の強化と外国金融機関に対する規制強化を内容とする「1991年連邦預金保険公社改善法(Federal Deposit Insurance Corporation

図 7-1 アメリカの倒産銀行の推移（1934〜89年）

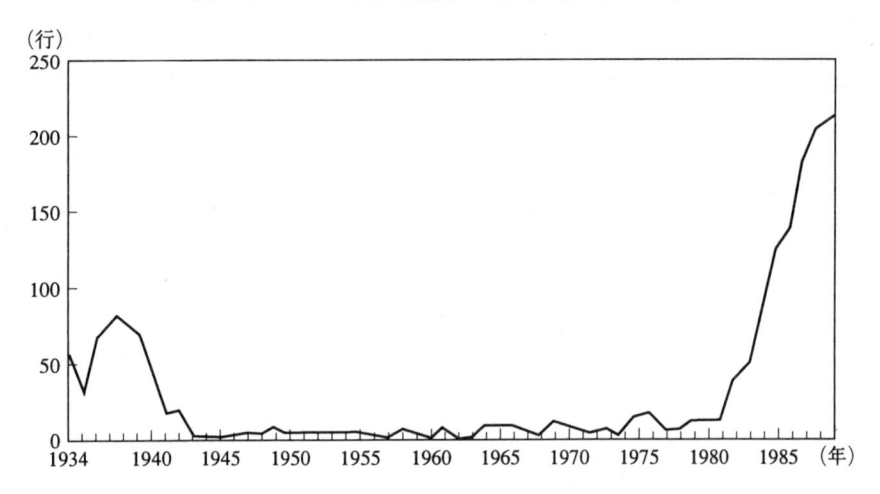

(出所) The Department of the Treasury, *Modernizing the Financial System: Recommendations for Safer, More Competitive Banks*, 1991.

Improvement Act of 1991)」が91年12月に成立することとなった。

かくして，アメリカの金融制度改革は，インフレーションによる高金利と金融技術の発展による新金融商品の開発とによって従来の金融規制が銀行に不利になったり，さらにはアメリカの銀行の国際競争力の低下が著しくなってきたために，銀行等金融機関の競争力の回復を目的として実施されてきたと言えよう。しかし，80年以降の金融制度改革によって金融業にも競争原理が導入されると，収益性の低い銀行や不健全な経営を行っている銀行は不動産投資などリスクが大きい分野へ進出するなどして，経営破綻に陥る銀行が急増した。金融自由化のもとでは，銀行の経営悪化や破産が発生しやすいために，その対策として金融システムの安定性を確保するための規制強化も必要となって，金融の自由化と規制強化という二重的性格をもった上記のような金融制度改革が実施されることになった。かくして，アメリカの金融制度改革の特徴を端的に表現するとすれば，高木仁氏が指摘するように，「1980年までセイフティ・ネットと競争制限の組合せ」であったが，「1980年以降はセイフティ・ネットと競争

促進の組合せに変わった」⁶⁾と言えよう。

　その後も金融制度改革の試みが続けられ，99年11月には，銀行・証券・保険の垣根を撤廃する金融制度改革法が議会を通過し，グラス・スティーガル法の条項が廃止されることになった。こうしたアメリカの金融制度改革の動きは，日本にも大きな影響を与えている。

Ⅳ　日本の金融制度改革

1　日本の金融制度改革の背景

　74年に高度経済成長が終焉すると，企業の設備投資需要が停滞し，カネ余り現象が生じた。また，高度成長期に金融資産を蓄積した企業や個人が有利な金融商品を選択するようになり，銀行から預金が流出した。そのために，銀行にとっても，預金金利の規制を緩和し，魅力的な預金金利を設定して資金を呼び戻すことが必要になった。

　また，戦後には日銀は財政法第5条によって国債の直接引受が禁止されているが，65年に国債発行が再開されると，金融市場が狭隘であったために，銀行や証券会社などから構成される国債引受シンジケート団が1年間保有し，その後に日銀が買い取るという方式が採られた。ところが，75年に深刻な不況対策として新規長期国債が5兆円に膨れ上がり，国債引受シンジケート団でも消化が困難になってきた。そこで，77年から発行後1年を経過した国債の市中売買が認められ，売却条件も次第に緩和されていった。また，84年からは金融機関にも国債ディーリングが認可された。銀行の国債売買が認可されるようになると，銀行業務と証券業務を規制した垣根が低められることとなった。

　また，普通銀行は，カネ余りや，ユーロ市場等を通じた資金調達力の増大を背景に，住宅ローンなどの長期貸付を広範に展開するようになり，長短金融の分離も実質的に形骸化してきた。

　さらに，日本経済が成長し，海外進出が顕著になるにつれて，資本の自由化が迫られ，金融の国際化が求められた。80年12月からは改正外為法が施行され，

内外金融市場の規制が大幅に緩和され,より高い金利,より便利な金融市場に資金が移動するようになった。

83年秋のレーガン大統領の訪日のさいに日米円ドル委員会が設置され,84年5月には同委員会の報告書と大蔵省の報告書が同時に発表され,これによって日本の金融制度改革は急速に進められた。かくして,日本の金融制度改革は,日本経済の変化と外圧を背景に推進されていったと言ってよい。

2　日本の金融制度改革

まず,金利規制については,金利の自由化という形で規制緩和が進行した。79年に自由金利商品としてCDが創設され,当初は,発行単位が5億円以上,期間が3～6カ月であったが,次第に緩和されていった。次いで,市場金利連動型預金(MMC)の取扱いが85年に始まった。MMCは,臨金法に基づいて告知され,市場金利に連動する形で上限金利が定められており,純粋な自由金利ではなかったが,本格的な金利自由化の先駆けとなった。当初,最低預入金額は5,000万円,期間は1～6カ月,金利上限はCD金利マイナス0.75%であった。また,同じく85年に大口定期預金が創設されたが,これは金利の最高限度がない自由金利商品であり,当初は最低預入金額が10億円であったが,その後引き下げられ,89年10月に1,000万円になった。この引き下げによって大口定期預金の最低預入金額がMMCの最低預入金額まで下がることになり,MMCは大口定期預金に吸収された。大口定期預金の残高は,92年末で約202億円で,自由金利預金のなかで約7割を占めた。

さらに,89年6月に小口MMCが導入されたが,MMCと同様に,CD金利が基準指標とされた。最低預入金額は300万円以上であったが,順次緩和され,90年4月には100万円となり,93年6月に定期預金金利の完全自由化措置に伴って廃止された。かくして,CD創設以来約14年間かかって定期預金金利の自由化は完了し,流動性預金も94年10月に自由化されることになった。預金,譲渡性預金に占める自由金利預金の割合は,92年末でほぼ6割に達した。

かくして,金利の自由化によって,各行の金利に違いが出るようになった。

とはいえ，実態としては，横並び金利の趨勢はあまり変わっていない。

業態規制では，金融制度問題調査会の答申を受けて92年6月に成立した金融制度改革法によって，銀行業務と証券業務の兼営が，子会社を通じて実施されることとなった。また，信託業務への参入も認可されることとなった。この業態別子会社方式については次項でみることにしたい。

また，内外金融市場の分断規制については，80年の外為法改正によって緩和され，また84年の日米円ドル委員会報告を契機に円転換規制が撤廃され，資金の国際的移動が原則として自由になった。しかし，その結果，資金の国際的移動がきわめて活発化し，内外の金利や為替相場だけでなく，内外の政治，経済上のさまざまな出来事に絶えず翻弄されやすくなっており，日本の金融，資本市場はいっそう不安定なものとなってきた。

3 業態別子会社方式

銀行と証券との相互参入方式をめぐっては，金融制度問題調査会において業態別子会社方式，特例法方式，持株会社方式，ユニバーサル・バンク方式等が検討されたが，結局，業態別子会社方式が採用されることになった(図7-2参照)。それには次のような理由がある。まず第一に，戦後処理の過程においてつくられた独占禁止法第9条が「持株会社は，これを設立してはならない」と規定して，持株会社の設立を禁止しているために，アメリカ型の金融制度をとりながらも，アメリカで認可されている銀行持株会社の設立とその子会社を通じた銀行業と証券業の兼営がすぐには実施できない事情があった。第二に，資金力が豊富な大銀行に対抗できる証券会社は少ないという業態間の利害の格差があることである。このような事情から，持株会社方式やユニバーサル・バンク方式ではなく，業態別子会社方式が採用された。

金融制度調査会の答申は，この銀行と証券の相互乗り入れは，競争を導入し，利用者の利便を図り，国際化にも対応できることを強調している。銀行サイドには，証券業務を取り入れることによって経営を多角化し，競争力と収益性の向上を図りたい意向があった。それに対して，証券会社サイドは，必ずしも積

図 7-2　92年の金融制度改革法による銀行・証券の相互参入

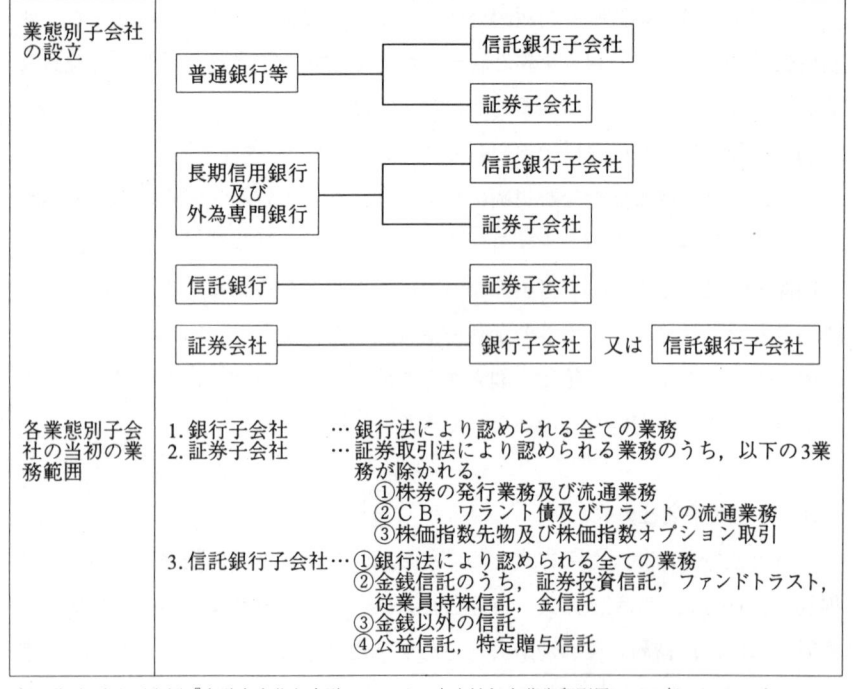

業態別子会社の設立	普通銀行等 ─┬─ 信託銀行子会社 　　　　　　└─ 証券子会社 長期信用銀行及び外為専門銀行 ─┬─ 信託銀行子会社 　　　　　　　　　　　　　　　└─ 証券子会社 信託銀行 ─── 証券子会社 証券会社 ─── 銀行子会社　又は　信託銀行子会社
各業態別子会社の当初の業務範囲	1. 銀行子会社　　…銀行法により認められる全ての業務 2. 証券子会社　　…証券取引法により認められる業務のうち、以下の3業務が除かれる。 　　①株券の発行業務及び流通業務 　　②ＣＢ，ワラント債及びワラントの流通業務 　　③株価指数先物及び株価指数オプション取引 3. 信託銀行子会社…①銀行法により認められる全ての業務 　　②金銭信託のうち，証券投資信託，ファンドトラスト，従業員持株信託，金信託 　　③金銭以外の信託 　　④公益信託，特定贈与信託

(出所) 経済企画庁編『金融自由化と金融システムの安定性』大蔵省印刷局, 1993年, 82ページ。

極的に銀行と証券との相互乗り入れを望んだわけではない。しかし，金融の自由化，規制緩和の世界的潮流のなかで，証券会社としてもそれに抵抗しきれない事情があった。そこで，業態別子会社方式による相互乗り入れ方式が導入されることになった。

　しかし，問題はこれで解決されたわけではない。業態別子会社方式という特殊な相互乗り入れ方式には，それ固有の問題がある。銀行と証券との相互乗り入れを行った場合，銀行業と証券業との利益相反が生じやすい。すなわち，銀行業務と証券業務との直接的兼営によって，銀行自身や一部の顧客が不当な利益をあげたり，大衆投資家が不利益を強いられたりする可能性がある。これを防止するために，本体による相互乗り入れでなく，子会社を通じた相互乗り入

れを行うことにしたわけである。しかし，子会社方式はかかる利益相反を首尾よく防止しうるのかという問題がある。利益相反の防止装置は，ファイア・ウォール（業務隔壁）と呼ばれている。証券取引審議会の報告書は利益相反を防止することの重要性を説き，ファイア・ウォールについて具体的な項目をあげながら，その必要性について言及しているが[7]，金融制度調査会の答申は利益相反の防止やファイア・ウォールの必要性を指摘しているにとどまっている。金融制度調査会の答申は，ファイア・ウォールがきびしい場合には，相互乗り入れの効果が失われる点をむしろ強調している。

　野村総合研究所の調査レポートは次のような指摘を行っている。本来，銀行・証券分離制度は，①銀行経営の健全性確保，②利益相反回避，③銀行への経済力集中排除，④競争条件の均衡の維持等を狙いとして設けられたものである。つまり，分離制度は銀行経営の自衛に必要な要素を多分にもっている。したがって，銀行はサウンド・バンキングとして健全経営に徹し，リスク管理にさまざまな工夫をこらして預金者の保護を図ることが重要になっている。また，銀行業は公共性が強いために，銀行業への規制や預金保険機構等のセイフティ・ネットの保護装置が設けられている。かかる銀行業のもつ公共性と優位性のために，銀行業と兼営部門との分離が必要となり，厳格なファイア・ウォールが必要となる。ところが，銀行本体と直接子会社の独立性を確保するための措置を設けたとしても，本社と資本関係をもつ子会社の経営上の意思決定において支配・従属関係が不可避的に残らざるをえないし，それに伴う一体関係を有効に断ち切るのは困難である。結局，直接的子会社方式におけるファイア・ウォール規制には本質的な限界があり，少なくともアメリカ並みのファイア・ウォール規制を行うには，中期的には持株会社子会社方式の導入が必要である。金融親会社による子会社への50％超の出資が認可されることは，事実上金融機関の株式保有制限を独占禁止法から除外することになり，金融機関には持株会社が解禁されるのと同じことを意味する。証券取引審議会報告が示している弊害の防止という観点からは，持株会社方式を利用するのが効果的であると指摘している[8]。

また，別の論者は，そもそも日本の銀行は世界ランキングでも上位を占めるところが多いし，広い業務展開も可能である。「こうした状況下で銀行制度を改革し，銀行の証券業務参入を認める必要がどこまであるのか，もっと掘り下げた検討が必要であった」と述べ，適正な証券市場の発展のためには，「米国型の銀行持株会社の導入を考えてくる必要が出てくるかもしれない」と指摘している[9]。

　これに対して，銀行サイドは，できるだけファイア・ウォールは低くし，規制ができるだけ弱い制度を要求している。銀行・証券分離主義に反対する見解として，ジェイムズ・ピアスの次のような見解がある。現在では，銀行業とそれ以外の金融業との区別は曖昧なものとなり，銀行業とそれ以外の金融業との垣根は崩れてしまっている。そのため，多くの銀行が，銀行業の分野に参入してきた証券会社，保険会社，商社から競争上の圧力を受けている。銀行・証券分離主義者によれば，支払システムの安定性のためには，個々の銀行の安定性と健全性の確保が不可欠な要素である。しかし，このような方法で安定性を生み出そうとする試みは，非効率と反競争的行為という代償を伴うことになる。支払準備制度，連邦預金保険制度，連邦準備制度の権限強化によって金融不安は解消されており，銀行業務に恣意的な制約を課す試みは，銀行業務を金融コングロマリットという，より規制の少ない世界に追い込んでしまう。銀行組織内部，および銀行組織と他の金融機関との競争を促進させ，経済の効率化を促進させながら，銀行のリスクを規制することが必要である，と主張している[10]。ただし，ピアスも80年代後半のアメリカの銀行破綻の急増に直面して，最近では，現行の連邦預金保険公社によって，金融システムの安定性が得られない恐れがあることを認め，連邦預金保険公社が全銀行を守ろうという姿勢を改め，連邦預金保険公社は付保預金だけを救済し，市場規律を機能させることによって金融システムの安定性を確保すべきだと主張している[11]。

　ピアスの主張は，さらに突き詰めると，ドイツ型のユニバーサル・バンキング化の主張に逢着することになる。しかし，ユニバーサル・バンキングを採用しているドイツの経験をみると，大銀行と大企業との直接的な結びつきが強く

なり，間接金融が進んで，証券市場の発達が阻害される可能性も考えられる。金融制度調査会も，89年の中間報告でユニバーサル・バンキングの問題点を詳しく指摘している[12]。また，ECの市場統合に当たって「第二次銀行指令」はユニバーサル・バンキング制度を採用しているが，加盟国のすべてがユニバーサル・バンキングに移行する可能性は低いことが指摘されている[13]。また，アメリカ商務省の91年の提言も，ただちにユニバーサル・バンキングへの移行を目指すものではない。金融寡頭制が再び強化される可能性が懸念される。馬淵紀壽氏は，アメリカの銀行持株会社は株式所有により銀行子会社の経営管理を強化し，銀行倒産を防止し，金融システムを安定させる役割を果たしており，この点でパブリック・インタレストがあると指摘している[14]。

このように，銀行業務と証券業務の業際問題は，業界の利害対立のほか，金融経済を左右する重大な問題を内包している。また，わが国では，上記のように戦後処理の過程で持株会社が独占禁止法第9条によって禁止されており，この規定を一挙に削除することは，他の産業分野との関連もあるので，困難な側面もあった。日米円ドル委員会報告書も，そこまで要求していない。そこで，銀行と証券の業際規制の当面の緩和措置は，銀行と証券とが，それぞれ子会社を設立して，子会社を通じて銀行と証券との相互乗り入れを行うという金融制度調査会の答申の方法が選択された。だが，業態別子会社方式が利益相反を起こしやすい弱点を有していることは否定できない。日本では，従来の体制のもとでも，リクルート事件や大口顧客に対する2,000億円を超える証券会社の損失補填が行われるという事件など多くの金融不祥事が発生している。それだけに，日本においては，利益相反問題はとりわけ重要であり，適切な対策が講じられる必要がある。

また，インサイダー取引等の不正取引を監視し，取り締まる機関が必要であり，わが国でも証券取引等監視委員会が設置された。しかし，規模も権限も小さく，アメリカの証券取引委員会のような厳格な監視や取締りは期待できなかった（表7-1参照）。また，この機関は，大蔵省に所属していることにも問題があった。わが国では，銀行も証券も大蔵省の免許制になっており，指導機関

表 7-1 証券取引等監視委員会と米国SECとの比較

	証券取引等監視委員会	米国 SEC
機　　構	大蔵省の機関	独立行政委員会
委　　員	両議院の同意により大蔵大臣が委員長と2名の委員を任命。	上院の同意を得て大統領が5名の委員を任命。
人　　員	202名（92年）	2,598名（91年）
規則制定権	なし。	規則を制定できる。
調査権限	相場操作，インサイダー取引等の犯罪事件については，捜査，差押の強制調査権あり。	捜査，差押等の強制調査権はない。だが，証人の召喚，資料の提出を命ずる召喚状を出し，これに応じない場合は，裁判所に召喚状の執行命令を求めることができる。これにも応じない場合は罰則があり，SECの調査実効性を保証。
行政処分	なし。行政処分権は大蔵大臣にあり。	以下のことができる。 ①証券会社の登録取消し，業務停止，役員の解雇等。 ②裁判所に違反行為の停止命令を請求。 ③違反者個人の証券業界からの追放。

(出所) 証券取引等研究会編『証券取引等監視委員会の活動状況』(1993年版) 金融財政事情研究会，1993年，所収の付属資料より作成。

が取締りを行う点にわが国の金融行政の問題があることは従来しばしば指摘されてきたにもかかわらず，証券取引等監視委員会の設置に関しても依然としてこの点が改善されなかった。

この金融制度改革論議では，効率性や利用者の利便性ということが主張されたが，業務規制や新金融商品の開発認可については目立った緩和が行われなかった。また，日本銀行法の改正も行われなかった。

欽定憲法のもとで，しかも戦時下で制定された官僚的，国家主義的色彩の強い日本銀行法を改正して，中央銀行の独立性と中立性を法制的に保証することが国民経済の健全な発展のためには何よりも必要なことであった。いみじくも，吉野氏も「明治15年日本銀行創立以来の歴史を深く顧み，現行日本銀行法のもつ危険な性格を十分に認識しこれを除去することが何よりも必要だ」[15] と主

張している。このような重大な欠陥の改善が図られなかったことは，この制度改革の大きな問題点でもあった。

　実際，日銀も，イギリス議会に提出した書簡で「日銀法では他国と比べて中央銀行を越える権限を行政機関に与えている」と不満を表明しているが，三重野康日銀総裁は「今すぐ改正は考えていない」と強調して，日銀法改正に正面から取り組まなかった[16]。金融理論にも反する非近代的な日本銀行法が改正されなかったために，89年12月に日銀が公定歩合を引き上げることを検討し始めたとき，当時の橋本龍太郎蔵相から「白紙撤回させる」などという態度に出られたり，政府筋から圧力をかけられたりした[17]。日銀法は，先に見たように，第43条で大蔵大臣の業務命令権を認め，第47条で内閣や大蔵大臣による日銀役員の解任権を規定しており，法的には日本の銀行行政の基本的責任は内閣，大蔵大臣にあるということになっていた。しかし，現実には，日銀はあたかも中央銀行としての独立性と中立性を維持して日本の金融行政に当たっているという姿勢を貫こうとしており，矛盾を抱えた，不安定な立場にあった。これが，日銀が中央銀行として，ドイツのブンデスバンクやアメリカのFRBのように毅然とした態度がとれない根本的な原因でもあった。また，大蔵省出身者と日銀出身者が交代で日銀総裁に就任するなどという慣例も廃止されて当然であった。

　以上において見てきたような形で，戦後日本の金融制度改革は推進されてきた。それは，金利の自由化などの成果をあげたとはいえ，きわめて不十分なものであり，護送船団方式を大きく変えるものではなかった。本格的な金融制度改革は，次章で検討する日本版金融ビッグバンで行われることになった。

V　日本の金融行政とその改革

1　戦前の金融行政

　第一次大戦ころまでは，金融機関の育成の必要性もあり，金融行政は比較的に規制の緩いものであった。しかし，第一次大戦後の不況，昭和金融恐慌，昭

和恐慌を経て，日本が次第に戦時体制を強めていくなかで，金融行政もきわめて規制の強いものへと変わっていった。

　第一次大戦後の不況のなかで企業や銀行の倒産が増え，23(大正12)年には関東大震災が発生し，京浜地方の企業と銀行の大半が壊滅的な被害を被った。この年に，大蔵省は「普通銀行の業務改善に関する論達」を出して新規店舗の抑制，検査の強化を図り，翌24(大正13)年には預金金利協定の厳守や株式配当の減額を通達した。さらに，27(昭和2)年3月には，東京渡辺銀行とあかぢ貯蓄銀行が休業したのをきっかけに昭和金融恐慌が発生し，多数の銀行が破綻した。政府は金融パニックの収拾に当たるとともに，同月に銀行法を公布(28年1月実施)し，弱小地方銀行を中心に合同を進め，銀行間の競争の抑制を図った。その後，金融機関は急激に減少した。また，同法は，金融機関の商号，支店の新設，合併，解散等について大蔵省の認可を得なければならないものとし，27年11月公布の銀行法施行細則によって自己資本比率，大口融資等を行政指導の対象とした。これらによって，大蔵省の裁量行政の原型が作られた[18]。

　29(昭和4)年10月にはウォール街で株価の大暴落が生じて，アメリカで大恐慌が発生した。しかし，日本政府はそれ以前から準備していた金輸出解禁を翌30(昭和5)年に断行し，物価が暴落し，30～31年は昭和恐慌と呼ばれるきびしい恐慌となった。世相が混迷するなかで，31(昭和6)年9月には満州事変が引き起こされ，その3日後にはイギリスが金本位制を離脱した。同年12月に若槻内閣が総辞職し，犬養内閣が成立して金輸出再禁止を実施し，金兌換をも停止した。

　政府は32(昭和7)年6月に兌換銀行券条例を改正し，銀行券の保証発行限度を引き上げて通貨発行量を拡大したうえで，日銀引受の赤字国債を大量に発行し，景気刺激を行った。32年には内国債の発行は10億円に倍増し，その後41年には100億円，43年200億円，44年300億円という大量の国債が発行されることになった。この大量の国債を消化し，また戦争を遂行するために，市場金利を低く抑える必要があり，33年以降は，過去最低の3.65％という低金利政策が実施された(表7-2参照)。かくして，高橋是清大蔵大臣は，景気刺激を行うた

表 7-2　戦前の国債発行と公定歩合の推移

(単位：100万円，％)

年	内国債発行高	内国債年度末残高	公定歩合（年末）
1925	601	3,520	7.30
26	538	3,711	6.57
27	742	3,944	5.48
28	689	4,380	5.48
29	559	4,513	5.48
30	266	4,477	5.11
31	458	4,715	6.57
32	1,097	5,664	4.38
33	1,066	6,724	3.65
34	1,063	7,688	3.65
35	1,051	8,522	3.65
36	2,871	9,258	3.29
37	2,259	11,517	3.29
38	4,548	16,065	3.29
39	5,563	21,628	3.29
40	6,983	28,611	3.29
41	10,638	39,249	3.29
42	14,973	54,222	3.29
43	22,439	76,661	3.29
44	31,233	106,745	3.29
45	33,495	139,924	3.29

(出所) 総務庁統計局監修『日本長期統計総覧』第3巻，日本銀行『日本銀行百年史』資料編。

めに金融緩和政策と国債発行の拡大を行ったが，この政策は戦時体制が強化されるなかで軍事資金の供給に利用されていった。これが，戦後直後の激烈なインフレーションの主要な原因の1つとなった。

また，それまで原則自由であった外国為替管理が，33(昭和8)年5月施行の外国為替管理法によって規制されることとなり，外貨取引の規制や外国為替レートの公定等の項目が盛り込まれた。

37(昭和12)年7月には日中戦争が勃発し，このころから政府の金融統制が本格化した。まず，同年1月に輸入為替管理令が施行され，貿易と為替取引の統制が行われた。また，9月施行の臨時資金調整法によって，銀行の設備投資に対する融資(一定額以上)には大蔵大臣の許可が必要になった。さらに，38(昭

和13)年5月には国家総動員法が施行され,政府は戦争目的のために,資金,生産,流通,労働等の全般にわたって統制できるようになった。39(昭和14)年4月には,会社利益配当及資金融通令,40(昭和15)年10月には会社経理統制令が施行され,会社の利益処分や株式配当の抑制が法制化された。

このような戦時体制を築き上げた後,日本は41(昭和16)年12月に太平洋戦争に突入した。太平洋戦争が開始された翌年の42(昭和17)年には,金融統制の総仕上げとして,日本銀行条例と兌換銀行条例等が廃止され,日本銀行法が制定された。同法によって,日銀の第一の目的は国家経済総力の発揮を図ることとされ,その業務命令権と役員解任権は大蔵大臣に与えられ,政府の中央銀行に対する優位が法制化された。

野口悠紀雄氏は,このころに作り上げられた戦時体制を「1940年体制」と呼び,それが戦後も続いていると主張した[19]。金融に関しては,戦後処理の過程で,あまり大きな改革が行われなかったため,戦時中に形成された大蔵省主導の裁量的金融行政や間接金融方式等が戦後の金融制度に引き継がれたということは否定できない。

2 戦後の金融行政

第二次大戦直後の戦後改革において,日本では,ドイツと異なり,経済官庁の官僚機構の大きな改革が行われず,金融改革も実現しなかった[20]。日本銀行法の根幹部分が改正されなかったばかりか,銀行に対しては集中排除法が適用されず,戦時の金融システムが残された。そのため,戦後の金融行政においても,大蔵省が金融機関を全面的に認可,指導,監督するというシステムが継承された。目標が戦時中の戦争遂行から,戦後は経済復興と経済成長に変わったが,大蔵省はその権限を維持し,強めていった。金融機関の業態規制,金利規制,内外分断規制といった護送船団的金融制度が構築されるなかで,金融機関の競争を制限し,1行たりともつぶさないという姿勢のもとに,大蔵省主導の金融行政が行われた。

復興期と高度経済成長期には資金不足が常態であり,経済の発展を達成する

ために，国民の貯蓄を金融機関を通じて効率的に基幹産業の大企業に配分する間接金融方式が継承された。都銀は慢性的なオーバーローンに陥り，日銀借入に依存する状態となった。また，日銀は，窓口指導によってこのような体制を支援し，調整を行った。

　大蔵省は，銀行の新規参入，支店の設置，新たな金融商品やサービスの開発等について規制した。大蔵省の認可がなければ銀行はほとんど何もできない状態になった。このようななかで，金融機関は，MOF担と呼ばれる大蔵省担当者を配置して，大蔵省の動向に関する情報収集に努め，大蔵省との緊密化を図った。こうした慣行が，大蔵省官僚の金融機関への天下りや金融機関による過剰接待へとつながっていった。

　また，大蔵省は，護送船団方式の下で金融機関の経営基盤の強化と破産の回避のための手段として，合併を推進した。この手法は，バブルが崩壊した後にも踏襲され，金融不祥事で91年に事実上解散した東洋信用金庫も，三和銀行に救済合併されるという形をとった。

　しかし，平成不況が深刻化し，各金融機関の体力が低下するなかで，救済合併が困難となってきた。94年の東京協和信用組合と安全信用組合の破綻では，合併の相手が見つからず，東京共同銀行を新設して処理する方法をとった。さらに金融機関の破綻が増加すると，このような形式もとりにくくなり，ブリッジバンクや一時国営化で処理を進めるようになった。しかし，かかる処理方法は護送船団的な思考に基づく漸進的な処理方法であり，依然として戦後の護送船団方式から脱却できていないと言ってよい。長銀や日債銀の処理の経過に見られるように，債務がどんどん膨らんで，国庫負担がますます大きくなっていった。

　金融機関が破綻して取付け騒ぎ等の金融パニックが予想される場合には，日本銀行は最後の貸し手(lender of last resort)として無担保，無制限の特別融資を実施した。また，破綻金融機関の処理に際して，政府・大蔵省は，金融界に対する協力要請や公的資金の投入を行うようになった。そのなかで，次のようなケースが衆議院予算委員会(99年8月)で問題となった。

97年6月に金融界に対して日債銀への奉加帳方式による増資を求めたが，同行は98年12月に破綻した。また，同行へは，98年3月に健全銀行であるとして600億円の公的資金を注入したが，この返済も不能となった。

　97年11月には，山一証券は債務超過でないとして日銀特融を求めたが，同証券は99年6月に1,602億円の債務超過で自己破産した。この時点で，山一には，日銀特融の残高が4,900億円あった。

　また長銀も，98年3月に健全銀行として1,766億円の公的資金が投入されたが，98年10月に破綻した。

　審議のなかで，宮沢蔵相は「個々の行政，公務員に違法行為があったとは考えていない」と答え，政府はこの行政責任を否定した。関係者の誰もが責任を取らず，物言わぬ国民に負担が押しつけられている。

　結局のところ，98年に施行された金融再生法に基づく破綻処理においても，処理の期間が長すぎて，破綻金融機関の債務がますます膨張してゆき，国民負担が増加している。

　戦後の金融行政を振り返ってみると，それは資金不足の状況下ではかなり有効に作用し，日本の経済成長に大きく貢献した。しかし，74年に低成長期に入ると，戦後の金融システム自体が有効に作用しなくなり始め，金融自由化の動きも進行した。さらに，バブル期には，護送船団方式のもとで，金融機関が無謀な行動をとり，バブルの崩壊とともに，問題が噴出してきた。

　戦後日本の金融行政の問題点として，以下のような諸点を指摘できる。

　第一に，護送船団方式の下では，銀行は大蔵省の指導に従っていれば，倒産の心配がなく，銀行は経営の効率化や近代化に努めなくてもよく，銀行の不倒神話がつくられた。そして，安易な経営に流れるモラル・ハザードが発生した。その最たるものは，バブル期の無謀な不動産融資であった。バブル期には，多くの銀行が，不動産担保さえあれば，十分な審査もせずに，巨額の融資を行った。その結果，バブルの崩壊とともに，多くの銀行が巨額の不良債権を抱え込んで，財務体質を悪化させ，倒産したり，公的資金による支援を受けるようになった。しかも，この銀行の行動が，まさしく平成不況を深刻化させ，長期化

させた根本原因であり，国民経済にとってきわめて深刻な問題となった。

　第二に，間接金融方式はベンチャー企業には資金が供給されにくいシステムである。銀行はリスクが高く，担保の少ないベンチャー企業へは融資を控えるからである。経済成長をリードする企業は時代の変化とともに変わるので，多くの新たな企業を育成することが国民経済にとって重要である。したがって，今日では，間接金融方式を前提とする金融行政は転換をすることが必要になっている。

　第三に，大蔵省が金融機関に対して全般的な権限をもつ戦後の金融行政は，大蔵省と金融機関との癒着を生みだし，過剰接待事件に象徴されるような金融不祥事の温床となった。また，大蔵官僚の金融機関への天下りも一般化し，金融行政を歪める原因となった。

　第四に，戦後の金融行政は大蔵省による事前的な金融規制であった。それは，大蔵省の権限を必要以上に強固にするものであり，また金融機関の経営や業務の近代化を大きく抑制するものであった。

3　金融行政の改革

　金融システムの改革は，92年の金融制度改革法を経て，次章で検討する金融ビッグバンによって，大改革が推進されている。また，日本銀行法も改正され，98年4月から施行され，政府・大蔵大臣の権限が縮小され，日本銀行の独立性が強化された。

　戦後の金融行政には，前項でみたような問題点があり，98年には，大蔵省の金融行政の権限の一部が金融監督庁に委譲された。また，大蔵省は財務省に改組されることになった。

　今後は，直接金融の比重が増えていくものと思われるが，直接金融優位の金融システムの下では，金融機関や投資家の自由な行動が最大限保証される必要がある。したがって，金融規制はルールに基づく事後的なチェックに変更される必要がある。

　ルール違反を犯した金融機関は，ルールに基づいて処罰されるシステムにし，

大蔵省による従来のような裁量的金融行政は廃止すべきである。取締機関の権限の強化と人員の拡充を行い，不正をできるかぎり少なくし，世界から信頼される金融市場を築き上げるべきであろう。

また，公的資金による株価維持政策が実施されているが，このような操作は，株式市場における市場メカニズムを機能不全にし，結果的に株式市場の低迷を長期化させており，好ましくない。

また，バブルの崩壊後，金融当局は，金融機関の不良債権総額の実態をなかなか公表しようとしなかった。金融当局が金融機関のディスクロージャーを徹底しないために，金融機関の不良債権がどれほどあるのかわからず，投資家が疑心暗鬼になり，不況を長引かせた。こうした姿勢は改め，金融機関の不良債権や自己資本比率等，必要な情報を開示するようにしなければならない。

教訓として言えることは，政府・金融当局は，問題となる現象に関して，無責任な弥縫策を重ねるような行政をしないことである。経済の疲弊や国民負担を軽減するために，責任を持って迅速かつ抜本的な施策を行うように改めるべきであろう。透明なルールと責任体制の確立がとくに大切である。

1) 吉野俊彦『日本銀行』岩波書店，1963年，28-29ページ。なお，本節については，中村政則『昭和の恐慌』小学館，1988年，吉野俊彦『日本銀行制度改革史』東京大学出版会，1962年をも参照。
2) 吉野『日本銀行』56ページ。
3) Thomas F. Cargill and Gillian G. Garcia, *Financial Deregulation and Monetary Control*, 1982. （立脇和夫・鑞山昌一訳『アメリカの金融自由化』東洋経済新報社，1983年）。高木仁「アメリカ金融制度改革の長期的展望」『金融経済研究』創刊号，1991年7月。西川淳子・松井和夫『アメリカ金融史』有斐閣，1989年，等を参照。
4) The Department of the Treasury, *Modernizing the Financial System: Recommendations for Safer, More Competitive Banks*, 1991.
5) William R. Keeton, "The Treasury Plan for Banking Reform," *Economic Review*,(Federal Reserve Bank of Kansas City) May/June 1991.
6) 高木，前掲論文，33ページ。
7) 証券取引審議会『基本問題報告書——証券取引に係わる基本的制度の在り方

について—』1990年5月。
8) 水口宏・資本市場調査部「金融制度改革とファイアーウォールの在り方」『財界観測』1992年4月号。
9) 西條信弘「金融制度改革の諸問題」『インベストメント』1992年2月号,55-65ページ。
10) Ingo Walter ed., *Deregulating Wall Street*, 1985.(川口慎二監訳『銀行の証券業務参入』東洋経済新報社,1990年)所収のPierce論文参照。
11) James L. Pierce., *Future of Banking*, 1991.(藤田正寛監訳『銀行業の将来』東洋経済新報社,1993年)。
12) たとえば,①金融機関が価格変動の大きい証券を大量に扱うことは,預金者保護の観点から問題がある,②金融機関は内部情報に接する機会が多いので,自らや特定顧客に有利に内部情報を利用し,一般顧客の利益が侵害される可能性がある,③金融機関は企業財務全般に関与しているため,企業への影響力が過大になる恐れがある,④銀行の主な収入源は預金を調達源とする貸付であるので,有価証券の販売に大きな関心を持たず,証券市場の発達が損なわれかねない,⑤銀行は中央銀行からの借入れも可能であり,資金面で証券会社よりも有利になる,等のことが指摘されている。大蔵省内金融制度問題研究会編『新しい金融制度について—金融制度調査会答申—』487-490ページ参照。
13) 相沢幸悦『ユニバーサル・バンキング』日本経済新聞社,1989年,292ページ。
14) 馬淵紀壽『アメリカの持株会社』東洋経済新報社,1987年,参照。
15) 吉野俊彦『日本銀行制度改革史』501ページ。
16) 『日本経済新聞』1994年1月28日付。
17) 同上紙,1989年12月19日付夕刊。
18) 戦前の金融史の研究は多数あるが,伊藤修『日本型金融の歴史的構造』東京大学出版会,1995年,寺西重郎『日本の経済発展と金融』岩波書店,1982年,朝倉孝吉『新編 日本金融史』日本経済評論社,1988年等,参照。
19) 野口氏は、この当時に制定された法律に基づいて構築された、大蔵省主導の裁量的金融行政、間接金融方式、春闘方式、企業別組合、終身雇用制、株主軽視の低額配当という1940年体制が、戦後も生き続けていると主張している(野口悠紀雄『1940年体制』東洋経済、1995年、参照)。このような特徴は、すでに岡崎哲二氏によっても、明らかにされている(岡崎哲二「戦時計画経済と企業」東京大学社会科学研究所編『現代日本社会』第4巻、東京大学出版会、1991年等参照)。
20) 野口,前掲書,第5章,参照。

第 8 章

日本版金融ビッグバン

　前章で見たように，日本の金融システムは，戦後長い間，護送船団方式と呼ばれる規制の強いものであり，戦後の復興期や高度成長期には大きな役割を果たしたが，その後さまざまな問題が生じ，1980年代には規制緩和が始まった。それは「金融の自由化」と呼ばれた。金融の自由化が推進されるなかで，94年には預金金利が完全に自由化された。しかし，業態規制の緩和については，92年に成立した金融制度改革法でも，十分な規制緩和とはならなかった。

　日本の経済危機が深刻化し，東京金融市場の空洞化が顕著になるなかで，首相の諮問機関である経済審議会の行動計画委員会のワーキング・グループが，96年10月に報告書を提出した。この報告書は高度情報通信，物流，金融，土地・住宅，雇用，医療・福祉の6分野のワーキング・グループの報告を含んでおり，橋本首相はこの報告書を受けて，同年11月に6大改革（行政改革，経済改革，財政構造，金融システム改革，社会保障改革，教育改革）の一環として，日本の金融制度の大改革を指示した。これが日本版金融ビッグバンである[1]。

　本章では，1998年4月に始まり2001年3月に完了する日本版金融ビッグバンの概要と問題点について検討することにしたい。

I 日本版金融ビッグバンの概要

1 日本版金融ビッグバンの目的

　日本版金融ビッグバンの目的は，端的に言えば，規制の強い日本の金融市場を市場原理がよりよく機能するシステムに変革して金融機関の競争力の強化と利用者の利便性の向上を図るとともに，対外金融取引の完全自由化と会計制度の国際標準化を推進して日本の金融の国際化を図ることである。

　日本経済は，99年においてもバブル崩壊後の大不況から脱出できず，沈滞した状況にある。これは，バブル経済の崩壊だけでなく，日本経済が成熟期に入って成長率が鈍化してきたことや，日本企業の国際競争力が弱まったことを背景とした構造不況である。しかも，21世紀には，人口の高齢化，少子化が深刻になることが予想されており，日本経済の構造改革は差し迫った課題となっている。

　他方で，日本経済は高度経済成長を実現し，経済のストック化が顕著になり，個人の金融資産の蓄積は1,200兆円という巨額なものになっている。成熟期に入った日本経済を活性化し，21世紀の展望を切り拓くには，このストックを有効に活用することが必要である。

　日本版金融ビッグバンは，成熟期に入った経済状況のなかで，金融資産をより有効に活用できるように，金融市場を抜本的に改革することを目指している。規制の強い金融市場を自由に競争できるものに変革し，市場原理がよりよく働く状況をつくり出すことを目指している。また，東京金融市場の衰退傾向が著しくなるなかで，これに歯止めをかけ，東京金融市場を有力な国際金融センターにするために，対外金融取引の完全自由化が企図されている。

　橋本首相は，96年11月に金融ビッグバンを2001年度までに達成することを指示し，フリー，フェア，グローバルというスローガンを掲げた。

　日本の金融市場は，護送船団的規制の下で，フリー，フェア，グローバルといった点に関して，非常に遅れていた。日本の金融機関は，当局の強い規制下

にあり，きびしい競争を免れたが，自由な業務展開ができなかった。

バブルが崩壊し，金融問題が社会問題化するなかで，金融機関がモラル・ハザードを起こし，金融当局は金融機関と不適切な関係を持っていたことが明らかとなった。このような日本の金融市場を，フリー，フェア，グローバルな金融市場に改革することは，きわめて切実なことである。

しかしながら，ビッグバンを実行するのは簡単なことではない。なぜならば，改革は従来の制度を変えるわけだから，業界ごとに利害が異なるほか，国民の間でも利害が異なり，利害の衝突が生じるからである。これまで規制に守られ，それに安住してきた人々はそれが維持されることを望み，規制にまつわる既得権益を放棄することに抵抗する人々が出てくるからである。

また，改革が実施されれば，これまで規制に安住して，競争力をつけてこなかった金融機関は，バブル崩壊後の苦境のなかで破産の危機に瀕する可能性がある。金融機関の倒産が増加すれば，金融パニックが生じかねないので，そのための対策も講じられる必要がある。しかし，従来のシステムがうまく機能しなくなってきている以上，大改革は敢行されねばならない。

日本版金融ビッグバンでは，護送船団方式の諸規制，とりわけ業態規制と内外分離規制が大幅に緩和ないし撤廃される。業態規制については持株会社方式による相互参入が実施され，内外分離規制については外国為替管理法の改正が行われた。また，金融行政に関しては，金融監督庁が新設されるなどして，金融行政の改革が行われている。さらに，金融政策の適切な実施等のために，日本銀行の独立性の強化を盛り込んだ日本銀行法の改正が行われた。

2 持株会社活用による金融機関の相互乗り入れ

業態規制の緩和に関しては，銀行と証券会社の間で，長期にわたる攻防が続いたが，いわゆる「二つのコクサイ化」に象徴されるような金融環境の変化から，その緩和が避けられなくなり，徐々に自由化が進められた。

金融制度調査会は，金融機関，とくに銀行，信託銀行，証券会社との間の相互乗り入れを検討した結果，業態別子会社方式が適当であるとの結論に達し，

それが92年6月に成立した金融制度改革法となった。しかし，この業態別子会社方式では，親会社が子会社の負債に責任を負わざるをえない可能性が高かったり，直接的な親子関係からファイア・ウォールが尻抜けになる可能性があり，子会社の業務がきびしく規制された。そのため，業態別子会社方式には当初から批判が少なくなかった[2]。

今回の金融ビッグバンでは，金融制度調査会は，金融機関の相互乗り入れをさらに自由化するため，純粋持株会社としての金融持株会社を導入して，保険会社をも含めた各業態の相互乗り入れを実施する答申を行った（図8-1参照）。これは，ビッグバンと呼ぶにふさわしい内容のものと言ってよい。

純粋持株会社としての金融持株会社方式の利点は，第一に，各子会社が兄弟会社となり，リスク管理がより徹底できることである。たとえば，銀行と証券会社が直接的な親子関係にないため，証券会社のリスクが銀行に直接的に波及しにくくなる。その意味で，業態別子会社方式に比較して，リスクの波及がより有効に遮断され，金融持株会社を中心とした金融グループの経営の安定化が可能となる。第二の利点は，兄弟会社の関係の方が，親子会社の関係よりもファイア・ウォールが徹底しやすく，規制が緩やかですみ，それだけ兄弟会社が幅広い業務を行える余地があり，業務の多様化，専門化が図りやすい点である。実際，2001年度までには，金融持株会社傘下の兄弟会社は各業態のすべての業務を認められる予定である。なお，金融ビッグバンが推進されるなかで，業態別子会社の業務規制が全面的に撤廃されようとしているが，これは前述の理由から望ましくないであろう[3]。

ともかく，金融持株会社の活用による金融機関の相互乗り入れによって，様々な金融商品や金融サービスを提供する金融機関や金融会社が現れ，日本の金融市場が活性化することが期待されている。

なお，金融持株会社がいかなる形で活用されるのか不明確なところもあるが，金融持株会社が一般の事業会社を子会社として所有することを認めるかどうかという点については，戦前の状況を考慮すれば，やはり規制がなされてしかるべきであろう。また，金融持株会社は，情報を十分に開示し，傘下の金融子会

図 8-1　金融持株会社の例

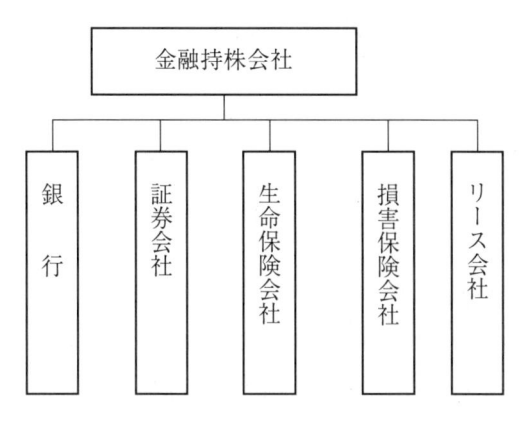

```
              金融持株会社
    ┌──────┬──────┼──────┬──────┐
   銀行   証券会社  生命保険会社 損害保険会社 リース会社
```

社の健全な管理・運営に努めなければならない。

3　銀行業改革

　銀行業は，金融持株会社の活用によって，業務を大幅に多角化できるようになり，証券関連商品も取り扱えるようになる。

　銀行は，98年12月より自ら投資信託を開発し，窓口で販売できるようになった。今後，投資信託等の商品開発力や販売力が銀行の収益力の格差を生み出す要因にもなるであろう。

　なお，銀行は，投資信託の販売に際して，投資信託がリスクを伴う金融商品であり，元本割れする可能性があることなど，販売する商品に関する情報を顧客に十分に告知することが必要である。他方，顧客の側もハイリターン商品にはハイリスクが伴うことを十分に理解して購入し，元本割れした場合でも，それは自己の責任になることを知っておかねばならない。

　また，銀行は，規制緩和や撤廃によって，より自由で，多様な業務展開ができるようになる。インターネット・バンキングを展開したり，決済専門銀行を設立することも可能になる。

　他方で，銀行業もビッグバンによって市場原理が働くようになり，経営に失

敗すれば，倒産するようになる。ペイオフ制度の実施が予定されており，銀行が破綻した場合，預金のうち1,000万円を超える金額は保護されなくなる。したがって，利用者にとって，どの銀行と取引し，どのような資産運用を行うのかということがこれまで以上に大切なことになる。そのために，銀行は利用者に対して十分なディスクロージャーを行う必要がある。また，銀行の十分なディスクロージャーは，東京金融市場を有力な国際マネーセンターに育て上げるためにも大切なことである[4]。

　銀行は，自己資本比率等によって経営のチェックを受け，自己資本比率が悪化すれば，金融監督官庁から，早期是正措置によって業務制限や業務停止命令を受けるようになる(図8-2参照)。銀行も，収益性を重視して，経営努力を行わなければならなくなる。

　深刻な金融危機が続くなかで，97年11月に都銀の北海道拓殖銀行，98年10月に日本長期信用銀行，同年12月に日本債券信用銀行が破綻した。中小金融機関の倒産は増加傾向にあり，99年4月には，債務超過に陥った第二地方銀行の国民銀行が金融監督庁から業務停止命令を受けて破産処理されることになった。今後，このような形の中小金融機関の整理が進むものと思われる。

　大手金融機関であれ，中小金融機関であれ，生き残っていくには，それぞれの持ち味を生かし，効率的な銀行経営を行うことが迫られている。都銀も海外業務の整理や国内店舗の統廃合によってコストを削減し，新しい金融商品やサービスの開発に努めることが必要になる。また，技術力や資金力で劣る中小銀行は，地域経済を重視した営業活動を行い，地域とともに生きることがいっそう重要になる。ビッグバンによって，日本に進出してくる外国金融機関が増えるであろうが，従来のような横並び経営では，日本の金融機関は，きびしい競争を勝ち抜いてきた海外金融機関とまともに競争することができないであろう。

4　証券業改革

　今回の金融ビッグバンの重要項目の1つは，証券業に関するものである。先

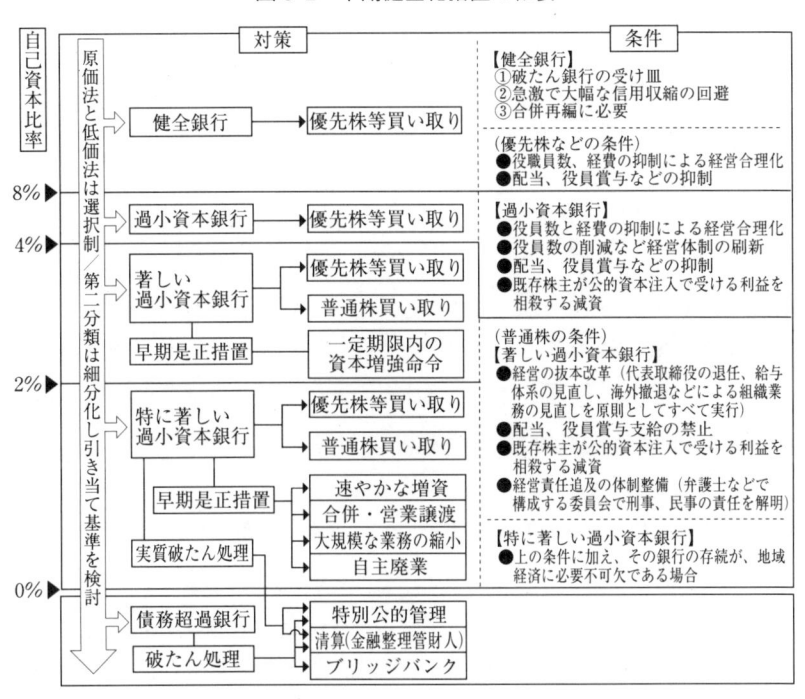

図 8-2 早期健全化措置の概要

自己資本比率		対策		条件
	原価法と低価法は選択制、第二分類は細分化し引き当て基準を検討	健全銀行 → 優先株等買い取り		【健全銀行】①破たん銀行の受け皿 ②急激で大幅な信用収縮の回避 ③合併再編に必要
8% ▶				(優先株などの条件) ●役職員数、経費の抑制による経営合理化 ●配当、役員賞与などの抑制
4% ▶		過小資本銀行 → 優先株等買い取り		【過小資本銀行】●役員数と経費の抑制による経営合理化 ●役員数の削減など経営体制の刷新 ●配当、役員賞与などの抑制 ●既存株主が公的資本注入で受ける利益を相殺する減資
		著しい過小資本銀行 → 優先株等買い取り／普通株買い取り 早期是正措置 → 一定期限内の資本増強命令		(普通株の条件) 【著しい過小資本銀行】●経営の抜本改革(代表取締役の退任、給与体系の見直し、海外撤退などによる組織業務の見直しを原則としてすべて実行)
2% ▶		特に著しい過小資本銀行 → 優先株等買い取り／普通株買い取り 早期是正措置 → 速やかな増資／合併・営業譲渡／大規模な業務の縮小／自主廃業 実質破たん処理		●配当、役員賞与支給の禁止 ●既存株主が公的資本注入で受ける利益を相殺する減資 ●経営責任追及の体制整備(弁護士などで構成する委員会で刑事、民事の責任を解明) 【特に著しい過小資本銀行】●上の条件に加え、その銀行の存続が、地域経済に必要不可欠である場合
0% ▶		債務超過銀行 → 特別公的管理 破たん処理 → 清算(金融整理管財人)／ブリッジバンク		

(出所)『朝日新聞』1998年10月26日付。

進国では、銀行の預金や貸出等の伝統的業務が成長の見込める業務でなくなりつつあり、銀行は他の業務を開拓することを迫られている。その際、成長が見込めるのは証券関連の業務である。日本の金融制度は伝統的に間接金融の性格が強く、徐々に変化してきてはいるが、アメリカに比べて、直接金融市場の比率は小さい(図8-3参照)。しかし、成熟期に入っている日本経済にとって、直接金融市場の役割が重要性を増してきている。とくに、日本経済の活性化にとって、ベンチャー企業の育成が必要だが、その際、証券市場を通じたマネーフローの重要性が指摘されている[5]。また、高齢化時代を迎え、年金基金なども、証券市場を有効に活用することが必要である。

しかし、取引コストが高く、利便性が悪く、不透明な日本の証券市場は、バ

図 8-3　個人金融資産残高の構成比（％）

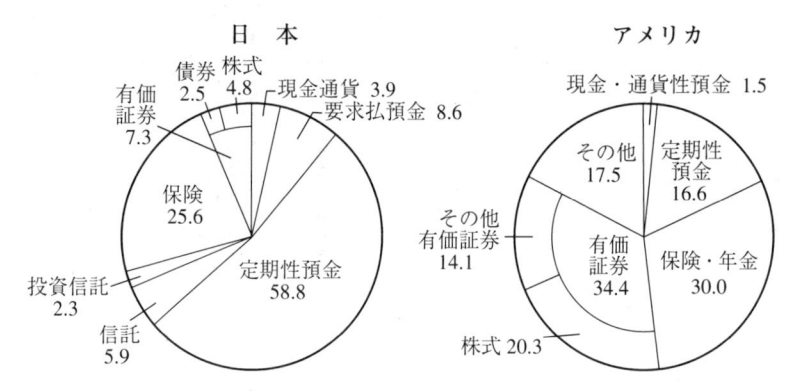

日　本

- 債券 2.5
- 株式 4.8
- 現金通貨 3.9
- 要求払預金 8.6
- 有価証券 7.3
- 保険 25.6
- 投資信託 2.3
- 信託 5.9
- 定期性預金 58.8

アメリカ

- 現金・通貨性預金 1.5
- その他 17.5
- 定期性預金 16.6
- その他有価証券 14.1
- 有価証券 34.4
- 保険・年金 30.0
- 株式 20.3

（注）1997年末。
（出所）東京証券取引所『東証要覧』1999年版。

ブルの崩壊後の株式相場の低迷と相まって，日本の金融市場の空洞化の典型となっている。そこで日本の証券市場を抜本的に改革し，国際競争に耐えうるものにすることが必要になっており，次のような改革が企図された。

(1) 証券業界への他業種の参入。証券取引法第65条によって禁止された銀行と証券との兼業禁止は，金融自由化の流れのなかで若干緩和され，92年の金融制度改革法で業態別子会社を通じた相互乗り入れ方式が選択された。しかし，この改革では，証券子会社は株式の売買やデリバティブ取引等が禁止され，証券会社にとって重要な業務が認可されなかった。

金融ビッグバンでは，金融持株会社を活用することによって，2001年度までに証券子会社にすべての業務が認可され，この証券子会社が既存の証券会社と同じ業務ができるようになる。このことによって，証券業界も競争がきびしくなり，安易な経営を続ける証券会社は市場からの退場を余儀なくされることになる。証券業界に競争原理が導入されることによって，証券会社の経営強化とサービスの向上が実現することが期待される。

(2) 株式売買委託手数料の自由化。株式売買手数料は，アメリカでは1975年のメーデー，イギリスでは1986年のビッグバンで，すでに実施されている（表

表 8-1　日本版ビッグバン以前の制度の違い

	日　本	米　国	英　国
銀行・証券・保険業務の分離	証取法で銀行・証券を分離。業態別子会社で銀・証や生保・損保の相互参入を認めるが業務内容には制限がある。銀行・保険は不可	グラス・スティーガル法で銀・証を分離しているが，FRBが運用改正を準備中。銀行・保険は子会社方式で事実上乗り入れ可能に	銀行・証券・保険の兼営が可能なユニバーサルバンク制度。証券発行業務と銀行業務を合わせたマーチャントバンクが発達
金融持株会社の設立	独禁法で純粋持株会社の成立を禁止	持株会社は原則自由だが銀行は業法で規定	自由。純粋持株型と事業持株型が併存
株式と売買手数料と税制	10億円超を除き0.1—1.15%の固定手数料。譲渡益課税のほか0.21%の有取税	75年以降は自由交渉制に。取引時の課税はなく，譲渡益に総合課税	86年のビッグバンで最低手数料性を廃止し自由。譲渡益課税と買い手に0.5%の印紙税

(出所)『日本経済新聞』1999年11月12日付。

8-1参照)。これは，国際的な流れであり，日本版ビッグバンでも株式売買手数料を段階的に自由化することになった。

　98年4月に5,000万円以上の証券取引に関して手数料が自由化され，99年10月には小口取引も自由化された。売買手数料の完全自由化が行われると，手数料の引き下げ競争が生じ，顧客にとって株式市場がより魅力的なものになる。他方で，日本の証券会社はこれまで売買手数料の固定制の下で売買手数料収入に大きく依存してきたために，売買手数料の自由化によって手数料収入が落ち込み，経営が苦しくなることが予想される。

　証券会社は，優れた市場分析によって情報提供料を得たり，魅力的な投資信託等を開発して手数料収入を増やすなどして収益力を上げることが必要になる。また，インターネット等の活用によって，コストを削減して低料金で魅力的なサービスを行い，顧客の獲得を狙う証券会社も増えている。

　イギリスでは，ビッグバンによって経営基盤の脆弱な証券会社が外資系金融機関に買収されて，いわゆるウインブルドン現象が生じたが，表8-2にも示

表 8-2　3大株式市場の売買代金の比較

(単位:億ドル, %)

	1985年末		1990年末		1995年末		1997年末	
	売買金額	シェア	売買金額	シェア	売買金額	シェア	売買金額	シェア
ニューヨーク	9,705	67.2	13,253	41.8	30,829	60.4	57,776	66.5
ロンドン	763	5.3	5,441	17.1	11,343	22.2	20,129	23.2
東京	3,968	27.5	13,031	41.1	8,894	17.4	8,982	10.3

(出所) 東京証券取引所『東証要覧』各年版より作成。

されているように，取引高が増えて証券市場は活性化した[6]。

(3) 証券会社の登録制。98年12月に証券会社が登録制になった。証券会社の設立が認可制から登録制になれば，証券行への参入がいっそう容易になり，競争が促進される。自由競争の下では，特色ある業務の展開，新商品の開発，サービスの向上に努めることが必要になってくる。99年10月の株式売買手数料の自由化を契機に，インターネット取引に特化した証券会社の新規参入が増えている。

(4) 有価証券取引税の廃止。有価証券取引税に関しては，アメリカが廃止しており，日本での取引が不利であった。日本の金融市場の空洞化が著しくなるなかで，99年4月にやっと有価証券取引税が廃止されることになった。

97年10月には，証券総合口座が認められ，ラップ口座等の新商品の自由化等が検討されつつあり，証券業では多様な改革が進みつつある。

5　保険業改革

保険業はきわめて規制の強い業界であり，保険会社は独占禁止法の特別例外規定によって保護されてきた。そのため，経営の近代化が遅れており，経営が悪化しているところも少なくない。しかし，金融自由化の流れのなかで，96年4月には改正保険業法が施行され，改革が始まった。96年10月から，生命保険会社と損害保険会社が子会社を通じて相互乗り入れできるようになった。また，96年12月には，日米保険協議が一応の決着をみた。

金融ビッグバンがスタートした98年4月以降の改革としては，同年7月に料

率算定会制度の改革によって損害保険料が自由化された。保険審議会は消極的な答申を出しているが，保険業自由化の世界的な流れや日米保険協議の合意からしても，2001年度1月までに，保険業のビッグバンが実施されるであろう[7]。

保険業の抜本的な改革によって，保険各社は他業種や外資の参入によってきびしい競争条件の下におかれることになるが，保険商品，価格，サービス等の面で自由裁量の余地が高まり，より効率的な経営を推進できるようになる。他方で，利用者にとっても，他業種や外資の参入によって多様なチャネル，商品，サービスの利用が可能となり，利便性が向上することが期待される。また，当然のことであるが，こうした保険業の自由化とともに，利用者の保護と弊害防止措置が整備される必要がある。

6 国際金融取引の改革

国際金融取引については，98年4月から新しい外国為替法が実施され，大口資本取引の事前届出制が撤廃され，資金の内外移動が完全に自由化された。80年の外為法改正では，大口資本取引の事前届出制などが残され，これが内外の資金移動に一定の制約になっていた。この規制が撤廃され，国内金融市場と海外金融市場との間の資金移動が完全に自由化された。また，外国為替専門銀行制度も廃止され，外貨の取扱いが自由化された。商社などは，これまで多額の為替取引手数料を外国為替専門銀行に支払っていたため，この改正によって受ける利益が大きい。企業や個人の対外証券投資等もやりやすくなる。コンビニエンスストアーなど一般企業が外貨の取り扱いをしたり，ドルショップを営業したりすることも可能になり，ビジネスチャンスが増える。

改正外為法は，98年4月1日というまさに金融ビッグバンのスタートの日に実施されたため，ビッグバンのフロント・ランナーと言われた。しかし，金融業界の改革の足並みが揃わないなかで，最初に外為法を改正して内外取引を完全に自由化することは，改革の衝撃を大きくしすぎるのではないかという懸念があった。

98年度には，近年にない円安状況が進行したが，その要因の1つとして，こ

の改正外為法の施行を指摘することができる。しかし,影響は,予想よりも少なかったと言えよう。

国内及び外国の多様な金融チャネルを通じて資産を運用することが容易になったが,様々なリスクにさらされる機会も増えるので,金融の知識やリスク管理がいっそう大切になる。また,金融当局としては,国内金融市場が今まで以上に国際金融市場の影響を受けやすくなるので,国内金融と国際金融との関係にいっそうの注意を払うことが必要となるであろう。また,脱税行為等に対する監視体制も整備する必要があろう。

7 金融行政改革

(1) 金融機関の監督。大蔵省は,金融行政の全権を握って,金融機関の認可,監督,指導の権限をすべて独占し,絶大な権限を持っていた。金融機関は,このような金融行政の下で,大蔵省の指導に従って営業すれば,つぶされる心配はなかった。そのため,経営努力が不十分になり,日本の金融機関の競争力は,先進諸国の金融機関と比較してきわめて脆弱なものになったばかりか,リスク管理が甘くなり,不動産投資に傾斜して巨額の不良債権を生み出すことになった。また,こうした金融行政は官民の癒着を助長し,大蔵省の金融機関への天下りが一般化し,金融機関に対する監督も不十分になり,金融不祥事が多発することとなった(図8-4参照)。

日本の金融市場が国際的な信頼を得るためには,従来の金融行政を改め,金融市場を透明にし,マーケット機能が十分に機能するように改革することが必要である。それは,各金融機関が自己責任で営業を行うことをも意味する。監督官庁は,チェック体制を事前的なものから事後的なものに切り替え,マーケットの機能を重視した金融行政に転換していくことが求められている。

金融行政の改革では,金融当局,とくに,大蔵省の改革が重要な問題である。98年6月に金融監督庁が総理府のなかに新設され,金融機関の検査・監督機能を大蔵省から分離させることが決定された。92年の制度改革のときに証券取引等監視委員会が新設され,インサイダー取引等,金融不祥事の防止の措置がと

図8-4 大蔵省・金融行政を巡る主なできごと

91年6月	証券各社の大口投資家への損失補てん発覚
92年6月	金融制度改革関連法が成立，93年4月施行
93年8月	細川連立内閣が誕生，自民単独政権終わる
94年12月	東京協和，安全の2信組が破綻
95年3月	主計局次長，東京税関長を過剰接待で処分
7月	コスモ信組に業務停止命令
8月	木津信組と兵庫銀行が破綻
9月	大和銀行，米国で巨額損失事件発覚
96年1月	橋本内閣が発足
7月	住宅金融債権管理機構が発足
97年3月	4大証券の総会屋への利益供与が発覚
4月	消費税率を5％に引き上げ
	日債銀の危機で，「奉加帳」増資要請
	日産生命が破綻
6月	金融監督庁設置法が成立
11月	三洋証券，拓銀，山一証券が相次ぎ破綻
98年1月	大蔵省の接待汚職事件で三塚蔵相辞任
4月	大蔵省，接待で大量処分
6月	中央省庁等改革基本法が成立
7月	小渕内閣が発足，宮沢蔵相就任
10月	金融再生法，早期健全化法成立
	長銀の特別公的管理（一時国有化）決定
12月	日債銀を国有化。金融再生委員会発足
99年1月	省庁改革の大綱決定
2月	国会で日債銀の不良債権過少報告問題追及

(出所)『朝日新聞』1999年4月16日付より作成。

られたが，同委員会が大蔵省内にあること，またその権限がアメリカの証券取引委員会と比較して貧弱すぎるという問題点を残していた。証券取引等監視委員会の脆弱性は改善されていないが，同委員会は大蔵省から金融監督庁に移管された。

大蔵省の不祥事が発覚するなかで，国会において，大蔵省から金融部門を切り離す「財政と金融の分離」問題が論議されることとなったが，省庁再編協議のなかで，金融破綻処理等に関しては金融庁との共管とすることになった。組織改革は2段階で行われる。まず，2000年7月に，大蔵省の金融企画部門と金

融監督庁が合体して金融庁が発足し，金融再生委員会の外局となる。次に，2001年1月に，金融再生委員会と金融庁が合体して，内閣府の外局である金融庁に改組される。なお，大蔵省は財務省となる(図8-5参照)。

(2) 日本銀行法の改正。第二次大戦中の1942年に，ナチスの法律を手本に制定された日本銀行法が97年6月11日に改正され，98年4月1日から施行されることになった。それまでの日本銀行法では，第43条で大蔵大臣の日本銀行に対する業務命令権が定められ，また第47条で政府・大蔵大臣による日本銀行の役員の解任権が定められており，日本銀行の独立性が法的に著しく侵害されていた。中央銀行が政府から独立して自らの判断に基づいて金融政策を実施できるところに，中央銀行の存在意義があるのであって，旧日本銀行法の欠陥は一部の専門家によって早くから指摘されていた。にもかかわらず，92年の金融制度改革の際にも，手が着けられなかった。

今回の日本銀行法の改正で，この第43条の大蔵大臣の業務命令権と第47条の政府・大蔵大臣による日本銀行役員の解任権の規定が削除され，大蔵大臣の権限が弱められた。この改正は，中央銀行としての日本銀行の独立性の強化に大きく寄与しうるものである。

また，金融政策の最終決定権限が日本銀行の政策委員会にあることが明記されることになった。政策委員会には，政府が必要と判断したときにのみ政府代表が出席でき，意見が対立しても，最終的には政策委員会が決定するように変更された。政策委員会の議事録も公表されることになり，金融政策の決定過程の透明化が図られた。

さらに，今回の日銀法の改正では，日本銀行の目的に関する条文が改正され，日本銀行の目的は「通貨及び金融の調節」とともに「信用秩序の維持」とされた(第1条)。この規定は，旧日本銀行法の第1条の「通貨ノ調節，金融ノ調整及信用制度ノ保持育成」という規定に類似している。

旧日本銀行法の目的に関する大きな問題は，戦時色の強い「日本銀行ハ国家経済総力ノ適切ナル発揮ヲ図ル為国家ノ政策ニ即シ」という規定であった。改正日本銀行法では，この規定は削除され，「我が国の中央銀行として」と改め

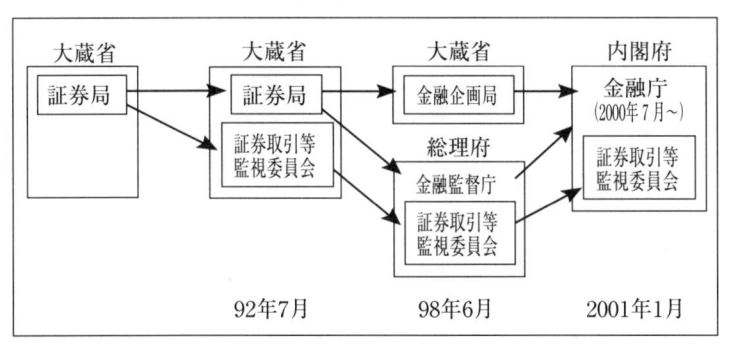

図 8-5 証券行政をめぐる組織の変化

大蔵省	大蔵省	大蔵省	内閣府
証券局	証券局 / 証券取引等監視委員会	金融企画局 / 総理府（金融監督庁・証券取引等監視委員会）	金融庁（2000年7月～） / 証券取引等監視委員会
	92年7月	98年6月	2001年1月

(出所)『日本経済新聞』1999年4月25日付。

られた。この点が評価されるべきであろう。日本銀行の目的に関しては，旧日銀法に近い，改正日銀法の「通貨及び金融の調節」と「信用秩序の維持」で概ね妥当であろうと思われる。しかし，この点に関して，日本銀行の目的を「通貨価値の安定」だけに限定すべきだという批判がなされた[8]。

戦後は，管理通貨制度が資本主義諸国で広範囲に採用されて流通通貨量がきわめて巨額なものになっている。しかも，近年には新たな金融技術が急速に発展し，以前には存在しなかったような規模で経済を攪乱する要因が生まれてきている。以前には，物価の安定，すなわち通貨価値の安定が経済の安定や発展にとってきわめて重要であったが，現在では，不動産や株式などの資産の価格も経済全体にとってきわめて大きな影響を与えるようになっている。こういった状況を考慮すれば，中央銀行の役割を「通貨価値の維持」または「物価の安定」だけに限定すべきだという主張は，今日においては，中央銀行の国民経済に対する責務を狭く限定しすぎるものと思われる。

三木谷良一氏は，日本銀行の目的に関して「資産価格，対外価値等も含意することが重要であると考えて"通貨価値"が採られるべきである」[9]としている。しかし，資産価格と通貨価値との関連は明確ではない。

また，日本銀行は1980年代後半のバブルの膨張過程で金融引き締めを実施できず，バブルを極端に膨張させてしまったが，このとき，日本銀行が金融政策

変更の中心指標としていたのは物価動向であった。80年代後半にバブルが膨張する過程では，日本銀行は，ルーブル会議などを通じて，日本の金融政策に対する外部の圧力を受けたのも事実であるが，公定歩合を引き上げるための基準を物価動向に求めていたことも否定できない。あの異常なバブル景気においてさえも，豊富な商品供給や急激な円高傾向も影響して，物価があまり上昇しなかった。そのために，日本銀行は物価は安定しているとして，公定歩合を引き上げなかった。日本銀行が公定歩合を引き上げなかったのは，金融引き締めに反対した大蔵省，財界，経済評論家等の圧力のほかに，金融政策の目的が物価の安定にあるという日本銀行自身の考え方にも原因があったと言ってよい。このとき，日本銀行は物価上昇率が低くても，バブルの膨張を抑えるために，公定歩合を引き上げるべきであった。日本銀行の目的が今後も通貨価値の安定だけに限定されるとすれば，日本銀行は，再び金融政策に失敗するであろう。したがって，日本銀行の目的を「通貨価値の安定」だけに限定すべきだという主張には，賛成できない。ただし，株価が急激に変動したら，直ちに金融政策を変更すべきであると主張しているわけではない。中央銀行は，株価支持政策などは実施すべきではない。しかし，バブルの膨張には適切な対応が必要である。

　いずれにせよ，日本銀行法が改正されてその独立性が強化されたことは日本の金融制度にとって大きな意味がある。だが，このことによって日本銀行がつねに適切な金融政策を実行できるとは限らない。「金融の調節」をいつ，どのように行うかの判断は簡単ではないからである。日本銀行の新政策委員会は，十分な審議によって適切で機動的な「通貨及び金融の調節」と「信用秩序の維持」に努めるべきである。また，日本銀行は，国民経済の健全な発展に尽力し，国民に支持されてこそ，その独立性を保ちうるであろう。

　今回の日本銀行法の改正については，日本銀行の予算に関する審議権が政府にあることなど，問題点も残している。だが，待たれていた日本銀行法の改正が実現したのは，喜ばしいことである。バブルが発生する以前に日本銀行法が改正され，政策委員会が改革されていれば，もう少し，バブルを抑制できた可能性も高い。バブルが膨張しきって，破裂したずっと後に，しかも金融機関が

膨大な不良債権を抱え，日本の金融システムがずたずたになってから，はじめて日本銀行法の改正や金融の大改革が議論されたことが，日本にとっての不幸であった。

II 日本版金融ビッグバンの諸問題

今日，欧米ではいっそうの金融システム改革が試みられており，また情報技術の目覚ましい発展が金融技術を大きく変革しつつある。このような事情を考えただけでも，日本の金融システム改革が今回の金融ビッグバンで終わるものでないことは明らかである。

しかし，日本版金融ビッグバンは戦後日本の護送船団型金融システムを大きく変えるものであり，これをめぐって様々な確執があり，また問題もある。ここでは，そのいくつかについて触れておきたい。

1 経済審議会行動計画委員会報告と日本版金融ビッグバン

96年10月に，首相の諮問機関である経済審議会行動計画委員会の金融ワーキング・グループ（座長は池尾和人氏）は，「わが国金融システムの活性化のために」と題する報告書をまとめた。この報告書は，今後の金融システムは，「健全で安定した」ものでなければならないが，それだけでは不十分であり，同時に「効率的で革新的な」ものでなければならないと述べ，早急に取り組まねばならないことは「市場メカニズムと自己責任原則に基づく『利用者重視』のシステム構築に向けて，抜本的な構造改革」を行うことであると提言している。同報告書は，幅広い競争の実現，資産取引の自由化，規制・監督体制の見直しを目指し，「なすべき改革は各業態ごとの利害調整に堕することがあってはならない」と指摘している[10]。橋本首相は，この報告書を参考に金融ビッグバンを指示したと言われている[11]。

日本版金融ビッグバンが従来の改革と比較して大胆な改革になったのは，この金融ワーキング・グループの報告書に負うところが大きい。金融関連各審議

会には業界関係の委員が多く，従来，その答申(報告)はきわめて漸進的なものであった。今回，金融関連各審議会が重い腰を上げたのは，金融環境の悪化も影響しているが，なによりも，首相がこの金融ワーキング・グループ報告書に基づいて改革を指示したからである。そして，この金融ワーキング・グループが大胆な提言をできたのは，その委員に金融業界関係者がいなかったからであろう。

しかし，日本版金融ビッグバンは，金融関連各審議会の答申(報告)に基づいて行われており，それらの答申(報告)は上記金融ワーキング・グループ報告書を必ずしも十分に取り入れていないし，各審議会の足並みが揃っているとは言えない。そこで，日本版金融ビッグバンの実際の姿は，政府のさじ加減や国会の審議にも左右されるものとなる。

2　漸進的な日本版金融ビッグバン

金融ビッグバンを最初に実施したイギリスでは，証券業の改革が中心であり，日本のように多くのことは実施されなかった。それは，イギリスの金融市場が日本よりも近代化されていたからである。イギリスの証券業改革がビッグバンと呼ばれたのは，短期間で大改革が実施されたからでもある。金融に限ったことではないが，素早く改革するメリットは大きい。

しかし，日本の場合，2000年度末をめどに，3年もかけて改革を完了しようという計画であり，実施期間がきわめて長い。それは，日本版金融ビッグバンが関連審議会の答申(報告)に基づいて実行され，各審議会がそれぞれの業界の利害関係に配慮しているからである。

漸進的改革は日本の伝統的手法であるが，新たな時代の金融ビッグバンにはふさわしくないであろう。2000年度末に完成される金融システムは，先進世界では目新しいシステムではない。なぜならば，ニューヨークやロンドンの金融市場に対抗する目的で進められている日本版ビッグバンは，ニューヨークやロンドンではすでに日常化しているものであり，イギリスやアメリカではさらなる金融改革が進められているからである。

近年,スピードのある経営が注目されているが,国際化時代には,意思決定の迅速さがますます重要になっている。また,制度改革に際しては,業界本位ではなく,利用者の便益も重視されねばならない。戦後,とくにアカデミックな世界では,産官学の協力体制は罪悪のように思われてきた節があるが,21世紀の日本では,産官学による政策研究や政策提言が推進され,戦後の日本の諸制度の弊害が除去され,新たな制度が構築されることが望まれる。

3 フロントランナーとしての外為法改正

改正外為法が98年4月1日から施行され,資本取引や対外決済に関する許可・事前届出制度が原則として撤廃され,外国為替公認銀行制度,両替商制度,指定証券会社制度が廃止されることとなった。この外為管理の完全自由化は,東京金融市場の空洞化を防ぐことや,円の国際化を推進するためにとられた措置である。

大蔵大臣と通産大臣の諮問機関である外国為替等審議会の答申「『外国為替及び外国貿易管理法』の改正について」は,「外為制度の抜本的見直しは,金融システム改革のいわばフロントランナーとして位置づけられるべきものであり,これが成功裏に実施されることにより,後に続く金融システム改革全体の流れに好ましい影響を与えるものと確信している」[12]と述べている。改正外為法が,規制に守られて安易な経営を続けてきた日本の金融界に対してショックを与えたことは事実であろう。

しかし,他の金融分野のビッグバンが実施されていないなかで,この外為法の改正は日本の金融市場に大きな影響を与えすぎるのではないかということが心配された。預金金利が超低金利であり,株式市場も最悪の状況にあるなかで,日本の金融資産が大量に海外に流出することが懸念された。しかし,影響はそれほど大きくなかった模様である。それは,日本の一般国民が安全な国内の預貯金を好むということや,対外投資に慣れていないことが影響しているようである。

しかし,98年4月の改正外為法の実施以降,外貨預金が増えたり,対外投資

信託が増えたことは事実である。これらのことが作用して，98年の円相場は，かなりの円安に振れた。日本の景気が悪いことも影響しているが，改正外為法の影響があったことは否定できないであろう。ともあれ，改正外為法は日本経済にそれほど大きな混乱をもたらさずに，金融ビッグバンのフロントランナーとしての役割を果たしたと言えよう。

Ⅲ 審議会答申(報告)の問題点

　日本版金融ビッグバンは，金融関連の各審議会の答申(報告)に基づいて実施されている。ここでは，各審議会の答申(報告)について若干の検討を行うことにしたい。

1 金融制度調査会答申

　金融制度調査会は，97年6月13日に「我が国金融システムの改革について―活力ある国民経済への貢献―」という答申を公表した。この答申の最大の特徴は，持株会社を活用した各金融機関の相互乗り入れを提唱していることである。これは，92年6月の金融制度改革法の基礎となった91年6月25日の金融制度調査会答申「新しい金融制度について」と比較して，斬新な内容である。前回の答申では，金融機関の相互乗り入れに関して，業態別子会社方式の導入を提案したが，証券子会社は今日の証券業務のなかで重要な業務を禁止されており，既存の証券会社と比較して大きなハンディを課せられた。

　92年の金融制度改革法で持株会社方式を採用しておれば，子会社に関する一連の諸規制も弱いものとなり，金融機関の間の競争環境を整え，護送船団的環境から早期に脱却でき，金融機関の不良債権処理も速やかに行われ，経営基盤も強化された可能性が強い。

　金融制度調査会は，首相の指示があって今回の答申を出したが，91年の答申の継続性も強調し，「基本的な理念，目指すべき方向性等は，今般の金融システム改革を実施していくに当たっても，基本的な考え方となるべきもの」だと

している。しかし,持株会社方式は業態別子会社方式とは大きく異なっている。基本的理念が同じだというならば,すでに91年の答申で持株会社方式を答申しておくべきであったであろう。

　前回の答申では,保険業と他の金融機関との相互乗り入れに関しては,保険審議会が検討しているとして,具体的な改革の方向すら示さなかったが,今回の答申では,相互乗り入れの方向を明示し,遅くとも2001年度までには実現を図るべきだとしている。

　また,金融制度調査会は,保険業と他の金融機関との相互参入について検討し,そのメリットを明らかにしている。保険商品が他の金融商品に接近してきており,銀行等による保険商品の販売は利用者の利便性を向上させ,銀行等は預金商品等と保険商品とを組み合わせて利用者のニーズに応えることができる。銀行等が参加することによって,保険業の競争が促進され,保険商品の多様化・高度化が促進されうるとして,金融機関間での相互参入の必要性を強調している[13]。

　なお,金融制度調査会の答申は,金融持株会社が一般事業会社の株式を保有することについて,銀行経営の健全性確保の観点から何らかの制限が必要であるとしている。この点について,鈴木淑夫氏は,金融サービス業の持株会社グループの中に,金融サービス業以外の大きな事業部門を入れてはならないという考え方は,「いわば19世紀末期の『金融資本による独占』の考え方である」[14]として批判している。しかし,こうした規制はあってしかるべきであり,この点では,金融制度調査会の指摘に賛成したい。金融制度改革において,すべての規制をなくせばよいとは言えない。規制の緩和や撤廃によって競争を促進し,金融機関の効率をよくし,利用者の利便性を向上させることが重要なのであって,金融という特殊な産業にかかわる一定の規制は維持もしくは強化される必要がある。

2　証券取引審議会答申,保険審議会報告

　証券取引審議会は,金融機関の相互乗り入れの内容とスケジュールを金融制

度調査会よりも具体的に明示している点が評価できる。日本版ビッグバンでは，日本の証券市場の改革が重要な課題となっている点を考慮すれば，当然のことかもしれない。しかし，そのスケジュールの中身は，ビッグバンという名称からすれば，それほど大胆なものではなく，そこには従来のように，業界の利害を考慮した結果が示されている。事実，その責任者である蝋山昌一氏自身が，「できることなら，私は，証券界全体として"呪縛"から離れて新しいフェーズに早く移行したいという意見が主流になることを望んでいた。しかし残念ながら最後までそうはならなかった」[15] と述べている。つまり，証券取引審議会も，業界の利害を考慮した答申を出している[16]。

短期間のうちにビッグバンを実施すると，日本の中小証券会社が破産に追い込まれかねないという配慮があるのであろう。しかし，収益の多くを株式売買手数料に依存してきた日本の証券会社は，バブルの後遺症や株価の長期低迷等のために，すでに多くの証券会社が赤字となっており，山一証券，三洋証券をはじめ，倒産・廃業に追い込まれた証券会社は少なくない。外為法が改正され，内外取引が完全自由化されたなかで，国際業務が弱く，商品開発力も弱い中小証券会社は，淘汰・再編成を余儀なくされている。

保険審議会について言えば，同審議会はもっとも保守的な報告書を提出している。それは，終始，保険業界の利害を代弁した内容になっている。他金融機関の保険業への乗り入れに慎重な姿勢を見せており，とりわけ銀行の保険業への参入を警戒している。保険会社はとくに規制緩和が遅れており，競争力がなく，経営の近代化が求められているが，保険審議会はこの点の改善に関して抜本的改革案を提示しているとは言いがたい[17]。

3 現行審議会体制の問題点

各審議会の答申を検討して言えることは，常に業界の利害調整を最優先課題とし，それぞれが各業界の利害調整をオーソライズする役割を果たしてきたことである。その結果，不十分な改革しか実現できなかった。護送船団方式の下で金融機関の経営がルーズになり，日本の金融機関は巨額の不良債権を作り出

し，国際競争力を低下させてきた。また，銀行業界，証券業界の違法行為や生命保険会社の無責任経営が行われることとなった。

とくに，バブル期及びそれ以降，金融システムを維持しうるはずであった護送船団的金融行政が，逆に日本の金融システムを危機に陥れる結果を招くことが明らかとなった。業界の利害調整によって，業界間の軋みを避け，金融システムを維持しようとする手法が，日本の金融システムを危機に陥れることになったのである。抜き差しならぬ状態に立ち至ってはじめて大改革を決断したわけである。このような結果になったのは，状況の変化についての研究を十分に行わず，業界の利害調整を優先してきたからであろう。また，監督官庁であった大蔵省も，金融機関への天下りが一般化しているなかで，適切な対応をしてこなかった点で責任がある。

各審議会がそれぞれの業界の改革について検討する現行の審議会体制は，いわば自己改革に等しく，思い切った改革がしにくい体制にある。また，各審議会の答申(報告)は，97年6月13日に同時に発表されてはいるが，十分に統一がとれていない。山田治徳氏も，「ビッグバンの限界として，その具体化が業態別に編成された縦割りの審議会で行われていることがある」[18)] と指摘している。金融システム改革連絡協議会も設置されてはいるが，それは上記で指摘した問題を是正しうるほど十分に機能していない。

金融業の垣根が不明確になっており，相互乗り入れが進んできている今日，機能しにくい連絡協議会で対応するのでなく，現在の審議会体制自体を抜本的に改革し，業界を超えた審議会体制にすべきではなかろうか。また，現在の各審議会の委員は，業界関係者が多すぎる一方で，研究者等の専門家が少なすぎる。21世紀の日本においては，もっと多くの専門家が政府に関与し，日本経済の進路に関して国民的な立場から助言できる体制を整備する必要があろう。

IV 今後の課題

99年現在，日本版金融ビッグバンはなお進行中であるが，日本経済がいっそ

う深刻な状況に陥っていることも影響して，改革が比較的迅速に実行されている。しかし，先進国の金融改革は日本版金融ビッグバンよりも進んでいる。また，株式の相互持合いなど，日本独特の問題がある。さらに，新たな金融技術の進展が既存の金融システムの改革を必要としてきている。

このような諸点を考えると，日本の金融システム改革は今次ビッグバンで終わるものではなく，今後いっそうの改革が必要になってくる。当面する諸問題について，若干の言及をしておきたい。

(1) 金融サービス法の制定

金融ビッグバンのなかで規制の緩和や撤廃が進み，多種多様な金融商品やサービスが生み出され，利用者の利便性の向上が期待されるが，利用者が様々なリスクにさらされる機会も多くなる。こうした状況の下では，業界を超えた金融サービス法が整備され，金融取引の統一的なルールが定められるべきである。また，金融業に対する適切かつ有効な監視と，消費者保護が確立される必要がある。これは緊急を要する課題であり，早急な整備が望まれる。

(2) 日本版金融ビッグバンと日本的企業金融の変革

日本の証券市場は閉鎖的であり，株主の利益が軽視される傾向が強いと言われている。それは，日本では，多くの企業が株式の相互持合いを行い，互いに経営には口をはさまないという慣行が支配的であり，株主による企業経営に対するチェックが十分に働いていないことによる。換言すれば，株主によるコーポレート・ガバナンスが十分に機能していないという日本的経営の特質がある。このような経営環境の下で，効率的な経営によって収益を向上させたり，株価や配当を引き上げようとする努力がおろそかにされてきた。

日本的企業金融の特殊なあり方が改善され，株主によるコーポレート・ガバナンスが有効に機能する株式市場になってこそ，日本版金融ビッグバンが目指す，フリー，フェア，グローバルな金融システムが実現されうる。田村茂氏は，年金基金等の株式投資規制（株式での運用は30％以下という規制）が撤廃されるなどの改革が行われることによって，年金基金等が株式市場の間接的モニタリングを通じて株式の相互持合いを解消させ，日本の株式市場がアングロサクソ

ン型に近づく可能性を指摘している[19]。

(3) 電子決済に係わるセイフティ・ネットの確立

近い将来，電子マネーの利用が激増することが予想される。インターネットの爆発的な普及によって，電子決済が金融機関の間だけでなく，企業や個人を巻き込んで急速に拡大し，金融ビジネスの諸分野でデジタル化が進むものと思われる。

他方で，新たな金融犯罪も懸念される。電子マネーというと，神秘的に聞こえるが，その貨幣的源泉は銀行預金である。個人のICカードやコンピュータ，諸企業のコンピュータ，銀行のコンピュータ等の間で電子決済が行われるわけである。この電子決済が頻繁に行われるようになると，ラインに割り込んで金融上の不正を働く事件が予想される。精緻なシステム設計によって，不正防止には万全の対策が講じられるであろう。しかし，今日でも，コンピュータを不正に操作した金融犯罪が発生している。電子決済システムのセキュリティを高め，電子決済に伴う被害を極力防止し，電子決済に関するセイフティ・ネットを確立することが急務となっている。

利用者が電子マネー取引で損害を被った場合，誰がどれだけ責任を負うのかといった点も明確にされる必要がある。

(4) 21世紀型金融システムの構築

20世紀を代表する金融システムとして，1929年の大恐慌を教訓にして30年代に構築されたアメリカの金融システムをあげることができる。それは，「1933年の銀行法」(グラス・スティーガル法)を中心とする規制の強い金融システムであった。日本の戦後の金融システムもこのアメリカの金融システムに大きな影響を受けている。

しかし，アメリカでは，金融制度改革が様々な形で進められ，実質的にアメリカの金融システムは日本のシステムよりも遥か先を進んでおり，グラス・スティーガル法も廃止された。また，アメリカ財務省は，さらなる改革を展望して，21世紀の金融業のあり方について専門家に検討を依頼し，そのリポートを公表している。過去の金融諸政策は，政府がサポートし，保護し，禁止事項を

明示して，システムの安全を守ればうまくいき，適度の競争とそこそこの金融サービスを提供するというものであったが，「このようなアプローチは誤りであることはすでに明らかである」と，このリポートは述べている[20]。

同リポートは，将来のシステム作りの指針として，次の4点をあげている。①政策は革新を歓迎し，規制は革新のメリットを極大化するようにデザインされなければならない。②可能な限り市場の力と融和し，それを利用すべきである。③政策の目的は，倒産を防止するようなものではなく，企業や投資家が注意深く行動するような金融環境を創造することである。④政策のカバー領域は，解決を目指す問題領域にできるだけ接近させなければならない[21]。総じて言えることは，来るべき21世紀の金融システムとしては，競争を規制する20世紀型金融システムではなく，市場の動きを尊重し，それを最大限活用した金融システムの構築を目指すべきであるというのが，アメリカ財務省リポートの基本方向である。ただし，このリポートも，規制をすべて撤廃することを主張しているわけでなく，金融業に必要な規制は認めている。新時代の金融システムのあり方を模索しているわけである。

日本版金融ビッグバンも，日本の金融システムを新時代に適合的な方向に一歩近づけたものと言うことができる。しかし，日本版金融ビッグバンはまだ十分なものではなく，長期構造不況と金融危機という苦境のなかで，日本経済の再建と国民生活の発展に寄与しうる21世紀型金融システムの構築に向けた努力が求められている。そのさい，バブル期と平成不況期の教訓を忘れてはならない。

1)　「ビッグバン」という用語は，本来「宇宙のはじめにあったとされる大爆発」（新村出編『広辞苑』第四版，岩波書店）を意味するが，1886年のイギリスの金融改革の際に，それほど大きな影響のある金融大改革という意味で用いられた。その後，金融の大改革はビッグバンと呼ばれてきた。しかし，最近の日本では，金融以外の分野でも大改革が始められ，ビッグバンは大改革の意味で用いられている。

　　なお，橋本首相が金融ビッグバンを指示した事情については，日本経済新聞社『どうなる金融ビッグバン』日本経済新聞社，1997年が興味深い指摘をして

いる。
 2) 馬淵紀壽氏は，早くから金融持株会社の導入の必要性を主張していた（馬淵紀壽『アメリカの銀行持株会社』東洋経済新報社，1987年，第9章，参照）。同氏の最近の研究として，馬淵紀壽『金融持株会社』東洋経済新報社，1996年がある。
 3) 相沢幸悦氏は，「金融持株会社が認められるのであるから，問題の多い業態別子会社は禁止すべきである」と述べている。相沢幸悦『日本の金融ビッグバン』日本放送出版協会，1997年，166ページ。
 4) たとえば，糸瀬茂『銀行のディスクロージャー』東洋経済新報社，1996年，参照。
 5) 淵田康之『証券ビッグバン』日本経済新聞社，1997年，参照。
 6) W. A. Thomas, *The Securities Market*, 1989. （飯田隆他訳『イギリスの証券市場—ビッグバン以後—』東洋経済新報社，1991年）参照。
 7) ただし，アメリカ側の利害関係も影響して，保険ビッグバンの進め方には日米間で対立がある。金融ジャーナル編集部「日米保険協議—2001年完全自由化へのカウントダウン—」『金融ジャーナル』98年11月号，参照。
 8) たとえば，三木谷良一「21世紀にふさわしい日本銀行法改正を」『金融ジャーナル』1997年2月号，参照。
 9) 同上，21ページ。
10) 経済審議会行動計画委員会ワーキング・グループ「経済審議会行動計画委員会ワーキング・グループ報告書」1996年10月，参照。
11) 日本経済新聞社，前掲書，4-5ページ。
12) 外国為替等審議会「『外国為替及び外国貿易管理法』の改正について—我が国金融・資本市場の一層の活性化に向けて」1997年1月16日。
13) 金融制度調査会「新しい金融制度について」1991年6月25日。金融制度調査会「我が国金融システムの改革について—活力ある国民経済への貢献—」，1997年6月13日。
14) 鈴木淑夫『ビッグバンのジレンマ』東洋経済新報社，1997年，84ページ。
15) 蝋山昌一「2000年には証券市場のシステム全体を新しいフェーズに移す」『金融財政事情』1997年6月23日号，24ページ。
16) 証券取引審議会「証券市場の総合的改革—豊かで多様な21世紀の実現のために—」1997年6月13日。
17) 保険審議会「保険業の在り方の見直しについて—金融システム改革の一環として—」1997年6月13日。
18) 山田治徳「外為法は改正し，有取税は存続という例に見られる政治家の無知」『エコノミスト』1997年7月7日号，97ページ。
19) 田村茂「金融システムの改革と企業金融」花輪俊哉編『金融システムの構造変化と日本経済』中央大学出版部，1999年，76-77ページ。
20) Robert E. Litan with Jonathan Rauch, *American Finance for the 21st Century*,

1997.（小西龍治訳『21世紀の金融業』東洋経済新報社，1998年），邦訳74ページ。
21）　同上訳書，134-137ページ。

索 引

あ行

赤字国債	131,132
アジア通貨危機	132
インサイダー取引	189,212
売りオペレーション	25
エクイティファイナンス	53,70,
	71-72,91,96,116,161-163,167
MMC	184
円の国際化	33,52,219
オフショア市場	52

か行

買いオペレーション	54,64
外国為替専門銀行制度	211
価格差補給金	3,4
株価維持政策	164,198
株価収益率	86,162,163
株式の相互持合い	151,224
株式売買委託手数料の自由化	119,208
貨幣法	176
為替差損	39
間接金融	12,207
間接金融方式	194,195,197
管理通貨制度	8,22-25,160,161,
	177,215
基軸国際通貨	106
キャピタルゲイン	163
行政指導	178
競争原理	182,208
業態規制	185,194,201,203
業態別子会社方式	185,186,204
協調介入	35-37,39,40,41,46
共同証券保有組合	10
狂乱物価	11
協力預金	107,108
金本位制	176
金融監督庁	144,203,206,212,213
金融恐慌	9,134
金融緊急措置令	3
金融サービス法	224
金融再生関連法	134
金融制度調査会	185,189,204,
	220,221
金融ビックバン	134,175,197,201,202,
	204,208,210,211,
	217,218,220,224
金融平成恐慌	143
金融持株会社	204,205,221
金利の自由化	184
金利規制	181,184,194
グラス・スティーガル法	178,179,
	183,225
クレジット・クランチ	134
傾斜生産方式	3
公定歩合操作	16,94
コーポレート・ガバナンス	151,224
国債ディーリング	183
護送船団方式	12,175,191,195,196,
	201,203,222
国家総動員法	176

さ行

最後の貸し手	195
財政法第5条	10
財閥解体	177
サステナビリティ問題	103
産業の空洞化	106,132
CD	184
CP	64,97,180
自己資本比率規制	89,91,116
自己責任原則	217
市場原理	202,205
支払準備率	25,180
資本の自由化	12,183
住専	74-77,138,139
証券取引等監視委員会	189,190,212,
	213
証券取引法	109,178,179,208
証券不況	10
昭和恐慌	176,191
昭和金融恐慌	191
信用秩序の維持	214,215,216
スタグフレーション〔概念〕	15
スミソニアン会議	11
セイフティ・ネット	179,181,182
1929年大恐慌	153
1940年体制	194
戦後インフレーション	1,4,178
早期是正措置	134,144,206
総需要抑制政策	15,17
総量規制	98,120

索引 231

損失補填 72,89,93,94,109,189

た行

兌換銀行券条例 176,192
兌換停止 160
中央銀行の独立性 177,179,190
直接金融 207
通貨価値の安定 176,215,216
ディスインターミディエーション 181
ディスクロージャー 198,206
デフレ・スパイラル 134
デリバティブ 208
転換社債 70,71,161
電子マネー 225
東京オフショア市場 52
投資信託 9,70,167,205,209
土地神話 85,96,98,120
ドッジ・ライン 4,148

な行

内外分離規制 203
南海泡沫事件 165
ニクソン・ショック 11,16,148
日米円ドル委員会 33,184,185
日米構造協議 105
日米保険協議 211
日本共同証券株式会社 10
日本銀行条例 176,194
日本銀行の独立性 177,197,214
日本銀行法 176,178,190,191,194,197
農協系金融機関 74-76,139,162

は行

ハイパー・インフレーション 1,11
パックス・アメリカーナ 34
バブルの概念 153
BIS規制 64,89
ファイア・ウォール 187,188,204
フィリップス曲線 15
不換銀行券 25

物価の二重構造 6
復興金融公庫 3,4
復興金融債 3
プラザ会議 29,35,40-42,46-48,51,78,156
ブラック・マンデー 29,46,47,50,54,55,59,60,64,65,67-69,77,78,85,88,102
ブリッジバンク 195
ブレトンウッズ体制 11,17
ペイオフ制度 206
平成金融恐慌 113,118,132,143
平成不況 113,129,132,136,141,149
変動為替相場制度 17

ま行

前川リポート 38,104,105
マネーロンダリング 110
マネタリスト 23
メキシコ通貨危機 117
持株会社方式 185,187,203,220,221
モラル・ハザード 196,203

や行

有価証券取引税 210
有効需要政策 10,11,23-25
ユニバーサル・バンキング 188-189
預金金利規制 180
預金保険機構 142,187

ら行

ラップ口座 210
利益相反 186,187,189
流動性預金 184
臨時金利調整法 178
ルーブル会議 41-43
レーガノミクス 29,30,47
レギュレーションQ 180

わ行

ワラント債 70,71,97,109,161

著者紹介

衣川　恵
きぬがわ　めぐむ

京都府生まれ．中央大学大学院商学研究科博士課程修了．商学博士．現在，鹿児島国際大学・大学院教授，金融経済論等担当．

現代日本の金融経済　　改訂増補版

1995年3月15日	初 版 第 1 刷 発 行
2000年3月15日	改訂増補版第1刷発行
2002年3月20日	改訂増補版第2刷発行

著　者　　衣　川　　恵
発 行 者　　中央大学出版部
　　　　　　代表者　辰川弘敬

東京都八王子市東中野 742-1
発行所　中央大学出版部
電話 0426(74)2351　振替東京 00180-6-8154

Ⓒ 2000　　　　　　　　　　　　　ニシキ印刷・三栄社

ISBN 4-8057-2158-8